象徵交換與正負情愫交融

一項後現代現象的透析

葉啟政◎著

象徵交換與正負情愫交融

目錄

自序

　　這是一本討論象徵交換（symbolic exchange）與正負情愫交融（ambivalence）現象以及由此衍生之問題的書籍。我所以會注意到這兩個社會現象，並且體認到它們對身處「後現代」情境的當代人具有極為深刻的意義，必須回到一九九〇至二〇〇〇年代我還在台灣大學社會學系任教的時候。當時，我讀了布希亞（Jean Baudrillard）的兩本著作——《生產之鏡》（*The Mirror of Production*）與《對符碼的政治經濟學批判》（*For a Critique of the Political Economy of the Sign*），甚為他在書中所提到的一個基本論點所震撼，讓我不斷思索著他所提出來的見解到底意指為何。

　　在這兩本著作中，布希亞以相當嚴肅而鄭重的口吻，同時宣告了「需求的死亡」與「價值的死亡」，把佛洛依德與馬克思兩個人的思想一齊判了死刑，毫無予以緩刑或減刑的商量餘地。第一次讀到布希亞這樣的宣判時，我的直接反應是：怎麼會是這樣說著？那豈不把過去整個西方社會思想的核心概念完全顛覆掉？是的，他確實是把過去整個西方社會思想的核心議題拆解了。自此，我一直以構想這個問題做為我重新思考西方社會思想之發展的重心，慢慢的，我自認為對於整個問題的脈絡逐漸有所認識，瞭解了布希亞之所以有著如此論斷的立論基礎。簡言之，這個基礎即在於象徵交換與正負情愫交融這兩個

概念背後所意圖表達的歷史社會學意涵。

　　布希亞認為，後現代社會最明顯的現象莫過於大眾傳播科技的高度發展，影響所及的是符號消費社會的來臨。他說過一句後來常被人引用的名言：「為了變成為消費的對象，一個客體必須先成為符號」，這句話可以說是對符號消費社會的基本特質做了最好的註腳。在這樣的社會場景裡，人們消費的不是物自身，而是物背後隱藏的象徵符號。於是，特別是在資本主義市場邏輯的主導下，整個社會機制（特別是透過時尚與廣告）把人們導引進入一種基本的狀態——沈溺於客體背後所賦予的符號，而符號的本質是武斷的，飄蕩、流動、拼貼、蔓延、自我繁殖是其特點。

　　這麼一來，人與人之間的互動，多有、且堪稱典型的是，價值與意義被中空化的象徵交換，其決定原則是正負情愫交融的心理狀態，而這正是布希亞所以把過去西方社會思想家所強調的價值說（包含使用價值、交換價值與符號價值等）完全予以拆解的現實社會基礎。對布希亞這樣的主張，我一直不甚明白。這個疑問不在於無法理解這個說法背後的時代背景，也不是不能接受其所主張之「替代」現象——象徵交換的浮現以及重要性，而是何以正負情愫交融成為決定原則。就我有限的閱讀範圍所及，布希亞本人並沒有對此提出更細緻的具體闡明，更遑論建構完整的論述體系。

　　自從接觸了布希亞這樣的論點之後，我就一直企圖為自己所提出的問題尋找可能的答案。我從一開始就發現，這應當與布希亞所處之法國人文與社會學科界的「問題意識」傳統有關，而這個傳統至少可以直接溯及涂爾幹和牟斯（Marcel Mauss）所主導的人類學認知傳統。後來，閱讀的東西增多了，我才慢慢體味出來，這又與科耶夫（Alexandre Kojève）、夸黑（Alexandre Koyré）、瓦爾（Jean Wahl）

等人把德國的黑格爾哲學帶給法國人而形塑了所謂「法國的黑格爾」學風有關❶。同時，經過了布荷東（André Breton）之超現實主義（Surrealism）的推動，尤其，布希亞的指導老師勒菲伏爾（Henri Lefebvre）之「日常生活社會學」當成極具關鍵性的思想觸媒，帶動了後來法國的社會思潮，轉而成為主導著整個世界的社會思想中一支不容忽視的流派。其間，不只使得佛洛依德的精神分析學廣泛流行，尼采的思想也逐漸受到重視、並產生了具體的影響，尤其是巧妙地與涂爾幹和牟斯的思想匯流在一起❷。

　　總之，就我個人的思想發展歷程而言，以布希亞的思想做為底蘊所開展出來的一些想法，是成形於我任教於台灣大學社會學系的最後幾年，只是一直沒有較為清晰的輪廓。二〇〇七年，我帶著疑問從台灣大學退休，接受了世新大學校方誠摯的禮聘，繼續擔任教席，但是，始終沒有機會把這個疑問搬上課堂來討論。隔年，剛上任的校長賴鼎銘教授力邀我替代他主持原由他負責的一個讀書會。盛情難卻，我也就答應下來。這個讀書會基本上是由一些來自校內外的年輕教師和博士生所組成，在賴校長主持下，原先有一些特定的研讀課題。我接手後，做了一些改變，一方面是基於自私的動機，為的是配合我的研究興趣，但是，另一方面卻是出自於「公利」的考量。那是因為我始終認為，若要對西方的社會學科知識有著具批判性的理解，就需要回到思想的根源去探究。當然，我深知參與讀書的成員絕大部分將來都不可能以從事理論性的思考為志業，但是，我還是認為，緊捉住一

❶ 參看 Bruce Baugh, *French Hegel : From Surrealism to Postmodernism.* London : Routledge, 2003。

❷ 有關作者對法國「日常生活社會學派」的評述，參看葉啟政《邁向修養社會學》。台北：三民書局，二〇〇八，第八章。

些基本線索，對整個西方社會思想的發展有著「思想史」性的縱觀認識，對從事任何的社會研究（即使是所謂經驗實徵性質的）都會有著幫助的。於是，我一開始就選擇了涂爾幹和牟斯的作品來研讀，接著就對勒菲伏爾以降之所謂法國「日常生活社會學」的重要代表人物的作品進行研讀（當然，包含了布希亞的作品）。

　　經過幾近四年的共同研讀，說真的，我個人受益良多，應當深深感謝先先後後參與讀書的成員，尤其，從一開始就參與的那些「始終如一」的朋友們。在研讀與討論的過程中，我有機會重新閱讀過去讀過的一些經典作品，得以為自己澄清一些概念與貫通前後的思想脈絡，並獲得到更多具洞識性的靈感。凡此種種收益，都表現在這本書的內容裡頭，在此實難一一細說。在這近四年間，為了對布希亞的主張有更妥貼而細緻的回應，我認為有必要回到他所批判的兩個重要人物──馬克思和佛洛依德，重新理解他們有關需求（與價值）的思想，尤其是佛洛依德對正負情愫交融之心理現象的基本看法。在這同時，我更意識到，這還不夠，我需要走得更遠，回到更早的時代來重新思考「需求」此一概念何以會成為後來之西方社會思想（特別英美心理學思想）的核心概念。為此，我發現十七世紀英國的霍布斯是一個絕對不能忽視的關鍵人物。於是，我又耗費了不少時間閱讀霍布斯的作品，特別是《利維坦》（*Leviathan*）一書。就在這過程之中，我又逐漸意識到，有一個重要的思想異端是不能不特別予以關注的，這個離經叛道的異端即是尼采，於是，我又花費了相當長的一段時間閱讀尼采的作品。就在這樣的情況下，我寫了三篇有關霍布斯、尼采和佛洛依德的文章，共約十二萬字，就只差有關馬克思的論述還沒有進行撰寫。

　　當我完成了這些相關的文章後，我覺得，僅僅有關整本書之論述

的「前奏」就已經用了十二萬字，若再加上由關馬克思的論述，少說也將逼近十五萬字，這麼一來，誠如我在將與本書同時出版的另一本著作《深邃思想繫鏈的歷史跳躍——霍布斯、尼采到佛洛依德以及大眾的反叛》一書之〈自序〉中所指出的，整本書的結構將會顯得沈重而累贅，相當臃腫邋遢，恐有失焦之虞。為了避免這樣的可能缺點，我決定把這三篇已經寫就的文章與另外一篇文章集結在一起另行出版，以作為本書的姐妹伴書，提供給讀者做為進一步瞭解我是如何詮釋霍布斯、尼采與佛洛依德之思想的參考。於是，我以這三篇已寫就之文章的內容作為基礎，配合本書所探討之議題的內涵，以簡拙的方式重新來描繪霍布斯、尼采與佛洛依德的思想❸，並再加上有關馬克思對人性的討論，構成了第二與四章的內容。

　　老驥伏櫪，體力（特別是眼力）實無法支撐久坐於電腦前盯著螢幕看的折磨，腦力也漸衰退，記憶力大不如往昔，連文字的組織能力也明顯下降，以至於這本書寫來相當辛苦，數度易稿，還是不能讓自己滿意，總是覺得對整個議題的陳述表達始終不夠清澈明朗，觀念的滲透力不足，連貫性更是未盡理想，總感覺到缺了點什麼的。這麼說，並非企圖為自己的怠惰與無能卸責，而是深刻有著已步入人生終點「時不我予」的無可奈何之感。把書寫不好歸咎於老邁體衰，有著實徵性的證據，是最容易被接受的。但是我更體會到，其實這中間有另外一個可能的因素，似乎是更為根本：因為我所提問的議題相當程度碰觸到整個西方社會思想的核心議題，其中糾結的概念既繁多又複雜，實難以簡單的篇幅、更無法以簡單的概念來說清楚的，以至於幾

---

❸ 論及尼采與佛洛依德時，則特別涉及到正負情愫交融的問題，而論及霍布斯時，則以有關嗜慾（或謂需求、慾望）作為建構社會秩序之基礎的問題。

乎所談論到的僅能及其表面，無法深入探究。最令我深感困擾的是，每每點到了一個命題（或論點），實則蘊涵著更多的進一步問題等著去處理，但是，礙於能力、時間、精力（尤其是篇幅）等等現實狀況的限制，我有著「心有餘而力不足」的實際感受，以至於論述的時候，經常只能點到為止。結果呢！自然就是總感覺到意猶未盡，也言不及義，相當不滿意，但卻又只能徒呼負負，難以實際進行具體改進的工程。

這麼一說，這本書似乎是不值一讀的，作為作者，我需要不謙虛也不避嫌地說：「那倒未必！」有那本作品沒有瑕疵？總是有的，但瑕不掩瑜，我敢自信地說，在這本書中所提到的許多論點是相當原創的，道出了過去整個社會理論論述所從未提到的觀念，這個觀念就是正負情愫交融。如今，我把這個觀念（也是現象）提了出來，這將為整個社會理論，尤其涉及後現代性，開啟另外一扇具有啟發作用的大門，有待後人走進去繼續發揮申論。對此，我也把我自己的一些初步想法加以闡述了，相信對後續的探索應當是有所助益的，這或許是本書最大的貢獻吧！

我知道，這是我這一輩子最後的「學術」著作，幾年來之所以勉力而為，其實，只是為了完成自己自幼以來的一個心願──做一個思想家。做到了沒？其實已經不重要了，畢竟，留下一點東西，接受公評，才比較具體一些。就此，我願意在此提醒讀者，這本書可以說是我自二〇〇〇年以來所出版的另外兩本著作──《進出「結構─行動」的困境》和《邁向修養社會學》──的延續，合起來構成我個人對整個當代西方社會理論所提供之「另類」反省的三部曲，代表的是我這一輩子從事理論思考所劃過的一點痕跡，當然，我極為盼望在年輕一代的學子當中有人能給我一點面子，稍加賞識，繼續延續下去。

　　最後，我再次向世新大學表示萬分感激之意。若沒有校方提供我一個可以安心工作的地方，也沒有給予我那份超凡的禮待，我不可能在晚年還有著這份創作動力。感謝上蒼總是特別眷顧著我，心滿意足了！

　　　　　　　　葉啟政
　　　　　　　　識於世新大學研究室
　　　　　　　　二〇一二年八月二十日

第**1**章
問題的提引

第一節　　故事的開端

　　豐年祭是台灣原住民年度的盛大慶典，經常吸引人們去觀光或參與。對這樣的豐年祭，報紙經常會報導，有著各色各樣的理解與解釋。在這兒，讓我引述長年投入有關台灣民間音樂研究的學者明立國對白桑安❶阿美族之豐年祭的描繪：

　　當天晚上，女性不能參加歌舞，這是部落中傳統的禁忌。祭場就在海岸公路這條柏油舖成的濱海大道旁邊。長老們坐在中間，青年人在四周依著年齡階級的次序圍成一個大圈。相鄰二人牽手，隨著歌舞的變換，隊伍或左或右的順著或逆著時針的方向運轉。……隨著每一次高揚的歌唱旋律部分，右腳踩地，踏出了強而有力的節拍。祭歌沒有歌詞，但也由於它沒有確定的辭意，

---

❶ 白桑安位於台東長濱鄉寧埔村，在海階上，密佈著許多史前遺址，其中在寧埔橋西北方，有一處白桑安遺址日本學者鹿野忠雄早於一九三〇年發表該遺址，其後，一九五〇至一九七九年，考古學家宋文薰與劉益昌的數度調查，從石壁、紅色素面陶、繩紋陶等遺物，確立為麒麟文化遺址。

因而使得它更具有象徵性的意義。頭目或長老們偶爾興起加入領
唱的時候，經常會在其中加入些即興的歌詞：「好好跳，年輕
人！」「今天我們大家都是這麼快樂！」—『哈嘿！』一領一應，
一唱一答，很明顯的有一種人際關係之間的脈絡呈現出來。……

　　為什麼整個祭典的過程都以歌舞來凝聚人心；如何在整齊一
致而又重覆的舞步當中，表現了它們族群整體的默契與團結；如
何在應答的唱法之中，強化了人際關係的結構秩序。歌舞似乎成
了阿美族豐年祭代表性的符號，在這一套行為模式當中，他們藉
著種種象徵性的手法，促成了部落整體的團結、和諧、生存與發
展。（明立國，1985: 5）

　　或許，在此，讓我另外再以台灣漢人社會裡相當常見的一個信仰
現象——神祇「繞境」為例來加以描繪，將有助於刻劃與理解底下要
討論的核心議題。這一大些年來，大甲與北港媽祖「繞境」可以說是
台灣民間的盛事，但是，卻鮮見有佛祖「繞境」的現象。台南東山鄉
碧軒寺與火山碧雲寺每年一度恭送與迎請佛祖的「繞境」即是此一少
數的例子。此一台灣少數僅存長程徒涉的迎神活動規模是無法與大甲
或北港媽祖「繞境」相比的，但卻是唯一需要翻山越嶺、走山路、穿
田野、越河床，最富台灣早期進香活動原始風貌的迎神活動，雖然每
次只有約一、兩百人參加而已（劉還月，1991: 4）。

　　民俗學家劉還月在一九八九年曾對台南東山鄉碧軒寺與火山碧雲
寺每年一度恭送與迎請佛祖「繞境」時翻山越嶺而重返人群的場景做
了這樣的描述：

　　　重回到人群的每個陣頭以及神轎，免不了要熱烈地表演一

番，如此四、五十個陣頭一一表演完後，每每又是夕陽開始西斜的時分了，那些扛轎或者隨行的信徒們，雖然已經十六、七個鐘頭沒有休息，臉上都寫滿了倦容，但也同時顯露出完成心願之後的滿意與欣慰。

　　東山的迎佛祖活動，到把佛祖迎回廟中，雖告一段落，卻還沒結束。第二天開始，佛祖還得一一到境內的角頭廟出巡做客，前後長達約一個月的時間，而這段時間內，東山鄉民總隨著佛祖的駕臨，準備酒宴邀約好友共敘家常，被現代社會疏離得很遠很遠的情誼，在這個偏遠的山鄉，卻是又見到了❷，這當然也是佛祖的「庇佑」吧！

　　事實上，綜觀整個東山迎佛祖的活動，雖然它沒有太過特殊的儀式，且過去一直不受外界所重視，但也因此，使得這個活動還保留相當多的原始色彩。善男信女整夜長途跋涉在崎嶇的山路中，除了表現出他們的毅力與精神，更重要的，當然是百年來深植在人民心中的信仰力量（劉還月，1991: 9-10）。

　　第三個例子則是每年元宵時分台南鹽水鎮的燃放蜂炮活動。經過大眾傳播媒體廣泛的報導，在這幾年來，這個活動甚有名氣，每每吸引成千成萬的人們（特別青年男女）從各地湧入鹽水鎮，冒著被蜂炮灼傷的危險來參加，成為台灣社會之年度節慶盛事。據說，台南鹽水鎮所以有著燃放蜂炮的習慣，乃因清嘉慶年間，鹽水地區瘟疫流行，百姓恭迎關帝君出巡驅邪祛魔，結果，被人們認為確實為地方帶來了平安。百姓為了感謝，乃在帝君出巡時燃放鞭炮以示感謝。此舉因此

---

❷原文是「卻是見不到的」，顯然是可疑的，特此更改。若有違作者原意，以原文為準。

在這只有三萬多人口的小鎮傳襲下來，因此成為台灣民間的一大盛事 ❸ 。

　　現在，讓我把陳述的情境與對象做一個大轉換，不只轉到東歐世界，也轉至一個虛構的故事。捷克作家米蘭‧昆德拉（Milan Kundera）在小說《生活在別處》（*Život je jinde*）❹中，對主角雅羅米爾，在他的母親瑪曼與外婆到鄉下住幾天的期間，與一個女孩的偷情有這麼一段描繪：

　　　　當她到達時（瑪曼和外婆已經到鄉下住幾天去了），儘管天色已黑，他一盞燈也沒打開。他們吃了晚飯，然後坐在雅羅米爾的房間裡。大約十點鐘（這是瑪曼通常打發他上床的時間），他說出一句已練習了一整天，以便聽上去顯得隨便平常的話：「我們去睡覺好嗎？」

　　　　她點了點頭，於是雅羅米爾把床鋪好。是的，一切都按照計畫進行，沒有任何意外障礙。姑娘在一個角落裡脫衣服，雅羅米爾在另一個角落脫衣服（顯得比姑娘笨拙得多）。他很快地穿上睡衣（那包避孕套早已仔細地放進了睡衣口袋），然後匆忙溜進被窩（他知道這種睡衣不合他的身，它太大了，因而使他顯得很小）。他瞧著姑娘脫衣服（啊，在微弱的光裡，她看上去比上次還要美麗）。

　　　　他溜上床，偎依在她旁邊，開始狂熱地吻她。過了一回兒，

---

❸ 另外，台東地區在元宵時分也有著類似的節慶活動——炸寒單爺，只是沒有鹽水蜂炮來得為人所知，參與的人數較少，整個活動因此也比較沒有那麼熱烈。據說，財神寒單爺懼寒，在元宵時分出巡時，人們遂以燃放鞭炮為他驅寒，因而有了炸寒單爺的活動。

❹ 這是十九世紀法國象徵主義詩人韓波（Arthur Rimbaud, 1854-1891）的一句名言，後來布荷東（Andre Brefon, 1896-1966）在他的《超現實主義宣言》中引用這句名言。

雅羅米爾想到，該是打開小包的時候了。他把手伸進口袋，儘量想不讓她查覺地把小包掏出來。「你在找甚麼？」姑娘問，「沒甚麼」他回答，立即把那隻剛要抓住小包的手放在姑娘的胸脯上。後來他決定，最好還是說聲對不起，離開一回兒，到浴室裡去，準備的更妥當。但是，當他正在思考時（姑娘不停地在吻他），他注意到他最初在肉體裡感到的所有明顯的激情正在消失。這使他陷入新的慌亂之中，因為他意識到現在打開小包已經不再有甚麼意義。於是他一邊極力熱情的愛撫姑娘，一邊焦急地觀察著失去的興奮是不是再回來。它沒有回來，在他的不安的觀察下，他的身軀像是被恐懼攫住了。如果有甚麼的話，那就是它正在縮小，而不是在脹大。

這個愛的遊戲已不再給予他任何快樂；它僅僅是一道屏幕，在它的後面他正在折磨自己，絕望地命令他的身軀服從。不斷地撫摸、愛撫、親吻，這是一種痛苦的掙扎，雅羅米爾不知道該說些甚麼，他覺得任何話都只會引起對他的羞恥的注意。姑娘也沈默不語，因為她可能也開始感覺到，某種丟臉的事正在發生，不知道這過錯到底是他的還是她的。不管怎麼，某種他毫無準備，害怕說出來的事正在發生。

這場可怕的啞劇終於精疲力竭了，他們倒在枕頭上，試圖入睡。很難說它們睡了多久，或者他們是否真地睡著了，還是僅僅裝作睡著了，以便可以不看對方。

早晨他們起床時，雅羅米爾不敢看她；她看上去令人痛苦的美麗，由於他未能佔有她而使她顯得越發美麗。他們走進廚房，做了早飯，極力想進行一場漫不經心的談話。

最後她說，「你不愛我」。

雅羅米爾開始向他保證，這不是事實，但是她打斷他：「不，沒有用，我不想聽你的辯解。事實勝於雄辯，昨天晚上一切都清楚了。你並不很愛我，你自己也看出了」。

雅羅米爾想讓她相信，他的失敗同他的愛情程度毫無關係，但接著他改變了主意。姑娘的話給他一個意想不到的掩飾他丟臉的機會，忍受他不愛她的指責比接受他的身子出了毛病的看法容易一千倍。因此，他盯著地板，一言不發，當姑娘重複這個譴責時，他故意用一種不確定的、無說服力的語調說：「別傻了，我的確愛你」。

「你在撒謊」，她說，「你愛的是另一個人」。……（Kundera, 1993: 129-131）

最後，讓我把焦點再轉換一次。克里希那穆提（Jiddu Krishnamurti）這位來自印度的「靈性導師」，在札記《心靈日記》（*Krishnamurti's journal*）說過這麼一段話：

自由就是成為自己的一種亮光；那麼它就不是一種抽象，不是由思想所召喚來的。真正的自由是免於依賴、依附，免於對經驗的渴望。去除思想的結構，就會成為自己的一種亮光。在這種亮光之中，一切行動都會產生，如此就不會矛盾。矛盾只有在以下的情況才存在：當律則──亮光──與行動分離，當行動者與行動分離。理想──原則──是無價值的思想動態，無法與這種亮光同時存在；其中一者拒斥另一者。這種亮光、這種律則，與你分離；觀察者存在時，這種亮光，這種愛就不存在。觀察者的結構是由思想所組合的，而思想從來就不是新的，不是自由的。

並沒有所謂的「如何」，並沒有體系，並沒有實行。只有看——
即做。你必須看——不是經由另一個人的眼睛。這種亮光，這種
律則，既不是你的，也不是另一個人的。只有亮光。這就是愛
（Krishnamurti, 1994: 45-46）。

第二節　　故事的衍續鋪陳

這些例子前三則是發生在台灣民間的習俗故事，而其他兩則則是
來自於其他地區的另類故事——一是虛構的小說情節、另一是有關
「自由」概念的哲學性論說。前三則故事涉及有關宗教與儀式性質的
集體活動，其他兩則則涉及個體性的現象：其一描繪的是有關一對青
年男女的偷情，另一論及的則是有關個人自由的抽象概念。這些「故
事」基本上是互不相干的，那麼，我為什麼要把它擺在一起呢？用意
何在？

首先，前三則故事——無論是台灣原住民的豐年祭慶典、台南東
山鄉佛祖繞境或台南鹽水的放蜂炮——有一個共同點，都屬於具宗教
和儀式性質的集體活動，涉及的是人們共感相應的集體感情、進而集
體意識的面向。我們或許從這些例子看不到涂爾幹（Durkheim,
1995）在其《宗教生活的基本形式》（*The Elementary Form of
Religious Life*）中對原始部落社會的初民在節慶時產生出神之集體亢
奮場景的描繪，但是我們還是可以感受到在這三個具宗教儀式意味的
集體活動裡隱涵一種特定的集體情操。這樣的集體情操的表現可以說
是體現初民社會常見之「出神之集體亢奮」的一種較為「文明化」的
含蓄轉化表現形式。在台灣原住民的豐年祭慶典裡，它以舞蹈（與飲
酒）的方式來呈現，情形較為接近初民社會的狂熱出神表達方式。至

於台南東山鄉佛祖繞境則以忍受身體折磨的堅忍毅力來表達人們對神祇的共同信仰，而台南鹽水的燃放蜂炮活動反映的，則是以喧嘩之嘉年華會的形式來彰顯隱藏在儀式背後所意圖表達之具宗教意涵的神聖性，儘管其原始精神已經嚴重地被「異化」，難以被參與者深刻感受到了。同時，「文明化」的台灣人或許無法像部落社會裡的初民總是讓「非凡例外」的場景（節慶時的亢奮出神）可以以某種「恰適」的方式（如以超自然的泛靈態度對待日常生活所經歷的任何事物）與「平凡例行」的日常生活相互融會或鑲嵌。他們反而總是把「非凡例外」和「平凡例行」做出區隔，無論在認知與情緒感受生活上面，均可得到適當的分殊空間 ❺。

　　無疑的，把「非凡例外」和「平凡例行」情境做出適當的區隔，無論就認知或情感表達的角度來看，都可以說是一種「理性」的區辨與實踐行為，而這恰恰是表現「文明化」的一種具體歷史形式。嚴格來說，這樣的「文明化」過程，並不只表現在高度「理性化」的西方世界，其實，它也見諸任何脫離了部落社會形式、且有著線性歷史意識的傳統社會裡，上述三個見諸台灣社會的宗教行為就是明例。對節慶場合予以某種的「理性化」，顯然是使得「非凡例外」無法充分展現其所可能具有的極端狀態（如產生了出神的集體亢奮）的重要因素，也是使得儀式行為逐漸喪失原有的曼納（mana）魅力、並流於異化和形式化的關鍵所在。這樣脫離了本具集體亢奮之文明源起狀態的歷史場景，說來是當代人類的基本處境，也正是這本書所欲探討的社會背景。

---

❺ 我們仍然可以看到，人們每日甚至不時地讓「非凡例外」的場景在「平凡例行」的日常生活中浮現，譬如，虔誠拜佛的人，每天早晚都會以三柱清香禮佛，並且，一有空就念佛號或誦經。

　　至於米蘭・昆德拉在《生活在別處》中所敘述之有關主角雅羅米爾與女孩邂逅偷情的故事，討論的是現代人存在處境中情慾意義的問題。這樣的情慾問題之所以顯得重要且有意義，基本上乃與「自我」意識被人們從歷史處境中拉了出來有關。對雅羅米爾而言，偷情時竟然陽痿，使得他相當懊惱、尷尬、甚至感到丟臉與羞恥，但是，對女孩來說，整個問題卻是雅羅米爾到底愛不愛她的困擾。這樣因生理性表現所衍生出來的情慾意義，顯然不是遠古時代、甚至傳統「共同體」型（*Gemeinschaft*）社會裡的人們感覺得到的，純然是現代人有了自我意識以後所衍生的問題。這樣的問題意識之所以發生，而且讓人們有了諸多非尋常的身心「癥候」產生（如雅羅米爾偷情時為了掩飾使用保險套引來焦慮情緒以至於產生陽痿現象），可以說是社會結構日趨個體化後所產生的併發症。

　　體現在現代人身上如此一般的個體化現象，無疑地把人們心中常常存有的「同一／差異」問題，由極具集體性的轉為個體性的。這也就是說，在過去，「同一／差異」所涉及的，最重要的基本上乃觸及屬於「共同體」（即非個人的）、且甚至是具歸屬性（ascribed）的範疇，諸如部落之間、性別、年齡等等的分殊，問題的本質是具集體性質的對反和鬥爭。但是，對具有著強烈自我意識的現代人來說，「同一／差異」的區辨，最重要的毋寧是落在以「自我」為中心、並與「他者」對架而彰顯出來的身心感應問題上面，問題的最終本質總是歸屬於個人，而且是心理（或謂意識）性質的。其所展現的典型特徵可以說即是充滿著焦慮的「自戀症」，套用格根（Kenneth J. Gergen, 2000）的說法，這是飽和自我（saturated self）的一種體現。

　　儘管，針對著「同一／差異」現象，傳統與現代社會的人們基本上是有著不同的理解模式與分殊的問題意識，但是，問題的核心本質

卻是一樣的。簡單地說，其所涉及的都是屬於符號學的範疇，乃關涉到象徵交換（symbolic exchange）過程中符碼所具有之社會學意涵的課題。易言之，不管是過去或現在，至少就西方社會思想的發展進程來看，人們對「同一／差異」的感知，基本上都涉及了象徵之認定與感應的符號學問題，其中最為明顯、且至為關鍵的，莫過於是所謂「正負情愫交融」（ambivalence）的心理感應問題。倘若過去傳統（特別是部落）社會與現代社會有什麼明顯的差異，這個差異原則上即表現在於對正負情愫互融之心理狀態的感知模式上面。尤其，當我們特別考慮著當前的所謂「後現代狀況」，象徵符號所內涵的正負情愫互融問題更是不可能不面對的核心議題。其所涉及的，甚至可以說是有關人存在的根本意義問題，而要回應這樣的問題，就不能不碰觸到長期來西方社會思想所關心的核心議題了。就這樣的提問而言，毫無疑問的，以個體為本的自由主義傳統則又是不能不碰觸的，這是我特別援引克里希那穆提這位「靈性導師」對自由的詮釋來開題的緣由。

第三節　　背後隱藏的問題意識

其實，往深處來看，這樣的故事延續鋪陳，特別是引述來自東方印度之「靈性導師」對自由主義傳統的核心概念——自由所做的另類詮釋，實有著直搗整個西方社會思想之特殊歷史—文化質性的強烈意思。這點我不否認，也無需規避。就研究策略來說，這樣的企圖乃意涵著，採取知識社會學的立場來對當代西方社會思想的一些重要概念進行剖析，似乎是必要的，至少，就澄清問題而言，著實開顯著一定的價值。循著這樣的想法，有兩個課題是不能不追問的：其一、就社

會思想發展史的角度來看，主導近代西方社會思想的核心概念是什麼？對此，我選擇了諸如嗜慾（appetite）、本能（instinct）、慾望（desire）、需求（need）與使用價值（use value）等等概念作為分析的基本經緯，而且認為必須特別分別從十七世紀的霍布斯、十九世紀的馬克思與二十世紀的佛洛依德的思想來著手。其二、面對著社會結構日益「個體化」的發展趨勢，尤其是審視所謂後現代狀況所蘊涵的基本結構理路──意符中空化、非線性的圖像（而不是具線性的文字）作為人感知的基本導向、符碼踰越而飄蕩、情境數位化、大眾傳播媒體科技高度發展、正負情愫交融現象活潑等等，我們不能不採取有別於立基於十九世紀西歐歷史情景的社會學思想傳統來重建新思維。對此，十九世紀歐洲思想界的異類──尼采──的思想，一向被認定是與後現代現象本身與感知模式有著高度契合的先知見解，自然就不能不特別予以關照了，因為他的思想有助於我們理解當代文明，更是開啟嶄新之社會思想的分離點。就在這樣的認知之下，我將透過尼采的思想來重估西方的社會理論論述傳統，並進而採取具有思想史風格的立場來強化我過去特別強調「修養貞定」作為重新認識（與期待）現代人的一貫論點，而這正是我認為「本土化」所需的基本立足點，也是「本土化」在知識論（和知識社會學）上面所可能彰顯的特殊歷史意涵。

　　根據布希亞（Baudrillard, 1981, 1990a, b）的意見，我們今天所處的後現代社會顯現的是一個充滿著意義中空之飄蕩符碼的場景，象徵交換成為人們彼此互動的核心課題，而正負情愫交融則是人們所顯呈的基本心理特徵。在這樣的情境裡，從十七世紀以來西方社會思想家所肯確之以人的基本需求（needs）作為認識（也是形構）社會圖像的基礎，已經難以接受了。當象徵交換成為人們互動的重心課題、尤

其是一切意義與價值被懸擱了，那麼，不但我們再也無法供奉著「基本需求」作為理解人自身與社會現象的根本，特別落實在物自身的所謂「使用價值」更已不是形構人之存在價值的基礎了。這是何以布希亞宣告佛洛依德之「原慾說」所強調之需求（或慾望）和馬克思之「價值說」中被賦予至高地位的使用價值同時都「死亡」的緣由。

　　倘若布希亞言之成理的話，那麼，面對著象徵交換互動所內涵的正負情愫交融處境，人們如何妥貼地安頓自己，這無疑是當代人一項至為關鍵的課題，也是人追求存在意義不能規避的基本問題。這些正是我在這本書中試著回應的問題。

第 **2** 章
慾望與需求的世界——
社會思想史之意涵的啟闔

第一節　議題的鋪陳

　　就世俗現實的角度來看，人有著七情六慾可以說是上蒼賦予的天性，儘管佛家以諸如「惑」或「業」等的詞彙來非難，勸世人盡量欲求降低、甚至揚棄——或者，更恰適地說，予以超越。在凡俗世間，尤其歷經了科技發展結合著資本主義制度的「恩寵」洗禮，許多人的生活享有著史無前例的富裕。慾望與需求的不斷開發，甚至被看成是表現文明「進步」的一項重要指標，人稱為「現代化」。於是，諸如國民平均所得、經濟成長率、外匯存底等等被號稱經過「科學」洗禮的經濟指標，成為日常生活中慣用的詞彙，猶如揮動魔棒點出的數字，似乎總是可以為人點撥出無限的希望。在這樣的期待情景下，慾望與需求的滿足當然不會是負面詞彙，更非罪惡來源，相反的，它們是營造生命意義的必要心理基礎，也是希望寄託的必然源起底蘊，更是判定一個政府施政良窳最重要的指標，對所謂「新興」國家來說，情形尤其是如此。在這樣的歷史格局裡，「貪婪」某個程度地被正當化了，許多原先只是「想要的」變成「需要的」，「奢侈的」則變成

「必要的」，而成為（特別是資本主義）經濟市場邏輯所推動之「現代化」不可或缺的重要心理動力（參看 Robertson, 2001）。在這樣的情況之下，「貪婪」此一在道德上一向被冠以昭彰罵名的概念，其內涵卻以變形轉化的姿態，為依附在「現代性」大傘底下以諸如發展、成長、進步、文化品味或生活品質等等美麗詞藻所巧妙吸納而消融於其中。於是，原是「惡魔」的幽靈披掛上了「神聖」神祇的外衣，為眾人歡迎、膜拜著。

的確，人類做為一種具有機性的生物存有體，沒有人可以完全避免掉慾望與需求的要脅，即使是修養貞定、道行高超的出家人，總是還得吃、穿、喝。凡是人，就有一些基本需求，是人們得以繼續生存下去所絕對必要的。依此前提，把基本慾望與需求的概念提出來以做為論述人之存在與社會活動運行的基礎，絕對有正當性，也相當有說服力的。但是擺在整個人類文明發展的進程中，抬高基本慾望與需求的概念，甚至視為認識人本身與其組成之社會所絕對不可或缺、也是無以完全規避的基本要素，則有再商榷的空間。易言之，以基本慾望與需求的概念作為解釋某個特定時代的特定社會與身處其中的人，未必是有效的，更遑論對人的想像與感受空間有所啟發。這就像人要活著就必須呼吸，氧氣是人絕對需要的東西，但是，在氧氣供應不虞缺乏的「正常」情況下，氧氣本身卻不足以讓人有效掌握到人存在之當下此刻的意義，對理解（與論述）人的存在問題並無法實際產生任何特殊的啟發作用。同理，基本慾望與需求的概念被用來做為理解人與社會現象的概念道具，它是否具有著感知上的「經驗」有效性，必然需要有一定的歷史─文化條件做為後盾，否則的話，它就難以體現出具啟發性的意義了。

這麼的說法無形之中讓我們不得不謙虛接受一項基本的認知前

提：若要妥貼理解有關社會現象與人之社會行動的理論論說，必須同時對該理論所賴以蘊生的歷史條件與哲學思維典範有所認識。在此，所謂歷史條件有二：一樣是理論蘊生之社會本身的發展史；另一樣則是理論所依附之學科自身的發展史。至於哲學思維典範，除了基本認識論之外，最值得關注的莫過於有關形塑社會與人之圖像背後的哲學人類學上的基本存有預設了，亦即：人是如何構作著「社會」與「人」本身之圖像的基本概念內涵。

依著這樣的思維理路，我們就不免要問：在漫長的西方社會思想發展史中，「社會」與「人」本身的圖像到底是怎麼被構作著？這當然是一項牽涉綿密而糾結的知識經營工程，相當複雜艱鉅，不只非我個人學識能力所能及，而且也無法在這麼一本書裡說清楚的。然而，在此，我別無選擇，多少需要碰觸這樣的基礎課題，所以我只能找一個適當的歷史著點來切入，當然，這個歷史著點自然得具有關鍵的影響作用。在這樣有限的現實條件下，我刻意挑選了十七世紀英國思想家霍布斯做為討論的起始人物，接著直接跳到十九世紀的馬克思和二十世紀的佛洛依德，之後，再回到十九世紀至二十世紀之交的尼采。至於為什麼特別選擇這四位思想家，我不擬事先有所說明，讓其可能的緣由在論述過程以迂迴幽晦的方式自我呈現吧！如此，讓讀者有各自發揮著想像和詮釋的空間，或許更有意思。

第二節　　霍布斯之嗜慾說的理論意涵

一談到霍布斯，一般的興趣總是放在有關國家形成的理論上（特別是形塑政治權力的正當性時所具有的倫理意涵）。或從更廣袤的角度來說，霍布斯在社會思想上的貢獻，向來即被定位為後來的西方政

治體制（特別是所謂的國家〔state〕）提供了基礎，其重要意義在於確立政治體制作為建構社會秩序的功能作用。帕森斯（Parsons, 1937）即持著這樣的見解，甚至把有關社會秩序的問題稱為「霍布斯的秩序問題」。因此，霍布斯的成就乃在於為現代西方世界提供了國家形成的基本理論，尤其有關國家主權（或謂至高權）（sovereignty）的課題，而這個國家即是他所稱呼的「利維坦」（Leviathan）（Hobbes, 1962, 1968, 1998），影響了後來以契約說為導引的自由主義思想（如洛克、盧梭、孟德斯鳩等人）。然而，這個面向並不是在此關切的重點，我們關心的是霍布斯在《利維坦》〈第一部〉❶中就人類本能慾望所提出的所謂「嗜慾說」（theory of appetite），而這恰恰是過去學者所忽視之處。

之所以把霍布斯強調人類本能慾望的所謂嗜慾說揀回來，在論述的關懷上做了明顯的轉移，就是因為霍布斯所論的牽涉到整個西方社會思想中最深層之哲學人類學存有預設的「人性論」課題。更特別的是，經過十八世紀啟蒙思想的發酵❷，到了十九世紀，此一有關人性的存有預設為西方現代社會思想（當然，包括心理學和社會學理論）鋪設了一層厚重濃郁且深具歷史意義的論述底蘊。舉凡十九世紀的邊沁、馬克思乃至尼采，以及二十世紀的佛洛依德、美國心理學中的行為主義、社會學中帕森斯所主導之強調結構與功能的行動論以及霍曼

---

❶ 以加斯金（J. C. A. Gaskin）所編輯之一九九八年版本的《利維坦》一書為本，〈第一部〉共十六章一百〇二頁，僅佔整本書之本文共四百七十五頁四分之一不到的篇幅（參看 Hobbes, 1998）。

❷ 特別來自所謂的蘇格蘭道德論者（Scottish Moralists）（如亞當‧斯密、休謨、里德〔Thomas Reid〕、弗蘭西斯‧哈奇森〔Francis Hutcheson〕、斯圖爾特〔Dugald Stewart〕、亨利‧霍姆〔Herny Home〕、詹姆士‧波奈特〔James Burnet〕、弗格森〔Adam Ferguson〕、卡姆斯爵士〔Lord Kames〕、蒙博杜〔Lord Monboddo〕等人）的論述（參看 Schneider, 1967）。

斯（George Homans）的交換論等等，莫不直接或間接受到霍布斯的影響。別的不說，像帕森斯就相信，立基於慾望（desires）而引發的激情（passions）概念，乃是形塑著社會秩序之基本單元（即社會行動）的概念基石（Parsons, 1937: 89-90；亦參看 Hirschman, 1977）。

　　然而，至少到了一九七〇年代所謂後現代狀況❸逐漸浮現之後，整個人類文明（至少西方世界）的歷史場景有了相當明顯的改變。以符號消費為導向的時代來臨了，布希亞即企圖以「象徵交換」（symbolic exchange）做為基本表徵來予以刻畫，並且誠如在第一章第三節所闡述的，宣告了佛洛依德的需求說（theory of need）與馬克思的價值說（theory of value）失效❹。回顧這樣的文明發展過程，我們若能回顧霍布斯的嗜慾說，無疑將為整個論證提供更堅實的歷史基礎，也可以從中獲取更多思想上的啟示，對布希亞的「象徵交換說」所可能衍生的社會意涵，將會有更為深刻的感應與體味。

　　回溯整個西方思想的發展，文藝復興帶來人文主義（humanism）的思想，啟動了自然科學的發展，到了霍布斯所處的十七世紀，整個思想的發展可說相當輝煌。史金納（Quentin Skinner）即認為，霍布斯思想承繼了此一人文主義精神，「人本」❺是其整個論述的中心軸線。而且，從他的著作中可以很清楚看到，霍布斯也受到當時流行的自然科學認知模式所影響，特別是展現在一六四二年問世的《論公民》（De Cive）一書中，即被冠以「治國之學」（scientia civilis）的標

❸ 借用李歐塔（Jean-Francois Lyotard, 1984）的用語。

❹ 簡言之，他們兩人論點基本上均建立在霍布斯所提出之自我保全（self-preservation）的生存概念上面（同時參看 Baudrillard, 1975, 1981, 1990a, b）。

❺ 具體來說，這個「人本」乃以逐漸冒出的資產階級為代表，之後，到了十八世紀末（尤其十九世紀），所謂的「人民」（people）即成為「人本」的代言人。

記（Skinner, 2004: 3-10）。馬克弗森（Crawford B. Macpherson）更明確指出，霍布斯深受伽利略把運動（motion）當成自然狀態（即動者恆動，除非有其它東西阻止而使它停止）時所採取之拆零─構成法（resolutive-compositive method）❻的影響，把此一原則運用在人的社會（Macpherson, 1968: 19, 25-26）。

尤有甚者，伽利略企圖以幾何學來表達天文物理現象的「數學化」努力，給了霍布斯相當深刻的印象。根據歐幾里德幾何學的基本理念，從組成現象之基本元素（如點、線與面）的定義開始，乃是捕捉（或謂認識）現象之基本特質的首要程序。只要定義明確而精準之

---

❻ 語出華特金斯（J. W. N. Watkins, 1955）。普勒門內茲（John Plamenatz）指出，在一六三〇年代逗留巴黎時，霍布斯深受伽桑狄（Pierre Gassendi）之物質主義的影響，構作了他的機械觀（Plamenatz, 1963:117）。對此，表現最為明確的是在《論公民》一書的〈致讀者的序言〉中。他是這麼說的：「關於我使用的方法，……我始於公民政府的最根本要素，之後追溯其生成與形式以及正義的初始，因為，可以讓我們對任何事物獲得最佳瞭解的，莫過於是從其組成動因下手。情形正如瞭解一具錶或其他小機械一般，除非它被拆散而從部分來看，否則，齒輪的材質、樣態與運動狀態就無以得知。……」（Hobbes, 1983:32）。區克夏（Michael Oakeshott）進一步評論道，霍布斯採取機械觀把人看成為一種機制，可以從不同的抽象層次考量，情形正如我們可以從數學上的數量（指時間的指示）、力或慣性的機械性名詞、或可看得見的組成部分（如錶殼、晶片等等）等不同層次來觀看一般。因此，我們必須分辨到底霍布斯所採取的是那一個層次的觀點（Oakeshott, 1975:31, note 48）。簡單說，霍布斯機械觀的基本立場是，透過想像力的運用，我們可以把社會力與現象化約成為經由人的神經、肌肉、感官、記憶與推理等等運作引發嗜慾（慾望）、並進而產生的運動形式來予以理解（Hobbes, 1998: 8）。這無疑使得霍布斯從人性觀來確立人所具有的種種基本身心特質，並進而完成對政治現象的論述（參看 Macpherson, 1962:30-31; 1968:27-28）。這一切似乎預示了後來西方社會學者進行分析社會現象時慣用的「拆零」策略（如結構功能論者透過構作著社會體系「整體」的「部分」所可能扮演的功能角色來理解社會現象）（參看 Toffler, 1984）。

後，現象的其他性質就可以透過推理與證明的方式來予以演繹。對霍布斯來說，如此的幾何學思維正是理解人之社會行為的基本策略，而「人天生具有的感覺與想像能力，進而，具有著嗜慾或慾望」這樣的基本生理特徵，即是用來理解（包含分析與演繹）社會秩序的基本幾何學元素❼（參看 Tuck, 2002:51f）。

除了深受當時日益「數學化」（其實只是「幾何學化」）物理現象之科學觀的影響，霍布斯還受到哈維（William Harvey）有關人體構造之論述的啟發（參看 Baumer, 1988:137）。在他的心中，承認人類天生具有著感覺與想像能力，也就意味著人會主動讓自己的身體向外界產生運動。對人類此一向外運動的特質，霍布斯把運動的源頭歸到人體內部所具有的基本生理性體質特徵，稱之為內部運動。他認為，在此一向外引發的主願運動產生之前，也就是在行走、說話、碰擊或其他可見的行動得以呈現以前，人的身體內部即先有著微小的運動（諸如血液流動、脈搏、呼吸、消化與排泄等等）。霍布斯統稱這些內部運動為「生發力」（endeavor），而當生發力涉及經驗上令人感到

---

❼ 包默（Franklin L. Baumer）即指出，從十六世紀的哥白尼（1473-1543）歷經伽利略（1564-1642）、笛卡兒（1596-1650）而至牛頓（1642-1727），整個十七世紀一連串的科學革命使得「自然」在人們的心目中有了新的面貌，而這個新的「自然」面貌，基本上即是一種幾何精神（*esprit géométrique*）的產物（Baumer, 1988:39）。胡塞爾也指出，霍布斯的主張是一種自然主義的表現，乃循著物理理性的模式，意圖成就物理主義（physicalism）的基本立場（Husserl, 1970:62-63）。無疑的，就西方社會思想的轉折而言，霍布斯這樣的自然主義化，導使他回到人的生理結構上面來凝聚概念，為現代社會科學開啟了嶄新的一頁，「嗜慾」的提出可以說是其中最為根本而明確的概念。至於有關霍布斯運用幾何學的概念於政治現象以及兩者之間關係的討論，參看馬克弗森（1968:17-19）與芬恩（Stephen J. Finn, 2006:107-109）。

愉快的事物時，即是嗜慾或慾望❽，後者可以說是一般的名稱，前者則經常限於意指對飲食（即饑與渴）的慾望。相反的，當生發力朝向避免某種事物時，則稱為嫌惡（aversion）（Hobbes, 1998: 34）。因此，嗜慾和嫌惡是動物運動時首先產生之兩種分化的生發力，隨後，人類的種種心理質性才跟著發展出來，霍布斯對此分別加以刻劃、並總稱為慎思過程（in deliberation）。此一過程體現在人的身心狀態中、且與行動本身相互附著的最後嗜慾（若是行動的刪除，則是嫌惡）即所謂的意志（will），或謂具意志性的行止（但非官能）（the act,〔not the faculty,〕of willing）（Hobbes, 1998: 40）。也就是說，倘若我們採取保守的態度來看待，意志得以產生的基礎即是嗜慾，或更直接地予以論斷，它是嗜慾的一種高階（也是最終）的心理展現形式。於是，意志是立基於人類所具有的基本生理特徵上面，只不過在孕育當中加進了具社會性的心理生發力而已。

　　對霍布斯有關意志的嗜慾論說法，區克夏提出了這樣的詮釋：「此一意志是絕對的，因為它不為任何標準、規則或理性所制約或限制，同時，也非計劃以此等原則（按指標準、規則或理性）來決定，更不是以此做為目的。如此的缺乏約束，霍布斯稱之為自然權利（natural right）。這是一種原始且絕對的權利，因為它直接從意志的特質衍生出來，而不是來自某些更高的法則或理性緣由。」（Oakeshott, 1975: 60）也就是說，正是因為源自此一展現人作為生物

---

❽ 在第六節的標題中，霍布斯以激情（passions）來統稱嗜慾和慾望。馬克弗森認為，從某個角度來說，「慾望」一辭確實會比「嗜慾」此一概念來得適切，因為一般把嗜慾看成是屬於低於人的其他動物（Macpherson, 1968:30）。但是，由於慾望一辭的意涵較為含混，使用具生理意涵的嗜慾一字或許還是比較合乎霍布斯思想的原意──強調人的生理層面，尤其，比較可以呼應霍布斯使用嫌惡一辭的對反意涵。

存有體所特有的本能性嗜慾，所以意志的行使有著原始、絕對且自然的基礎，而這是設定權利的正當性最為根本的哲學人類學存有預設，也為後來的自由主義思想奠下了論述基石。

既然意志的發揮是一種自然權利，它需要「自由」作為後盾，才有實踐的客觀條件。對霍布斯來說，所謂「自由」簡單說即是，對一個人完成他自己想做之事的權能（power），而沒有任何外在的阻礙，因而，他可以根據自己的判斷與理性來貫徹自己的意志（Hobbes, 1998: 86）。這麼一來，意志作為嗜慾的高階（也是最終）的展現形式，不只是一種心理學的說法，更是一種有利人們傾向於尊重世俗功利價值的實際效用表現。然而，畢竟，這樣的說法充其量只能當成是人行動時具有著倫理意涵之主體能動性的基本前提，至於人的意志能否「自由」地施放，則非單純依靠著自然權利的名號即可以完全被保證著，尚需仰賴外在社會結構條件的配合。因此，這已經不單單是個人心理或效用與否的問題，必然涉及外在結構條件的配合問題。不過，不管怎麼說，如此以人乃是一種具生機（vital）特質的生物存有體做為基本前提，透過嗜慾（或慾望）概念的穿針引線來論述人的社會秩序，霍布斯最終引出了良善（good）與邪惡（evil）的問題，它所彰顯的則恰好碰觸到人性內涵的基本困境。

單單就使用之概念的表面意涵而言，霍布斯選擇嗜慾與慾望（因而，激情）做為論述人之社會存在的生理學（也是心理學）基礎所呈顯的，毋寧是一種功效主義的立場，視嗜慾與慾望為源自人之天性的一種具體質性的存在條件，對人的行動有著一定的制約作用，任何人在任何情況下都無法規避。尤其，這更意味著，慾望的滿足與否對人的心理所造成的愉快或痛苦經驗，是判定人之行為的最終依據，其中，尋求自我保全（self-preservation）的本能即是為人們帶來愉快

（也是避免痛苦）感受最為根本的基礎。準此，一個人可能掌握之社會性的權能表諸愉快或痛苦之判定的功效性，可以說是最為關鍵。這樣的人觀反映的，是一種立基於人原有之身心體質特性的心理享樂主義（psychological hedonism），更是定義一個人之所以為「人」最基本的物質要件（參看 Peters, 1956: 143-149）。無疑的，這是後來西方心理學（與社會學）論述中普遍以諸如本能（instinct）、驅力（drive）、慾望（desire）、需求（need）、需要（want）、原慾（libido）等等的概念結叢來做為理解和詮釋人之行為的基本依據的一個重要歷史根源。

　　擺回整個西方社會思想的發展脈絡來看，霍布斯企圖以嗜慾（與慾望）來架設自然狀態下的人性（以下簡稱「霍布斯命題」）之所以值得予以重視，並不在於是否有足夠的實徵經驗依據來佐證嗜慾本能（尤其自我保全本能）的存在，而是在於把它當成是一種邏輯上先於一個完全（如具完整至高主權的）公民社會得以建立的前置條件。如此一來，其所彰顯的重要意義應當在於，此一被視為具前置邏輯性的哲學人類學存有預設命題，到底為後來的西方社會思想開展出具有怎樣之啟發性與想像力的空間，以及帶來了怎樣的問題意識。

　　首先，再次借用區克夏的評論來切入。霍布斯這樣之「人所以做為人乃在於天生具有著感覺與想像能力」的論點，確立了一個基本命題：「人類首先必得是一個個體，所以是如此，並非單純地因為他具有自我意識，而是因為這可以從具意志的活動之中具體地展現出來。」（Oakeshott, 1975: 64）也就是說，人的感覺與想像始終是歸屬個體的，它由個體本身引出，也同時回歸到個體，才得以完全證成。當然，這樣說並不等於否定所謂社會（互動）的因子對人的行為（或使用霍布斯的語言，即嗜慾導引的感覺與想像）的影響，因為這是屬

於另一個關照向度的課題。回歸到霍布斯的立場，畢竟，與人天生具有感覺與想像能力之生理性的自然狀態的初基特質相比較，社會因子或許僅是次級屬性而已。因此，霍布斯命題所彰顯的第一層重要意義是：**個體人之身心體質所具有的普遍特質做為構作社會秩序的基本概念依據，有著初基性。**

在預設人是追求自利與自我保全的前題下，霍布斯認為，由於整個社會的種種資源是有限的，倘若社會裡沒有一套足以合理處理分配與約束剝削的辦法，那麼，整個社會勢必會導致「所有的人處於相互對抗的戰爭狀態之中」。為了避免這樣的混亂局面發生，任何社會都需要一套道德規範體系來予以約束。針對如何形塑此一道德規範的約束要求，霍布斯首先肯定人有著近乎相等的能力，懂得透過明智（*phronesis*）的理性意識作用來形塑道德規範約束，亦即：依附在人具備形塑理性指令之能力的前提下，人可以發揮其所具有的權能把道德規範約束予以「明智化」，不必再像過去一般，無條件接受「道德來自神祉或其他預設的先驗道德律令」這樣的命題❾（參看Macpherson, 1962:72-74, 87）。

從影響思想發展的社會背景來予以審視，顯然霍布斯所以把權能當做為一個有效的概念看待，可以說是針對著他所認定之當時英國社會面對的問題而發的，希望能從中尋找出足以化解當時戰端連連、烽火遍地之局面的途徑。簡扼地說，霍布斯為的是要傳遞一個基本的訊息，即：一個人唯有充分掌握了具現實意義（即使未可實證）的種種

---

❾ 借這樣的見解似乎預示了十九世紀尼采之反基督與反柏拉圖絕對理念主義的論述，也聯帶呼應著他所特別強調的基本命題：作為一個具自主性的自由人，他應當學習如何透過權能意志（will to power）來證成超克人（overman）的存在境界（參看Nietzsche, 1968, 1994a, 1999a, b, 2002, 2005, 2009）。

資源，他才可以沒有恐懼，有了保全自己的生存機會。在這樣的前提之下，權能是一個具俗世功效意涵的概念，涉及一個人在現實的日常生活世界裡能否有效掌握自己之生存機會的能力，特別指涉的，當然是有關種種現實社會資源的掌握。霍布斯即曾為權能下了這樣的定義：「人的權能（普遍來說）是一個人獲取某種未來具有明顯益處的現有手段，它或者是原有的，或者是工具的。」（Hobbes, 1998: 58）參照當時的社會狀況，霍布斯告訴我們，凡是人可能具有的種種天賦稟性（或能力）（如過人的膂力、儀容、技藝、口才、財富、世襲的盾飾與紋章或高貴的出身等等）或乃至傳統亞里斯多德倫理學中被歸類為德行（virtues）的種種行止（如慷慨大度、明智、聲譽等等），只要可以獲得人們尊敬（honor）的，都可以轉換成為權能❿。

---

❿ 奧爾福德（C. Fred Alford）批評霍布斯此一權能觀深具自戀（narcissistic）色彩，以為有權能之人的權力是無限的，而一般人民卻沒有足以界範主權者以任何方式、在任何地方與任何時候來進行侵犯的能力，以至於使得他者的他性（otherness）被否定掉（Alford, 1991:97, 99, 101）。也就是說，在奧爾福德眼中，霍布斯忽視了有權者的權能是有極限的，權力的承受者既是感受到權力施放者的權能力道所內涵的他者形象，而且，權力的承受者也有著一定的權能「防衛」能力範圍的。我個人認為，縱然奧爾福德這樣的評論有其道理，但卻不是霍布斯所以如此刻劃權能概念的要旨，並不適用來理解霍布斯的權能觀。倘若霍布斯有誇大主權者的權能的意思，那也是因為他的整個思想為著一個基本的宗旨：社會處在長期內戰之中，人實無法再容忍任何訴諸暴力的強權，唯有捍衛王權（來對抗教權）以做為維持社會秩序的制度性基石，和平才有可能，人民也才會有安穩的生活。無怪乎，皮特斯（Richard Peters）會認為，在霍布斯的思想裡，追求權能的慾望乃與恐懼同時成為人們做任何事的原因（causes），也是承受自然法則的理由（Peters, 1956:143-144, 165）。這也說明了何以伯恩斯（Laurence Berns）會認為，霍布斯是「期待著一個比完全武裝之至高權力更形溫和的政權所可能提示的」（Berns, 1981:389）。芬恩更進一步地認為，霍布斯所以採取物質主義的存有論立場，以人具有之感覺與想像能力的基本生理特徵做為討論社會（尤其政治）秩序的進路，乃是意圖避開早已存在之宗教勢力一向過度採取亞里斯多德慣用的語言與笛卡兒供奉靈魂

　　倘若轉換成當代社會學的語言，或許，我們可以說，霍布斯此一權能概念指涉的，即是相對於布爾迪厄（1977, 1990）所說的資本（capital），包含文化資本、社會資本、經濟資本、政治資本乃至象徵資本等等，乃立基於人與人彼此之間的相互承認（recognition）、並足以用來當成進行社會互動的資源。準此對照，霍布斯訴諸人相互承認的權能觀，實乃意味著個體存有著自我意識（self-consciousness），也同時昭示著，對人的存在而言，此一自我意識乃內涵著不可分割的至高價值，可以說是後來西方社會思想中之自我（self）一概念的基模（Alford, 1991: 95）。這種種帶著我們進入霍布斯命題的第二個重要意義：**掌握著一定形式與數量的社會權能（或謂社會資源），是一個人的自我得以保全的必要條件。**這麼一來，接著來的問題即是，霍布斯強調的是怎樣的社會權能形式呢？

　　回到霍布斯當時所處的英國社會，儘管由資產階級所主導的社會形態還沒有完全成熟，但是，社會面臨轉型的跡象已經逐漸顯露。波比歐（Norberto Bobbio）即指出，當時封建時代的莊園社會形態漸漸露出頹勢，所謂「自然狀態」已無法經由父親與子女或主僕之間具備著有機連帶的家庭形式來捕捉。此一狀態必須透過具平等、自由和獨立等等特質、且講究分工合作之「經濟人」的形式予以回溯體現❶

的形上學立場所帶來的「污染」。因此，其以人之生理特徵為出發的物質主義存有論的幾何學立場，基本上有著濃厚的政治意涵，可以說是政治理念為其自然哲學觀提供了可接受的現實基礎，讓他當時有了可以與持不同意見的「政敵」對抗的思想子彈，並帶出足以適用於即將來臨之新時代（特別指涉科學與資產階級的興起）的世界觀（特別指涉著有關對人與政治社會的觀點）的契機（Finn, 2006:121）。

❶ 波比歐指出，到了洛克（1632-1704）所身處的十七世紀末葉，這樣的歷史特質更明顯地呈現出來。於是乎，這樣的論述基調自然是更加具體地呈現在其論述之中（Bobbio, 1993:18-20）。

（Bobbio, 1993: 18-20）。波比歐做了一個結論：由「人具有幾近相同（平等）的身心狀態（能力）」的自然稟性轉進至「人人具有平等權利」的自然法則，並以之與具不等意涵的自傲（pride）法則相對反（Bobbio, 1993: 18-19）。這樣的歷史場景可以相當程度正當化了霍布斯所採擷之人性論的論述理路，同時，也在實然與應然兩個層面完成了「人人生而相等」（*That every man be accounted by nature equal to another*）這樣哲學人類學的基本存有預設命題❷。

　　馬克弗森甚至提出了一個更激進的意見。他宣稱，霍布斯以嗜慾（慾望）的概念做為基架來為社會圖像所搭構的心靈模式（the mental model of society），只能與資產市場社會相呼應，因為只有這樣的社會才可能有機會讓人彼此（以和平的方式）相互競爭權力（權能），並企圖把別人的權力（權能）轉移成自己的，而且，人的安全網絡也才得以編織出來（Macpherson, 1968: 38-39）。霍布斯自己即明確指出，這樣才足以要求具有至高權力者，對社會裡各等級的人平等地施法管理，並依賴著每個人因受到保護，得以對國家所負欠的債務（而不是根據財富本身的平等）平等地予以課稅。尤有進者，稅收的平等與其說是取決於消費者的財富均等，不如說是取決於人對貨品的消費程度（Hobbes, 1998: 228, 229）。

　　霍布斯所表現之凡此種種（特別是有關稅收）的論點，基本上反映著資本主義社會所揭櫫的基本正義精神──以尊重與保護一般百姓的個人權益（特別是財產）做為出發點❸。借用馬克弗森的說法、並

---

❷ 即霍布斯在《論公民》第三章中提到之第八條的自然法則，或《利維坦》第十五章中提到之第九條的自然法則（參看 Hobbes, 1983:68; 1998:102）。

❸ 有關霍布斯確立私有財產具正當性的經濟思想，參看霍布斯（Hobbes, 1998: 第 24章）。

套用霍布斯的概念，正是資產者的自利「生發力」做為歷史動力，撐出了強調至高權（不管指涉的是國王或議會）的國家形式（Macpherson, 1968: 63）。或者，以較為保守的角度來說，「市場人」特別容易學習到霍布斯的學說（Macpherson, 1962: 105）。準此立論，在思想上，霍布斯對資本主義社會的政治構作，無疑遠遠超乎當時的人（特別資產階級以及與他對話的「知識人」）所能認識到的，同時，也甚至超乎他所可能體認的。借用施米特（Carl Schmitt）的說法來表示，情形可說即是：在霍布斯的時代裡，出現在十九世紀的法律實證主義尚未成形，但是，霍布斯的國家學說「成為資產階級法治—憲制國家的精神先驅，這類國家於十九世紀在歐洲大陸贏得了統治地位。」（Schmitt, 2008: 106）根據這樣的論述架構，霍布斯命題的第三層重要意義可說即是：**確立了以具有著實踐所謂「自由而平等」之「經濟」機會的政治體制，乃是確保個人生存（及慾望得以適大地滿足）的社會機制，而這也確立了資產階級做為主導歷史的主體⓮。**

這麼一來，霍布斯可以把掌握和推動歷史進程的主角輕易轉移到同時兼具激情與理性（reason）特質的「人」（尤其是經濟人）身上，他們為國家機器這個龐大的「人造巨人」做決斷與進行解釋。這樣的作為至少有兩層意涵。首先，這意味著，人再也不需要「上帝」這樣的形而上托體來做為形塑國家機器的後盾。其次，人彼此之間的關係本身是相當鬆散的，其基礎乃在於人透過天賦的理性特質來經營具社會性（特別是政治意涵）的契約，而非源自先天的社會聯帶（諸

⓮ 這無疑地啟示了我們，當資本主義以工業化的生產形式發展到十九世紀之後，何以馬克思主義者會特別重視經濟「下層結構」對暸解資本主義社會具有著決定性之意義的歷史關鍵所在。

如來自血緣或地緣的共同體感）所深具的社會心理性質。因此，讓個
體彼此之間訂定契約以相互制約，遂成為賦予國家機器「巨人」以生
命的根本基礎。顯然，這樣的思想有著讓個人主義的色彩得以剔透出
來的潛在意涵，而且，這也正是支撐霍布斯提出一向為大家熟悉之有
關國家形成的至高權（sovereignty）（利維坦即為其代表）背後的基
本命題。它的重點在於，臣服者（也是主體〔subject〕）所以把部分
權利交出而屈從於至高的主權者（sovereign），乃在於尋求保護自我
生命的安全。只不過，一旦臣服者自身的安全受到威脅，他則有著反
抗的權利。至於臣服者意指的對象為何？根據平等原則與自我保全原
則，臣服者無疑地乃指向任何一個做為具生機性之運動存有體（當
然，也是社會成員）的個體人❺。倘若擺回西方世界的歷史發展進程
來看、並以其後自由主義慣用的詞彙來說，顯然的，具有這樣之政治
權利屬性的個體臣服者，即是屬於芸芸眾生的人民（people），而其
中所謂的資產者則逐漸成為代表人民的歷史主體❻。在這樣的歷史背
景之下，讓人有著自有且平等的機會滿足自我保全的本能慾望，是政
治社會的基本要務。人民因而是主導歷史的主體。當然，在此歷史背
景下，此時的人民所指涉的，最主要的是即將興起的資產階級。

　　我們從前面可以發現，正是透過對「意志」賦予具經驗性的心理
學意涵，霍布斯把社會思想的論述從傳統具濃厚哲學先驗預設的論證
形式中帶出，也跨越了倫理道德的應然性訴求，讓具有經驗實然性之
人的實際體質特徵成為形構社會（或行為）理論的概念基礎，開啟了

---

❺ 參看霍布斯（Hobbes, 1998:222），同時參看馬克弗森（McPherson, 1962:2）。

❻ 當然，到了十九世紀中葉以後，對馬克思主義者而言，他們則認為，無產階級取代了資
　產階級，成為代表人民來主導文明發展的歷史主體。

有關社會的「科學」論述。但是，更重要的是，強調意志與選擇做為人的基本稟性，擺在以少數尊貴份子（如貴族）為主體的社會形式與以多數平凡人民（或更狹義地說，資產階級）為本的社會形式，有著不同的指涉意涵。

就西方的歷史發展進程來看，從古代以至十八世紀法國大革命❶之前，基本上是以少數貴族為主體的社會形式（不管是封建或絕對王權）做為構作（甚至是理解）「社會」之運作理路的基架。尤其在基督教教義的籠罩下，人們強調勇氣、名譽、自我犧牲等等具道德性的氣魄（*thymos*）來成就正義感，重視的是「要求別人承認自己的優越」（如承認自己所屬的旗幟、家族與宗主、乃至宗教信仰等等）的優越願望（*megalo thymia*），而形塑了承認慾望❶。然而，當以多數平凡人民（或更狹義地說，資產階級）為本的社會形式浮現、且漸漸成為形塑社會結構的基調時，情形就改變了。

當霍布斯以嗜慾說為個體人自我保全的存在要求做為在論述理路上具正當性的樁角，並進而以此確立契約同意做為營造「利維坦」國家共同體的現實基礎的時候，他有一個相當值得重視的人文性意圖，即：呼籲人放棄在聲名之戰中冒著生命危險要求別人承認自己優越的努力，轉而以人類處於自然狀態時所具有的最低共同情感（即自我保全）的名義來約束野心者，而這種情感不僅是人與人，也是人與較低等動物相通的共同因素（參看 Fukuyama, 1993: 196-199）。這意味著

---

❶ 至少，就社會體制的形式而言，情形是如此的，儘管，誠如文中一再提示的，在十七世紀的西歐世界裡，代表多數人民的資產者已經浮現，並展現一定的社會力。因此，此處這樣的說法可以說是一種持意保守的說法。

❶ 此處的討論，主要參考福山（Frank Fukuyama, 1993），特別是第十三至十七章，若無特別需要，就不再引註，讀者可以自行參閱該書。

社會理路的焦點遠離了基於少數人（如貴族）之優越願望而生的承認慾望，轉而在同時強調慾望與理性的前提下，以多數人為本的對等願望（*iso thymia*）所撐出之基於人做為生物有機體的自我保全本能而激發之最低程度的生存慾望，做為營造社會結構、也是理解社會的認知理路基礎。對後來的社會思想發展而言，霍布斯回歸最低程度之生存慾望的立論有著重要的理論性意涵，即第四層的意義：**回歸到人所具之動物性自然特質的臨界點（即自我保全本能）來界定人文性（文化）的問題，而這正是人類如何由赤裸裸的血腥鬥爭演進為具妥協性的溫和競爭（或甚至是相互合作）的問題，更可以說是人類如何由動物性「過渡」到人文性的問題❶❾**。在此，人文性的問題指涉的是，體現在諸如以基本人權與財產權為本之契約同意論的論述，或啟蒙運動以後西方人（特別德國人）重視以「文化」❷⓿來成就人之主體性的種種努力上面。換言之，霍布斯的自我保全說觸及了後來西方社會思想中所關心之有關人類如何從自然狀態「跳躍」到具有文化樣態的轉折問題（如洛克、休謨、尤其是二十世紀的李維史陀），也就是愛里亞斯（Norbert Elias, 1978, 1982）所說的文明化進程。

　　總而言之，不管從正面（即資本主義）或反面（馬克思主義）的立場來看，霍布斯強調慾望與理性、最低程度的自我保全慾望與對等願望等等的概念，都可以說是刻劃（也是理解）後來以資產者為主體之持具市場社會的重要認知模式。儘管霍布斯未必明確意識到他的

---

❶❾ 這也正可以用來說明何以皮特斯會認為霍布斯的動機理論可以看成是由其物理學（可以說包含了生理心理學）過渡到政治學（也可以說包含道德）的一種分水嶺（Peters, 1956:150）。

❷⓿ 有關近代以來西方社會思想中對「文化」一概念的詮釋和期待，參看葉啟政（2006:201-209）。

「嗜慾說」預告了資產階級的興起，並為其歷史地位的正當性鋪路，但是，我們似乎可以說，霍布斯如此一般的認知模式，乃與後來馬克思思想中一個極為核心的基本觀點互通款曲。簡單地說，此一觀點即：**人性（特別指涉慾望、需求等身心狀態）的呈顯，乃與社會關係本身有著揭示歷史意涵之存有論的關聯性。換句話說，人性的本質或許是恆定不變，但是，它如何呈顯卻是與社會關係的歷史形式相互依存著。**這可以說是霍布斯回歸到最低程度之生存慾望的「嗜慾說」所可能彰顯的第五層意義，而它更是迂迴預告了馬克思的理論中最為關鍵的命題。

第三節　　類存有與需求──馬克思思想的底蘊面向

　　無論就思想承繼的淵源、理論架構的設定、指涉對象的層面或書寫的風格表現等角度來看，馬克思和霍布斯有相當明顯的不同，關心的議題更是因為兩人所處的時代不同而有著明顯的差異。但是，對於人性與人之社會行為的討論，馬克思和霍布斯卻有著一定的親近性，分享一些共同的基本預設立場。倘若我們說霍布斯開啟了十七世紀以後西方社會思想的基本論述座架，那麼，這個基本論述座架依舊是馬克思思想的參考座標。簡單地說，他們共享著基本的哲學人類學的存有預設，即肯確人所具的生物需求特質乃討論人本身（與社會關係）之問題的起始基點。更具體轉換成為內涵在霍布斯之論述中的命題旨趣來說，馬克思關心的基本上依然是人基於最低程度的自我保全慾望所開展出來之由動物性跳躍（或過渡）至人文性當刻的移位（軸）問題，而非已從動物性跳躍（或過渡）出來以後的人文性如何有著更進一步成就的自我證成問題。然而關鍵就在於：已經到了十九世紀了，

何以馬克思關心的還是人之最低程度的自我保全慾望呢？在西方社會思想史上，這具有著怎樣的社會學意涵？這就是底下要回應的基本課題。

「馬克思的思想深受德國哲學傳統底蘊的影響，特別是來自黑格爾」這個觀點，早已是治西方社會思想史的常識。學術界有關這樣之論斷的討論可說是汗牛充棟，實在輪不到我這樣一個對西方社會思想史（或謂哲學）只有著半調子認識的社會學者插一腳。然而，為了釐清「需求或慾望此等概念在馬克思的社會理論中具有至高地位」這樣的宣稱，在此或許有必要簡扼提到黑格爾對馬克思產生影響的一些基本論點。

有關本質（essence）與表象（appearance）的辯證關係可以說是黑格爾思想的重要課題。簡單地說，其重點在於區分實在的本質和表象過程，以及掌握彼此之間的關係。其中，特別值得注意的莫過於是在兩者的辯證過程中，表象乃依循著本質的特性所界範的極限不時變動著。也就是說，萬變不離其宗，不變的本質總是在表象變化之中因著「複製著內涵的矛盾而顯露著做為結果的自身」逐漸自明。馬庫色（Herbert Marcuse）有一段話可說相當精簡地把黑格爾的意思點出來，他是這麼說的：「這麼一來，本質既是本體的，也是歷史的。事物的本質潛勢乃在建立其存在的相同全面過程中實現其自身。當事物的潛勢透過實在的種種條件，且在其中成熟後，本質即可以成就其存在。黑格爾稱此一過程為過渡到真實（the transition to actuality）。」（Marcuse, 160: 146, 149）

在這樣之思維模式的導引下，施用於探討人的行為與社會的現象，做為一個人或形成為一個社會的本質是什麼的問題隨即而來。對此，除了承繼著黑格爾的本質／表象二元辯證關係做為基本認知模式

之外，馬克思更是接受費爾巴哈（Ludwig Feuerbach）的說法，以對反著黑格爾之觀念論的基本立場。他指責哲學❷只不過是透過思想發展出來、且又帶入思想的一種宗教，乃是使得人的存在產生了異化（alienation）的另一種形式，根本解決不了這個本質性的問題。先就費爾巴哈來說，對反著黑格爾以抽象化的思想本身帶出思想的異化哲學思維，他主張，我們必須回歸到人所賴以存在的基本實際狀態——即真實的物質條件，以實證科學（positive science）的方式（非如黑格爾架出抽象的「絕對精神」做為形而上基礎）來探討人與人之間的社會關係所可能展現的歷史形式。基本上，馬克思同意費爾巴哈所提出的這樣進路，以為值得借鏡，而且，他也確實有了更進一步的發揮❷（Marx, 1964: 197）。

　　就整個西方社會思想發展史的角度來說，馬克思採取了費爾巴哈這樣之探討進路所做的轉折，具有顯著的特殊社會學意義：一方面，改變了思索人類處境時的基本切入點（由抽象的理念轉至具體的物質存在條件）；二方面，轉變了基本的哲學立場（由理念主義轉為物質主義）；三方面，改變了整個論證的基本態度（由傳統的社會哲學轉為社會理論）❷。借用普勒門內茲的評語來表達，馬克思就站在這樣的思想轉折點上來詢問一個極為基本的問題：人如何得以「適當地」

---

❷ 這兒指的哲學是笛卡兒以降被高度系統抽象化的哲學思維，黑格爾的理念主義哲學體系可說是其中最具代表性的典範。

❷ 有關馬克思對費爾巴哈的批評，則參看馬克思與恩格斯（Marx & Engels, 1960:19-87）。

❷ 馬庫色認為，這樣的轉折始於黑格爾意識到理性在社會和政治秩序中被實現的歷史場景，讓哲學本身得以有著正當的地位（非以外力的身分）直接運用到社會理論與社會實踐中。如此說來，馬克思只是集其大成而使之予以實現而已（Marcuse, 1960:252, 257）。

認識並控制環境（包含社會）（Plamenatz, 1975: 79）？

順著以上論述的理路，我們可以發現，馬克思對黑格爾主張「人的生命（或謂人）（*human life, man*）即等於自我意識（self-consciousness）❷，而人之生命的所有異化無非只是自我意識的異化」這樣的觀念主義所開展出來的異化觀，基本上是無法接受的，而這顯然是因為有著不同的哲學人類學的存有論預設立場做為後盾使然的。在馬克思的觀念裡，反映在知識或思想中之自我意識的異化，不能被視為人生命中的真正異化（Marx, 1964: 204）。情形應當是相反著的，即：異化乃鑲嵌在社會的基本底層結構當中（最具體的即是物質條件的結構理路），有實際存在著的外在客體對象，絕不能任由其自身以高雅的優位姿態孤單懸掛在人的思想與意識的自身當中。準此，唯有回歸到人的現實生活裡來看，異化才真實存在著，其現實意義也才得以剔透出來。馬克思曾經這麼說道：

> 人不折不扣地是一種自然存有體。做為自然存有體和活生的自然存有體，一方面，他被賦予種種自然權能（natural power）和官能（faculties），以趨勢（tendency）與能力（capacity）以及慾望（desire）的形式存在於其身體內。另一方面，做為一個自然、具形、有感且客存的存有體，他像動植物一般，是一種始終是承受著、受制且受限的存有體。其諸多驅力（drive）的諸多對象乃以獨立於其自身之外的客體而存在著，但是，它們是人之種種需求的對象，是人的種種官能得以運作和證成所不可或缺

---

❷ 普勒門內茲認為，馬克思使用此一概念，基本上是承繼自德國觀念論的哲學傳統，經常與理性的概念一起被考量著（Plamenatz, 1975:67-68）。

的基本對象（Marx, 1964: 207）。

對馬克思而言，肯定人是自然存有體，首先乃意味著人始終是生活在自然之中。由於自然與其自身一直是彼此互動著，於是，自然被認為是人的無機體（the inorganic body of man），談論自然時，我們就必得把人的身體排除在外。這樣自然／人的源起二元觀，尤其自然具有一定之（倫理）優位性的觀點，可以說是理解馬克思之物質論的起始點。這樣說法的意思是，人是一種有著活生之具形血肉身軀的有感（sensuous）㉕存有體，其慾望需要給予適當的滿足，且對自己的感知（甚至本質）需要有著自行挪用（appropriation）的處理能力，以期能以主動行動的方式來創造和實現自己，而非只是被動感受著。進而，由於人的主動自為行動（action-for-itself）乃以指向物質世界為首要，因而，自然是人得以存活的必要直接手段，也是人之種種生命活動的物質對象與生存道具（Marx, 1964: 126-127）。弔詭的是，特別是表現在工業文明世界裡，人對這個自然世界卻有著一定的主導能力，「自然」（聯帶的，整個世界）於是乎一再被人予以人文化（humanized），並不斷賦以特定的社會性意涵（Marx, 1964: 160-162）。

這麼一來，對自然予以人文化的社會性意涵，乃使人跨越了「自然」的界線鴻溝，成為一種自為存有體，而以具有「人類」（*human being*）這種類屬（species）的普遍特質來訴求自我意識與謀求自為

㉕ 對馬克思來說，「有感的」不單單指向透過五種基本感官對客存物的感覺，而且更是指涉精神性的感官（spiritual senses）與實用性的感官（practical senses）（諸如愛、慾念、美感等等）（Marx, 1964:161）。

的表現。也就是說，人乃以具有自為能力之自我意識的類存有體（*species-being*）姿態出現在這個世界（Marx, 1964: 208）。換個角度來說，這樣確認人有著自為性之自我「類意識」（species-consciousness）的存有論預設，實則意涵著行動的「社會」性實踐是證成人之存在的基本機制，而當下此刻的社會結構性的契機（moment）則是體現（也是改變）歷史質性的基準點❷⑥。易言之，在馬克思的觀念裡，人透過類意識來實踐和證成其真實的社會生活，並在思想中再製著具自我意識的真正存在狀態；反過來，類生命（species-life）則在類意識中證實其自身，並且以思維存有體（a thinking being）的姿態自為地存在著（Marx, 1964: 158）。於是，當我們說「人有能力來行動」時，我們意涵的是人的生命活動不是靜止的狀態，而是一種具有感知的生成過程。更重要的，這個過程基本上需要落實在人所處之具社會性的外在客體化物質條件上來予以運作，絕不能單純訴諸人關起門所製造出來的自衍觀念❷⑦（Marx, 1977a: 389; 同時參看 Fromm, 1961:13）。

更具體地說，這樣的過程證成了實際客觀生活著的人，做為「人類」的類存有體，乃是自身在具自我意識之一般情形下的勞動結果，

---

❷⑥ 借用傑拉斯（Norman Geras, 1983）的說法，情形即是：不管我們使用人性（human nature）或人的本質（the nature of man）的概念來描繪人的存在，都可以說是馬克思畢生之論述自始至終的關懷重點。簡扼地說，他的論述重點乃在於探究人性或人的本質如何體現（或受制）於整體的社會關係之中。

❷⑦ 佛洛姆即指出，馬克思從未使用過歷史物質論或辯證物質論此等詞彙（Fromm, 1961:9）。他認為，馬克思強調人所賴以生存的物質條件，基本上乃是針對著黑格爾以諸如絕對精神或無限心靈作為形而上基礎的觀念論立場而來的。這意味著馬克思並沒完全否定精神層面對人之生命經營的意義（Fromm, 1961:8-19）。

這是人性內涵的一種品質（a quality of human nature）㉘（Marx, 1964:202-203, 204）。這樣的自然品質必須具體擺在外在環境的制約下來考量，而且，也只能從實際的實作行動中來體現具一定自主性的自我㉙（Marx, 1964:127）。馬克思即明白指陳，「物質生活的生產模式制約著整個社會、政治和知性生活過程。不是人的意識決定其存在，反之，社會存在決定人的意識。」而且，「……猶如我們不能僅就一個人如何想著自己來對他表示意見，所以，我們不能僅以其自身的意識來評斷一個轉型時期。毋寧的，這個意識必須透過物質生活體現的種種矛盾以及種種社會生產力與生產關係之間存在的衝突等等來解釋。」（Marx, 1977a: 389, 390）

　　當要求以具普遍意涵的「類」（如「人類」）概念來看待具自我意識的個體「我」時，這個「我」絕不是完全立基於個別自己的特殊個體性。一個具有現實意義之比較可行的方式，理當擺在實際發生的歷史場景裡來審視。就此一歷史性關懷的角度來看，十七世紀以來歐洲社會所經歷之強調「人生而自由且平等」的古典自由主義觀念洗禮，可說是個重要的關鍵，尤其，發生在十八世紀的的啟蒙運動，更是有著影響舉足輕重的歷史場景。在如此歷史質性的催化下，以「類」存有形式來形塑的自我意識於是意味著，無論就理論或實際的角度來

㉘ 因而，這個具自我意識的創造過程，當然不是建立在如黑格爾所主張之具絕對性的抽象概念（如上帝或理性）上面的。

㉙ 轉換為馬克思後來在《費爾巴哈綱領》中第六綱領的說法，即是「人的本質並不是單個人所固有的抽象物，實際上，它是一切社會關係的總和」（Marx, 1960:5）。早在《費爾巴哈綱領》出現之前，馬克思於寫完《一八四四經濟與哲學手稿》之後隨即完成的《神聖家庭》一文中，即以此一概念來批評鮑爾（Bruno Bauer）跟隨著黑格爾之肯定絕對精神的理念主義立場，把一切歸諸於自在的無限自我意識，以至於沒有體認到理性之外的人性力量，也因此把人的物質存在條件完全揚棄了（Marx, 1977b:138-144）。

看，經營共同體是人基本存在狀態的目標，因為，人彼此之間相互關聯著，一直是一項難以撼動的歷史慣性。同時，這更進一步意涵著：（一）人們總是相互比較，以及（二）人是獨立的自由存有體，必須是以某種普遍相同且平等的方式來對待的活生「類存有」姿態而出現。

以這樣的體現做為歷史現實基礎，我們不免會發覺，馬克思相當程度企圖以「類存有體」架出自我意識的。只是我們似乎很難論斷，在馬克思的心中，兩者的因果關係到底為何，固然馬克思確實強調：人必然是社會存有體；社會本身製造了是「人」的人，同時，社會也被人製造出來（Marx, 1964: 157）。對此，普勒門內茲認為比較恰當的說法或許是：馬克思看到的是，在成為類存有體的過程中，人變得具有自我意識。也就是說，「要具有自我意識，人必然是指涉自己；他必須能對自己運用『我』（I）這個字，或其他相當的名稱。他必須懂得區分自己與外在於自己的種種事物，而這恰恰是其他動物所不能的。」（Plamenatz, 1975: 68）於是，我們或許可以借用馬克思的話往前推一步：「只有在集體中，個人才能獲得全面發展其才能的手段，也就是說，只有在集體中，才可能有個人自由。」（Marx, 1960:84）如此一來，既有的社會結構樣態決定了人的基本處境，這是任何人都無以迴避的命運，就像我們無法選擇自己的父母與出生的狀況一樣。所謂的自由與否，只有相對著無以迴避的結構命運來說，才顯得有意義。

就現實的角度來說，我們可以把這樣的命運予以衍生地意涵著：一個人所身處社會的集體性結構問題不先解決，則個人的問題無法解決。更值得強調的是，這樣的問題又得擺在歷史發展脈絡中加以審視，才可能獲得妥善的解決。顯然，擺在這樣的思維脈絡來加以考

量，馬克思所以肯定階級做為理解、分析社會與尋找化解種種社會問題的根本社會機制，自然就可以理解，也顯得有著特殊的社會學意義，因為，體現在他所處時代之工業資本主義興盛的歐洲社會裡，階級被認為是決定人之存在狀態最重要的結構性命運條件，確實是有啟發一定之社會學意義的作用（Marx, 1960: 84-87）。說來，正是這樣的歷史場景讓馬克思同時把握著「工人」和「無產者」的概念，並視他們為具有著歷史意義的行動主體，足以反映工業資本主義社會之運作的核心特質，特別是具病徵意涵的特質。

從前述「人是一種具自為能力的行動存有體」做為界定人之存在的哲學人類學存有預設命題，我們可以看出來，馬克思相當程度地承繼啟蒙運動以來西方社會思想對人所期待的基本想像，即人具有透過實踐活動來創造歷史的可能性，而且，人的主體性乃出現於人具有改變歷史的能動性上。事實上，資產者興起後的種種實際努力，尤其是一七八九年法國大革命的發生以及其後一連串的社會運動，在在說明此一能動性的存在。馬克思長期浸潤在受古典自由主義信念影響的德國觀念哲學傳統之中，自身又充滿人道主義的情懷，如此深具歷史意義的集體意識暗流在他腦中發揮作用，自然不令人感到意外。連帶的，馬克思所以期待共產革命發生，甚至認為必然發生，更可說是一種在共同承繼的歷史想像中所表現的一致認知和期待，只不過把歷史主體由資產者轉移到無產者身上而已。

馬克思把歷史主體由資產者轉移到無產者身上，乃是整個歐洲的歷史場景所催生出的一種體認，有其社會結構理路為後盾。馬克思環顧身處的時代，做為一個深具人道主義精神的知識分子，自然無法漠視茁壯興榮之工業資本主義所帶來另一面的「悲慘世界」，特別是處於悲慘狀態下的那群人——即身處於被壓榨、宰制、剝削慘狀的眾多

工人，尤其是被整個體制予以客體化（與物化、特別是異化）的物質條件。

對馬克思來說，既然工人無產者和資本家同屬「人類」這種「類存有體」，讓他們有著合理之平等而相同的生存條件，是再自然不過的倫理要件❸❶。這也意味著，當我們以需求（或慾望）來表呈人性時，必須擺在具特定歷史意涵之社會關係的總和（the *ensemble* of the social relations）當中來考察的關鍵所在，而這正是學者一再提到的《費爾巴哈綱領》（*These on Feuerbach*）第六綱領所意圖表示的❸❶。誠如前面已提到的，這個綱領是這麼寫著：「費爾巴哈把宗教的本質歸結於人的本質。但是，人的本質並不是單個人所固有的抽象物，實際上，它是一切社會關係的總和。」結果，「本質只能被理解為『類』，理解為一種內在、無聲、把許多個人自然地聯繫起來的共同性。」（Marx, 1960:5）

在接受工業資本主義的榮景場域做為具結構性之歷史「命運」條

---

❸ 這自然也是發動革命時最合理且具正當性的名義了。

❸❶ 當《一八四四經濟與哲學手稿》的原稿與《德意志意識型態》的完整版被重新發現後（約在一九三二年），特別是蘇聯共產黨即極力主張，早晚期的馬克思思想之間是有著斷裂。在一九三四年，企圖重振馬克思「人本主義」思想的盧卡奇（Georg Lukás）還被逼著必須對黨坦白自己的錯誤（參看 Fromm, 1961: 70-79）。在一九七〇年代，法國馬克思主義者阿圖色（Louis Althusser, 1977, 1979）以結構主義的立場，提出「反人本主義」（anti-humanism）來否定「人性」在馬克思思想中的位置，更是蔚為風氣，廣為學界所討論，但是，反對之聲卻也從未斷過（參看 Ollman, 1976:76; Fleischer, 1973:25-26; Evans, 2004:53; Cohen, 1978:150-152）。傑拉斯甚至以專書的方式透過對「人性」或「人的本質」的語意內涵進行細緻的分析評比來批判阿圖色（Geras, 1983:37）。有關馬克思如何看待人性（或人的本質）（當然，也涉及需求的論述地位），遂成為學者關心的重點。有關的討論可參看傑拉斯（1983），特別在頁四九—五八有對過去有關之諸多論證的簡扼整理和評論。

件的前提下，當「工人」和「無產者」這兩個具階級性的概念特別被提出來，並將之一起看待時，我們需要同時考慮一個重要的社會心理層面，否則整個的社會學意涵就難以剔透出來。以最簡單的語言來說，這個層面即霍布斯所看重之人的慾望與需求本能了。換句話說，就人做為一種具動物本能生機性之類存有體的立場而言，正是體現在針對人的基本需求和慾望（吃、喝、穿、住等等）而開展如此一般的哲學人類學存有預設層面上，我們為馬克思與霍布斯的思想裡找到了可能的輻輳點——自我保全本能對人的社會存在所具有的意義❸❷。

　對於活在十九世紀歐洲的馬克思而言，工業資本主義體制早已如

---

❸❷ 當然，整個情形或許如普勒門內茲所認為的，馬克思與霍布斯對人性（需求、慾望）所關懷的焦點是不一樣的。霍布斯對人性設想的是具普遍性的激情或慾望，而馬克思強調的則是在不同社會和時代（特別涉及階級）裡，人所體現之不一樣的需求，尤其是某些人（如資本家）加諸其他人（勞工）身上的需求狀態（Plamenatz, 1975:36, 39）。也就是說，在普勒門內茲的認知裡，馬克思所強調之人需求的社會情境（特指階級）決定論，大大不同於十七世紀以來依附在自由主義旗幟底下的政治經濟學思想家（包含霍布斯）普遍重視有關需求與社會制度之關係的源起（即自然狀態）問題（Plamenatz, 1975:36-46）。表面上看起來，普勒門內茲這樣的評論是公允的，但是這樣對馬克思和霍布斯有關人性（透過慾望、需求或激情等概念）的關懷重點做區隔，並不等於立即排除了兩人均以人的基本需求（慾望）本能做為思考人之社會存在的元點。事實上，普勒門內茲本人也曾這麼表示（Plamenatz, 1975:60），只不過，假若往深層來看，這樣的評論則似乎有進一步再斟酌的必要。誠如前面敘述霍布斯思想與資產階級興起之意義親近性時所暗示的，縱然霍布斯的嗜慾說並非明目張膽地為資產者的「利益」背書，但是強調人的本能慾望（如自我保全本能），乃意涵著對人所具有的普遍存有本性予以尊重和肯定，而這樣把預設之人的普遍存有本性抬舉出來，無疑即是正當化了適用此一普遍存有本性、但卻是被壓抑的「多數」人群做為歷史主體。準此論述，從歷史發展的角度來看，對霍布斯當時的英國社會來說，此一足以做為歷史主體之（直接或間接）被壓抑的「多數」人群指涉的，無疑即是資產者。由此觀之，霍布斯的嗜慾說其實與馬克思的「需求說」一樣，甚具階級性，只不過其理論的階級意涵不是明示，而只是隱涵著而已。

火如荼地發展著，這使得他看到資本主義體制所展現（甚至也可以說
是「內涵」）的「惡性」特質——創造了種種的需求假象來迷惑人
們，卻又同時剝奪了某些人的基本生存權利與機會，也因此需要激發
人道主義精神予以嚴厲譴責、甚至唾棄（Marx, 1964:168-170）。就
理論建構的角度來說，更重要的是整個「惡化」的社會情境，使得
「社會結構」與「人之基本慾望與需求」這兩個面向可以輕易相互關
聯起來，成為建構整個馬克思思想的兩個概念基架，用來細膩地經營
人做為一種自然、具形、有感且客存之自為「類存有體」的論述工
程。

　　更重要的是，除了肯定「社會結構」具有命運般的制約作用與
「人之基本慾望與需求」是界定人之基本哲學人類學存有預設之外，
馬克思還有一個值得特別強調的基本立場。針對著人之存在的核心倫
理意義來說，馬克思與致力於成就「個體性」的古典自由主義者其實
分享著共同的期待。基本上，如何成就「自由個體」是他們共享的核
心課題。馬庫色即論斷，採取這樣之個人主義取向的探討策略可說是
馬克思的理論旨趣基礎，其最為具體的莫過於表現在實現共產主義的
主張與期待廢除私有財產上面（Marcuse, 1960: 283）。佛洛姆（Erich
Fromm）則從更悠遠的歷史背景給予馬克思類似的評論。他認為馬克
思可謂承繼著基督教之救世先知傳統的一種激進表現，為的是實踐自
文藝復興與宗教改革以來主導著西方思想的個人主義信念。其關心重
點在於，使得人做為一個獨立自主且自由的個體，能夠克服資本主義
體制所帶來的異化現象，並讓人有能力可以恢復他自身對他人以及自
然的本有關係（Fromm, 1961: 3, 5）。

　　說到此，我們似乎不能不對企圖以個人主義來為馬克思定位多說
些話，因為在過去，一般習慣把個人主義與資本主義的體制貫連在一

起，並認為共產主義與集體主義是孿生兒。會有著這樣的慣性見解，其實並不難理解，因為，在西方歷史發展過程中，資本主義體制「恰巧」與個人為本之自由主義（尤其所謂持具個人主義〔possessive individualism〕）有著歷史隨制（contingent）的親近性；反之，不論在舊蘇聯、中國或其他地區，所有實施共產主義的國家給人的印象又都是屬於強調集體主義的專制政權。如此具實徵性的歷史隨制特質無疑容易讓人忽視馬克思的思想深層所埋藏西方人長期以來普遍肯定「個體性」的共同歷史質性。也就是說，對人做為類存有體而言，馬克思只是為與資本主義共存共榮之古典自由主義者的論點移個軸，但卻是宣揚著一些相同的核心倫理期待與肯確基本的哲學人類學存有預設命題。

　　人既然不分年齡、性別、膚色、身分、階級等等，都一樣屬於「人類」這種類存有體，那麼，做為「人類」此一類屬的基本屬性就必須普遍受到承認、肯定與尊重，其中最為重要的當然莫過於人的基本生存條件做為一種權利形式來予以體現與肯定。在這樣的前提下，馬克思重視的是還原到既有社會結構理路加諸在每一個獨立存在之個體身上的「命運」。回顧他所處的資本主義體制昌盛的歐洲社會，就既有的社會結構理路而言，馬克思斷定私有財產的制度即是導使人（至少有些人）喪失了證成具獨立自主而自為之個體性契機的最關鍵歷史因素（參看 Marx, 1964:155）。他進而認為共產主義則可以讓人自己（也是為其自身）對人之本質有著真正的挪用，並使人重新有機會完全意識到自己是社會存有體，亦即「人類」。尤有進之，這才得以讓人與自然以及人與自身的衝突獲得真正的解決，也讓過去在歐洲世界裡所發生的存在與本質、對象化（objectification）與自我肯定（self-affirmation）、自由與必然（necessity）、個人與類屬等等之間

的不斷爭紛有所化解❸（Marx, 1964:155）。難怪馬庫色會如此評論：基於其斷然主張廢除私有財產，共產主義就其本質而言，其實是表現個人主義的一種新形式。再者，它不只是一種嶄新的不同經濟體系，更是一種與往昔不同的生活體系（Marcuse, 1960:286）。

　　至此，我們或許可以把馬克思畢生關心的議題化約為：面對工業資本主義體制之結構理路的歷史性制約，人如何得以確保基本的生存需求與慾望，以證成每個人做為「人類」此一類存有體有著最低程度的個體性？為了回應此一問題，當馬克思回到他所身處的歐洲工業資本主義社會的歷史場景來加以考察的時候，如前所述，身處此一生產型態下直接從事勞動（labour）的工人，順理成章地成為他關心的對象，因為與資產階級同是「人類」類存有體，他們卻是受到既有體制的結構理路傷害最為嚴重的一群居劣勢地位的不幸犧牲者。易言之，站在人做為一種自然、有感、獨立、自主且自為之「人類」類存有體的立場，工人無產者做為個體人所身處之諸多被宰制、壓迫、剝削的非人道景況是必須完全予以去除的。就此，假若「真理」的實踐必須關照到歷史條件的話，那麼，馬克思這樣的說法可說是具備如此關照著歷史條件的最佳認知典範❹。

　　承接以上對人存在之基本狀態的社會特質所指出的，當馬克思把

---

❸ 在此，我們不擬討論馬克思這樣的論點是否合理或可以接受的問題。事實上，這些相關議題正是其後許多正反方的論述一再爭議的重點。

❹ 譬如，馬克思在《一八四四經濟與哲學手稿》一開始論及「勞動工資」時，即暗諷亞當斯密漠視工人無產階級的存在尊嚴，「根據斯密，通常的工資乃以足以適用於一般人過著家畜般之生活水準的最低工資。」（參看 Marx, 1964:69）在《一八四四經濟與哲學手稿》整本書中，馬克思從頭到尾不停批評代表古典政治經濟學的舵手斯密與李嘉圖等人的思想。

工業化資本主義社會的「工人」視為具典範性的歷史主體時，他企圖
告訴我們一個基本前提：人必須依靠勞動從事生產才可能存活，而勞
動生產又必須仰賴可感知之外在世界，尤其自然界來提供基本的材料
（Marx, 1964:123）。於是，外在的物質世界是保證人做為生物存有體
得以持續存活的首要要件，必須以某種的神聖方式予以重視。這樣的
主張可說是換了一種方式來表述著霍布斯所強調之人作為存有體的兩
個重要基本要件——以多數人為本的對等願望，以及基於自我保全本
能所激發之最低程度的生存慾望。只是，以人類這樣的歷史處境做為
考慮對象，馬克思卻是一再批判古典政治經濟學（如亞當・斯密或李
嘉圖等）的「誤謬」**㉟**——即忽視了這樣的「神聖」態度。之所以如
此的一個極為關鍵的理由乃在於古典政治經濟學與資本主義體制一直
有著相當親近的依賴關係，甚至可以說是替資產者的利益背書，反而
與以無產者做為歷史主體之具人道主義的認知模式始終扞格不入。

　　馬克思即明白指出，「相當自明的，政治經濟學把既無資本或地
租、只靠勞動而且是片面、抽象勞動而過活的無產者當成只是工
人，」因此，「在政治經濟學中勞動只是以謀求生活之活動的形式出
現。」（Marx, 1964:76, 77）政治經濟學者把私有財產當成具事實性的
法則，不認為這是一種歷史發展的隨制現象，這尤其需要有所解釋。
同時，他們也看不出交換原本只不過是一種歷史偶然事實，重視只是
貪婪的動機力道，與貪婪和競爭之間的戰爭而已（Marx, 1964: 120-
121）。再說，在奉私有財產制為正朔的資本主義體制以商品市場的

㉟ 難怪盧卡奇會認為，唯有從無產階級立場出發，才能掌握整個社會實在的全局，而且，
也唯有以無產階級作為歷史主體來關照整個社會，才足以體現出科學價值（Lukás,
1968:20-24）。

機制搶得了主導權後,商品以外存於我們之客體(或物件)的姿態出現。

是的,商品所具有的特質確實可以滿足人類的某種需要,但令人遺憾的是,在資本主義體制下,不管此一需要的本性是來自肚子或幻想,並沒有什麼差別的,因為人不想知道此一客體如何滿足人的需要,也不在意是直接當成生存之手段,或間接當成生產的手段(Marx & Engels, 1967: 35)。特別嚴重的是,一旦商品不斷被創造出來,「人世界的貶值隨著物世界的增值而加劇。勞動不只創造了貨品,它也跟著創造貨品按照一定比例地把自身與工人當成商品。」(Marx, 1964:121)在這樣的歷史場景裡,私有財產於是與異化勞動產生了相互影響更深的因果關係,尤其到了資本主義極端盛行的階段,情形更是明顯。馬克思就此下了一個結論:前者不只是後者的產物,更是必然結果,而且也是後者所以實現的手段(Marx, 1964:131)。準此論點,馬克思嚴肅譴責政治經濟學,認為他們從未探討工人(工作)與生產之間的此一直接關係,以至於掩遮了勞動本質中的種種異化現象❸⑥(Marx, 1964: 124-134)。

我們可以看出來,馬克思意圖告訴我們,在工業資本主義社會裡,人(特指工人)工作並不是出於自願,而是一種被迫的強制勞動。它不是為了滿足自己的單一(基本)需求,而是當成滿足其他(特別是被創造出來之衍生)需要的手段。更值得注意的是,這使得人(特別是無產者)把其所應具有的種種功能化約為動物,結果是

---

❸⑥對馬克思而言,勞動的異化不只體現在與其產品之間,也體現在生產過程、生產活動本身以及人與自身、自然、物件、或其他人等等之間,參看馬克思(Marx, 1964:124-134)。

「動物成為人類，人類成為動物。」（Marx, 1964:125；同時參看頁
153）馬克思因而嚴厲控訴，這樣把勞動予以商品化、且當成具有需
求的活生資本（living capital with needs），是一種喪失了自發性的異
化勞動形式❸（Marx, 1964:137）。準此立場，資本主義社會的最核心
問題並非在於財富分配不均，而是勞動成為一種被迫、且喪失了意義
的異化形式。這樣的異化現象「……不只明顯地表現在我的生活資料
屬於其他人，與我所欲求的是無法獲得到之其他人的所有物，而且是
任何東西均不同於其自身的某些東西，我的活動也是其他某些東西，
最後（也適用於資本家）一股非人的力量統治著一切。」（Marx,
1964:177-178）就化解策略來說，單純提昇工資並非解決弱勢工人之
生存機會的根本辦法，治本的化解之道應當是在於如何創造一個自
由、主動、有建設性的勞動形式（Fromm, 1961: 42, 43）。馬克思就
曾直言：「強行增加工資（不顧其他的困難，特別是如此一破例只能
以強制形式來維持）只不過是給奴隸更好的報酬而已。對工人或工作
而言，這並不能恢復他們做為人的尊嚴和價值。甚至普魯東（Pierre-
Joseph Proudhon）所要求的相等收入只是把今天之工人對其工作的關
係改變為所有人對工作的關係而已。社會因之將被看成只不過是一個
抽象的資本主義❸。」（Marx, 1964: 132）

　　順著馬克思的思路一路陳述下來，我們發現，馬克思並不以為工
人無產者會一直認命地接受著工業資本主義體制內涵的結構性命運。
弔詭的是，馬克思認為，一旦工人無產者的乖戾命運能量累積到極

---

❸ 有關馬克思更細緻地討論私有財產與異化勞動的關係，參看馬克思（Marx, 1964:137-
　151）。

❸ 特別指涉表面上宣稱實施共產主義的「國家資本主義」社會。

限，他們會發揮能動性，透過革命來創造新的歷史（即建立共產世界）❸。對工人無產者做為足以左右歷史的主角而言，他們之身心處境的基本社會質性——人與自然的關係以及人本身的「動物性」具有優位性，順理成章地成為理解整個社會秩序的核心議題。在這樣的情形下，自我保全本能自然就特別受重視，並當成理解、解釋、形塑和證成工人無產者的階級意識以及引發無產階級革命的初始概念基礎了。

更重要的是，當資產階級搶得歷史主導權後，以經營與滿足人的需求與慾望（自我保全本能是基本的）做為最重要的社會倫理基礎，成就了多數原則做為決定社會運作的基本律則，特別是表現在政治領域上面。馬克思相信，循著這樣的歷史發展潮流，當工業資本主義高度發展後，工人無產者被視為歷史主體自是可以理解，理論上也頗具有說服力，因為他們是社會中興起的一群極大多數的主體對象，被認為可與過去的資產者一般，有著足以翻轉歷史的可能潛力。馬克思與恩格斯即指出，過去的歷史運動都是少數人的運動，但是，無產者的運動則是有著自我意識之極大多數人的運動，為的是極大多數人的利益，因此，他們的存在狀態（特別是需求狀態）成為必須予以重視的焦點（Marx & Engels, 1967:92）。無疑的，當馬克思（與恩格斯）選擇「工人無產者」做為典範主體，可說確定其所具有之「均值人」的潛在歷史意涵，確實有特殊的社會學意義。以此命題為前提，他們之需求狀態的社會質性（特別是追求介乎動物與人文邊界之最低程度的

---

❸ 儘管後來實際發生的歷史際遇並沒有出現如馬克思順著他諸多命題所推演出來的結局，但是這並非我們在此討論的重點，可以存而不論。我們所討論的重心在於陳述馬克思是如何建構他的論述架構以及其論述的核心概念與命題為何的課題。

自我保全）也就成為理解人與社會的典範依據，而這正是馬克思後來的著作視生產品（或謂「物」）的使用價值（use value）具有絕對至高性的關鍵所在。

嚴格說來，馬克思確立需求（或慾望）對理解人本身與其社會行動有著根本的必要性，基本上並非意圖讓「人」完全回歸到動物性本身，而是從社會面向來確立人所具（與其他動物分享）的生物質性對理解人做為社會存有體的歷史必要性。這可以說明何以馬克思轉而強調人的能耐（capacities）——如何掌控讓自我得以保全（即滿足基本需求）的能力，實乃基於人的生物特質所衍生的社會質性。這也使得馬克思與十八世紀諸多思想家（特別是盧梭）有類似的人性觀，肯定人的可塑性以及追求完美的可能性（perfectibility）（參看 Plamenatz, 1975: 47-48）。這正是馬克思被稱為「物質主義」的基本哲學人類學的存有預設基礎，也是馬克思主義做為一種信仰的倫理基石。

對馬克思而言，人在資本主義發達社會裡所看到之那些處境「悲慘」的工人無產者的最低追求，其實只不過是維持「人」做為存有體所需之最低程度的生理慾望要求，以維持有領受著最低程度之「文化」恩典的人文性而已❹。這樣的要求相當卑微，因為他們要求的（或替他們要求的）只是一個人做為「人類」這樣的類存有體由完全

---

❹ 泰勒（A. J. P. Taylor）即批評，馬克思所看到之工業資本主義社會基本上是十九世紀初中期的場景，尤其是以早期英國紡織工業為考量的對象，其所關照的場景過於狹隘。就現實狀況而言，當時，有些工人階級的物質生活其實是比過去好得多，有的甚至有自己的住宅，過的生活很接近小資產階級（Taylor, 1967:19）。對此，我個人認為，工人階級實際的生活過得怎麼樣，基本上並不是檢視馬克思有關工人階級做為人存有體之歷史形式的論點的重點所在。重點在於馬克思怎樣看待人做為存有體，亦即有關人之社會存在的哲學人類學存有預設的問題。

「野蠻」的動物性狀態過渡到完全「文明化」的人文性時所必然需要承載之基本慾望的「臨界」滿足問題而已，而這是界定一個人的存在所不能再化約的底線——即人既是動物的，同時又是具人文性的底線❹。不管強調的是需求或慾望，此一既是動物的、又是人文的底線轉換成社會體制性的概念來理解，即關涉到物件（或謂生產品）的價值問題。馬克思顯然認定，物件（或謂生產品）所具有的原始功能效益性（utility）乃是確立價值的至高判準，因為「物件的效用使得它有了使用價值」，而且「只有使用或消費，使用價值才成為實在。」（Marx, 1967: 36）就勞動的內涵而言，當我們以使用價值做為界定物件的終極價值時，具有至高性的，同樣地乃是體現在日常生活世界中實際看得到之具體而特化的有用（useful）勞動形式（如織布、種菜、製鞋等等），而絕非依附在資本主義之商品市場理路下的抽象而普遍的勞動形式❷。

　　馬克思這樣的論述確實是呼應著十九世紀歐美工業資本主義社會的時代脈動，尤其，他所標示出具「癥候」意涵的問題意識，彰顯出一定的經驗實徵妥貼性。從人道主義的立場來看，這更是相當有說服

---

❹ 把這樣的論述放到底下將提及的佛洛依德時，情形是：就佛洛依德來說，馬克思這樣之由動物性過渡到人文性的問題其實只是打了一個轉，被導引到如何妥善處理以性慾為主導的利必多驅力（libido drive）與人類天生具有的攻擊性（aggressiveness）上面。準此，人類社會裡所常見之以陽具為基礎的男人中心主義，轉而成為佛洛依德論述人類的慾望受到壓抑現象時之心理人類學的源起狀態，而其顯示的正是文明由動物性過渡到人文性的臨界點所彰顯的課題。因此，整個問題的核心並沒有改變。

❷ 意指人的勞動遠離了個別人的個別直接需要，以「生活資本」的一般商品勞動力形式出現在生產過程（也是在市場）中（參看 Marx, 1967:41-46）。對馬克思來說，人以這樣之抽象而普遍的勞動形式「自由」地出現在市場，實即人（當然特指工人無產者）被剝削以及勞動異化的內涵要件，於是，自由與剝削（異化）矛盾地並存著。

力，也展現著一定的歷史意義。馬庫色即相當肯定馬克思把使用價值此一被遺忘的因素引進來，認為可以彌補古典政治經濟只看重交換價值的盲點，讓商品世界的物化迷思得以呈顯，更是讓個體的真正需求能在經濟過程中重新獲得重視。只不過以往對馬克思如此提問的回答總是令人感到失望，因為他們經常顯得只是一個充滿著「盲目必然、機遇、無序和挫折」的過程而已（Marcuse, 1960: 303-304）。

　　在結束相關的討論之前，讓我重新整理以上的論述。正因為馬克思選擇了人類的基本自然需求做為界定人之存在的最終極無上命令，因而，奉使用價值為至高無上的自然形式，自然顯得特別有意義。就西方社會思想發展史的角度來看，這呼應著十七世紀霍布斯之嗜慾說的基本立論定調，即：以居多數的「人民」❸做為歷史主體之一種表現在政治─經濟心理學上的衍生邏輯。就此而言，馬克思並沒有完全揚棄古典自由主義的基本預設：謀求個體需求的基本滿足，是界定（也是改造）任何社會現象（尤其制度）的基本命題。只是，他以工人做為典範的無產者取代了資產者，代表著「人民」這樣一個歷史主體，並以其所處之工業資本主義社會的結構性際遇做為歷史條件，來彰顯生產物之使用價值與需求的滿足之間的充要關係，以俾確立使用價值對需求所具有的終極意義性。

---

❸讓我再提醒一次：對霍布斯，這個「人民」或許是以當時將興起的資產階級做為典範，而在馬克思所處的時代裡，「人民」的典型代表顯然是以工人為主體的無產階級。

第四節　性與攻擊性的慾望──佛洛依德原慾說的歷史意涵

　　過去學術界對佛洛依德之精神分析的討論，與對馬克思的論述一樣，可說是典籍浩瀚，汗牛充棟，實在沒有讓我置喙的餘地。然而，顧及本書的論述宗旨，我們不能不論及佛洛依德的思想。這個理由是，自霍布斯以降，以人的需求與慾望為核心來探討人的社會行為與社會現象本身，在整個西方社會思想的發展過程中構成一條極具共識的認知線索，且以此奠定了對人之想像的哲學人類學基本存有預設。這三百多年可以討論的相關思想家當然很多，但是，有兩位是絕對不可或缺的，除了上面提到的馬克思之外，另外一位就是佛洛依德了。

　　依我個人之見，除了都把本能性的慾望需求視為理解人存在之不可規避的基礎之外，佛洛依德與霍布斯還有一個共同議題（和基本見解）。甚至，我們可以說，佛洛依德論述的其實即是霍布斯所討論之人類由「野蠻」部落社會演變到具高度制度化之國家「利維坦」機器的歷史場景，只是，他翻轉了霍布斯形構社會秩序之至高性背後所依賴的絕對倫理性，改以立基於人之動物性的本能體質特質的說法，把集體心靈等同於個體心靈來加以考量。準此，倘若再加上馬克思，我們可以說，他們三個人所關心的，基本上都涉及資產階級興起所帶來或可能蘊涵的一個歷史性課題。這個歷史性課題就是有關如何對人之慾望需求予以「合理」安頓的問題，尤其是牽涉到機制，不管指的是社會制度性的或個人心理性的。

　　二十世紀前半葉的歐洲社會，無論就思想風潮或實際的政治展現來說，儘管馬克思主義已經展現出一定的影響力量，但是佛洛依德所經驗的，基本上則還停留在資產階級實際擁有歷史主導權的社會場景

裡頭。或者，說得保守一點，佛洛依德對人的慾望需求所提出的分析與闡釋，乃是針對著資產階級所經營（與體現）的文化氛圍而來的。這樣的歷史背景是我們理解佛洛依德的論述時，需要特別重視的。

美國精神分析醫生羅洛梅（Rollo May）在剖析佛洛依德精神分析的基本思想內涵時曾經指出，佛洛依德的理論弔詭地同時融合了性解放主義（sexual libertarianism）與清教主義（Puritanism）的成分（May, 1969: 48）。首先，就實際的現實生活世界而言，佛洛依德本人是一個自制意志甚強、人格堅韌且有著工作狂的人（May, 1969: 48-52; Rieff, 1979; Gay, 2002a, b, c）。在評論佛洛依德的清教徒人格時，瑞夫（Philip Rieff）即提醒我們，在世俗的猶太知識分子之中，有著類似善鬥的清教徒精神，並非不尋常。基本上，這表示一些偏好的性格類型，堅守著獨立與經過大腦判定的正確性（指知識分子的正直），而非特定的信仰或教條（Rieff, 1979: 259）。坎貝爾（C. Macfie Campbell）醫生擔任一九三六─一九三七年的美國精神醫學會會長時，討論了精神分析的哲學樣相。他曾說：「精神分析是穿著百慕達短褲的喀爾文主義（Psychoanalysis is Calvinism in Bermuda shorts）。」田立克（Paul Tillich）也告訴我們，佛洛依德一向強調以昇華（sublimation）來轉化被壓抑的性慾，其實可以說即是其理論中最具清教主義色彩的一種信仰（均引自 May, 1969: 49, 50）。我們從這些評述似乎可以得到一個結論：佛洛依德的理論所欲處理的基本上是這兩股力量相互交錯作用所帶來的問題。

再者，假若我們接受韋伯（Weber, 1958）所提出之「新教倫理與資本主義精神之間有著具歷史─文化意涵的親近性」這樣的論點，那麼，到了十九世紀末的歐洲，一向重視理性自我控制、且講求具工具意涵之功效的清教主義，似乎已經高度被教條化了，形塑出深具道

德意識、且主張對真理與完整人格絕對奉獻的所謂維多利亞精神
（Victorianism）。但弔詭的是，特別是在資產社會裡，在推動此一帶
著禁欲色彩的精神的同時，強調個人自主、獨立與解放（尤指性解放
的思想）的自由主義思想也同時流行，且漸成風氣。

　　就實際的社會發展狀況而言，一八七〇至一九一四年之間的歐洲
可以說是物質主義鼎盛的時代❹。這段時間的西歐本土沒有發生任何
戰爭，技術與工業發展迅速，中產階級快速繁榮，一般人民的識字率
提昇，民主化與自由的幅度加大，社會充滿著啟蒙時期的理念，處處
看到了所謂的「進步」。英國經濟學家凱因斯即把第一世界大戰前的
歐洲描繪為一個舒服得讓人昏昏沉沉的時代。他說，當時大部分的人
「都必須辛勤工作，過著低標準的舒適生活。不過，從各方面來看，
人們都通情達理地滿足於自己的命運。然而，任何有中上才智的人，
想要逃離這種命運，想要晉升為中產階級或更高的階級，也並非不可
能。對這些高一等的階級而言，生活是愜意的，因為他們可以以最低
的花費和最少的麻煩，獲得比其他時代最有錢財的富人和最有權勢的
君主所無法獲得的便利、舒適與生活設施。」（引自 Gay, 2002b: 336）
或許凱因斯這番話高估了當時窮人所可能享受的物質生活和社會流動
性，但蓋伊（Peter Gay）指出，至少對為數不少的中產階級而言，這
段描述卻是相當精確（Gay, 2002b: 336）。

　　處在這樣之轉型時期的西方人（特別資產階級）經歷的是，同時
要求自制與自由（特指性慾），也逼促著人必須在個體與集體（或謂
社會、文明）意識之間尋求適當的妥準點。同時，都會資產階級所營
造之城市化的工業文明，的確也為人的心靈機制帶來過多負載，引來

---

❹ 這段時間同時也是歐美帝國主義發展鼎盛的時期。

更多特有的緊張與矛盾，而且日趨嚴重（Gay, 2002a: 124; 2002b: 339）。於是，個人（尤其中產的知識階層）經歷著種種挫折，甚至精神出現問題。看到了這樣弔詭地交錯著性解放主義與清教主義的歷史場景，佛洛依德即深感其中潛藏著諸多的「危險」精神障礙問題（特別是精神官能症）。他把病源歸諸於布爾喬亞社會的文化因子加諸人身上所帶來的種種緊張壓力，並進而推衍至人的本能需求被壓抑的基本問題（特別是性慾）上面（Freud, 1908: 185-186）。在這樣的社會狀況之下，尋找精神分析這樣的新治療方法因應而生，似乎也就相當可以理解了。

面對處於這樣之弔詭而矛盾狀態的歷史場景，羅洛梅指責維多利亞精神對意志權能（will power）的強調是一種自我欺騙，而且是無益的。倒反是佛洛依德發現了被原慾本能驅動的潛意識，似乎比較可以合理地把維多利亞精神對此一意志權能之拙劣效果的盲點標示出來（May, 1969: 182）。因此，我們似乎有理由說，佛洛依德的理論是反映著（也可以說是呼應著）強調個體自由與自主之工商資本主義社會中資產階級（特別是所謂的中產階級）的社會心理處境，而這正是我們理解與詮釋佛洛依德的歷史地位不可或缺的重要基準點。

承接著上面有關維多利亞精神的討論，我們可以得到一個結論，那就是：從十九世紀以來，歐洲人對個體的宣揚大過於對共同體的肯確。人做為一個獨立而自由的個體，追求自主成為確立一個人生存之意義的重要課題，在資產階級身上表現得尤其明顯❹❺。佛洛依德所論述的顯然是以資本主義結合自由主義信念（特別是「人可以理性地予

---

❹❺ 當然，對基本生存條件一直還是受到威脅或處於被壓迫的無產階級，問題的核心自然就有所不同了，而這正是馬克思從經濟面向來考察的焦點。

以教育」的信念做為基本成分）的社會狀況做為對象的。只是他採取
「在既定社會秩序下一個人如何、且何以被『擊敗』（即患了精神疾
病）」的角度來進行考察，而父親所代表之權威角色的衰弱，則成為
理解與解釋此一現象的根本因素。

　　把要求解放與清教徒的禁慾主義擺在一起，乃意味著正負情愫相
互交融且又糾結，形成了矛盾衝突的心理情結，以至於常伴隨著心理
壓抑的現象。理論上，一旦壓抑成為重要的心理問題時，首先，壓抑
的現象必需是「已構成為事實」。這樣之事實的認定背後，無疑需要
有一定的認知命題做為前提。譬如，首先必須假定人是自由，也可以
有自由，但是，某些人、事或物（尤其是有意地）阻礙了人獲得自
由，壓抑的現象才會發生。換句話說，只要這樣的認知條件不在，壓
抑現象的認定也就無法成立。準此理路，對佛洛依德而言，這個認知
前提基本上是建立在「人的原慾本能有著無以否定之必然決定的優位
性」的基本命題上，而且，這個原慾本能本質上是具釋放性的，需要
透過特定管道來紓解，只不過這個管道卻常常是「受阻」或「受
限」。

　　總之，一旦「人的原慾本能有著必然決定的優位性」與「原慾本
能本質上是具釋放性質」這兩個命題被認為是不可否認的無上律令
時，原慾本能的存在與滿足則成為界定人之所以存在的基本要件。準
此，一旦文化的社會本質被認定是具壓抑性的，那麼，問題的關鍵即
在於文化壓抑的合理程度，或反過來說，一個人忍受力的極限，而絕
非對原慾的本初性予以絕然否定或乃至只是有著些許的懷疑。

　　佛洛依德持這樣的認知立場乃意涵著，肯定人與其他動物所共同
享有的動物性是理解、也是證成人的存在意義之首要且具初基性的基
本前提。不過，人類不同於其他動物最重要且明顯的特色在於，他有

在動物性上面塗染上人文性的機會和能力，而且也命定如此。因此，對佛洛依德而言，整個人類文明發展的基本課題即在於：（一）如何在人文性是不可否認的存在條件之下，確立動物性的地位？（二）動物性與人文性相互保證的交接介面何在？佛洛依德早年把焦點擺在瞭解與治療精神官能症之單純的精神醫生角色，後半生則投入有關人類文明與宗教現象源起狀態的探討，可以說即是企圖回應這樣的提問，而這正是確立佛洛依德之整體理論的歷史意涵的根本重點㊻。

我們可以說，佛洛依德重視人類早期經驗——快樂原則的源起與初級過程的特質，特別是自發性（spontaneity）的發展，以及關心初民社會的圖騰與禁忌、初級社群的形成和宗教經驗等等，其實即是追問以動物性為基礎來追求和確立人文性的文明展現過程，尤其是以源自動物本質性的體質特徵（講白了，即是原慾本能）做為推動人類行為源起狀態的演進過程。在進一步追問此一課題之前，我們先對佛洛依德以幾乎後半輩子的生涯致力於從事以個體的心理成長來與整個文明發展（特別包含宗教）㊼進行相對比擬的論述功夫有所說明。

我個人認為，當佛洛依德以整個文明的發展與個體的心理成長相對比的時候，他從事的並非具隱喻性質的單純比擬功夫，而是有著更深層之哲學人類學上的實質意義㊽。在《文明及其不滿》（*Civilization and Its Discontents*）的結尾，佛洛依德即對個體發展與文明進程的相

㊻ 從這個角度來看，誠如瑞夫指出的，佛洛依德使得心理學一向與自然科學的緊密聯繫斷裂了，體現出社會學科的素質（參看 Rieff, 1979:18）。

㊼ 當我提到「整體文明」時，乃包含宗教現象在內。

㊽ 佛洛依德認為，人類類屬的歷史與發生在個體生命中的事件有著相似性。這意味著，人類做為整體來看，與個體一般，歷經著具性慾與攻擊之雙重特質的衝突。雖然這留下了痕跡，但是，卻為人遺忘或擋開了（Freud, 2004:126）。

似性提出說明。他指出，個體的發展與文明進程是相互關聯著，而且，一般而言，它們同時披露著有機生命體的秘密，分享著人類生命最具通則性的特性（Freud, 1962: 86）。在此，我不準備對佛洛依德的認識論本身有所討論，而只對這樣之認知模式的社會學意涵略加闡明。

回顧前面對佛洛依德論述的簡單評介，我們可以簡單地做出這樣的結論：由初民社會之具歷史性的源起回過頭來證成個體發展的體質性源起，其關鍵在於記憶現象的存在，尤其是對被壓抑之原初場景（primal scene）潛藏於潛意識的記憶予以奇思化（fantasy）的現象，可以說是最為關鍵（參看 Freud, 1900: 第 7 章）。就佛洛依德的理論來說，這正是個人（或透過人群）創造象徵意義的開始，也正是人文性與動物性正式交接，且讓前者開始接管後者的起點。借用李維史陀（Levi-Strauss, 1989）的說法來比擬，即是自然（nature）與文化（culture）交接的地方，也是在人的文明發展過程中文化向自然宣告：「你可以停住了，以後的事你不用管了」的邊界。

單就文明發展的歷史現象來看，任何社會都有一套特定的道德規範來導引秩序，權威的存在是必然的。在佛洛依德的眼中，文明所展示的其實即是一連串來自權威壓抑的自制表現，首先是受制於父親的權威，並形成了以兄弟關係為主調的同胞感，而出現了契約的說法❹⁹。佛洛依德觀察到，這種來自社會權威體的壓抑，形塑了由超我（superego）主導所架出的人格，然而，原慾本能卻不斷逼迫著，人

❹⁹ 在《圖騰與禁忌》（*Totem and Taboo*）一書中，佛洛依德指出，在初民社會裡，當兄弟弒父之後，契約的形式因應而生（Freud, 1950）。與霍布斯強調人出於自願放棄部分自然權利以與他人訂約來確保個人的安全的說法，佛洛依德這樣的說法顯然有著更多的想像力，而較少霍布斯之說法中所顯現的政治理性成分。

因而有了罪行感。準此，社會權威體（之壓抑）的存在，可以說是促使動物性與人文性得以有所交接的社會機制介面，具有條件制約的作用。顯然，佛洛依德這樣的論述乃意味著，特別是透過生理學與人類學（民族學）的「科學」基礎，可以為如此一般的人類初始存在狀態賦予正當性，人類的罪行也因此獲得一個解脫的出口。

　　把這樣的源起場景的說法運用在十八世紀以後的西歐社會，整個啟蒙運動所強調以自由平等為主軸的個人主義信念，實即意涵著人透過明顯意識化的論說為基礎，擺明以具攻擊性❺❶的具體行動（如法國大革命）正式反抗（具父親形象之）權威，以爭取具有自我解放意涵的自由、自主與平等。這不只成為普遍的社會需求，也轉化為個人心理問題的關鍵所在，特別是體現在資產者身上。也就是說，佛洛依德把問題的癥結回歸到原慾本能的命題，而以資產者為主角的原慾本能解放則特別體現在「性」上面❺❶，是相當可以理解的，而這也成為前面提到之動物性與人文性交接的體質介面的特定歷史表徵❺❷。同時，

---

❺❶ 擺回佛洛依德的理論架構來看，至少對文明社會來說，人所具的攻擊性本能是社會權威所應致於壓抑的。但弔詭的是，人類卻經常以此方式（如法國大革命與蘇聯或中國的共產革命）來尋求被壓抑之自我的解放。

❺❶ 難怪瑞夫會認為佛洛依德從未處理社會心理現象，他關心的一直是個體與其本能的問題。因此，佛洛依德的精神指導只是企圖把人的個我（I）從共同的「我們」（We）中解放出來（參看 Rieff, 1979: 252, 330）。

❺❷ 當然，佛洛依德若還在世的話，未必會同意這樣的說法，因為對他而言，「性」（另一個是攻擊性）是人類最根本的慾望，是任何社會與任何時代的共同普遍問題。但我認為，固然「性」是人類普遍具有的慾望，它並不至於一成不變地呈顯出相同程度與質地的問題。「性」會不會特別成為明顯的問題、問題的嚴重程度與意義、以及其表徵形式等等，乃隨著不同時代與社會形態而有所不同。正如前文所提，佛洛依德把此一現象當成基本核心問題之所以顯得特別有著意義與啟發作用，基本上乃與他所處的時代所彰顯的維多利亞精神以及都會工業資本主義的社會形態興起有著一定的親近性使然。

這更是為當時已經明顯浮現那強調現世功利享樂之持具個人主義信念
所帶來的問題與具有的時代性，奠下了論述的基石。無疑的，這樣把
整個歷史—文化（因而，政治—道德）的問題回歸到人的心理（尤其
本能慾望）層次來關照，乃與霍布斯和馬克思的論述相互輝映，可說
是佛洛依德的論述最具特色、也是最具影響力的貢獻。套用瑞夫
（1979）的用語，佛洛依德的理論成就了「心理人」做為理解與形塑
當代人和社會的基本概念。

第五節　霍布斯、馬克思與佛洛依德的需求——使用價值說還有效嗎？

　　布希亞（Baudrillard, 1975, 1981, 1990a, b）曾指出，馬克思的價
值說與佛洛依德的原慾說，有相同的認識論基點。基本上，他們乃從
具特殊歷史質性之「交換價值」的立場來確立（並論述）「使用價
值」（即物質或性慾的滿足乃是人的基本慾望）做為理解、詮釋和證
成人類社會行為之具至高性的終極依據。因此，所有的價值（包含交
換價值）必回歸到使用價值，及其是否能充分體現來定奪、並予以證
成。這樣的思考模式彰顯的，基本上重述著霍布斯的基本命題（即由
動物性過渡到人文性的問題），且必然是以人的基本實質需求（如自
我保全的需求）做為不可或缺且不可化約的體質性基礎。對馬克思來
說，交換價值指的是在資本主義私有財產制的歷史形式主導下以創造
剩餘價值的營利交換邏輯，而使用價值指向的則是種種具功能效益性
的物件（也正是工業資本主義體制生產的物品），因為它們是用來滿
足所有「人類」類存有體（當然，包含且特別指涉工人無產者）之普
遍基本生理需求（表現在食衣住行上）的必要手段。因此，一旦這些

用以維持一個人之最低程度自我保全的基本生存「使用價值」的物質條件被剝奪，用以確立此一物質條件的社會交換形式就得被檢討、甚至予以更換，而依附此一社會交換形式的交換價值也就跟著有被批判或乃至撤銷的必要了。

　　尤有進者，布希亞借用符號學的概念，重新解讀馬克思的價值概念，尤其是交換價值與使用價值之間的關係（Baudrillard, 1981: 64）。首先，布希亞把交換價值當成是能指（signifier），而使用價值則是所指（signified）。使用價值做為所指，基本上乃是人以效益為基軸、且透過需求體系來對主體與客體的貫連予以抽象化的一種具終極結果之意涵的概念表徵，其所呈現的是一種被物化（fetishized）的社會關係。於是，當使用價值做為需求體系的抽象形式，它是以財貨和產品的內在終極性做為基礎、並以體現在人身上的具體目的和目標做為藉口。於是，效益成為保證人進行交換時具有正當性的意識形態基石。對此，布希亞認為，人選擇了一種錯誤的歷史證據，因為這樣的保證無法合理解釋初民社會裡常可以看見到那種不具任何經濟功能效益性的象徵交換現象（如禮物交換或誇富宴）。準此，馬克思以人之自我保全本能需求做為至高無上的基礎來架出使用價值的正當優位性，其實只是反映了現代文明社會（特別工業資本社會）的特殊歷史質性而已。在這樣的認知條件下，誠如布希亞所陳述的，使用價值不能被看成一個客體的內在功能，而是涉及主體、客體與其關係三者之特殊歷史處境所展現的一種社會性決定（Baudrillard, 1981: 65, 69）。問題的真正關鍵在於，我們需要對橫貫符號生產與物質生產之間的關係，從事一種具一定歷史啟發性之象徵意涵的選擇與確立，儘管它是武斷的。就此而言，由於任何語言結構本質上是流動而易變的，並無固定的終極性，有的只是語意內涵的演繹力道而已，因此，容或馬克

思的價值需求說，被用來理解與詮釋西方資本主義社會曾有一定的啟
發性與爆發力，如今，面對象徵交換成為主導之社會理路的後現代場
景，它是否還繼續有如此的詮釋威力，著實值得進一步探索。

　　至於佛洛依德的原慾說，我們也可以採取類似的論點來剖析。簡
單地說，在佛洛依德的觀念裡，人類都是受著慾望的驅使。特別就性
的慾望來說，情形則是，對任何性器官成熟的人，不論男女，都有一
定的性衝動慾望，性器官（甚至整個身體）的使用價值即在於滿足這
樣的慾望（當然，除了傳種接代之綿延種族的功能之外），而具有著
終極性。以此為基礎，單就性關係中剛性特質的具體而積極表現而
言，在傳統以父親權威主導的男性中心主義所塑造的文化模式支配
下，男性的陽具所具有滿足性慾的使用價值，在文化意義上有著位居
絕對優位的至高性。處在這樣的文化氛圍裡，女性代表的僅是一種虛
空的弱者狀態，沒有自身的歷史性，一切均環繞著男性為中心來予以
衍生定義。準此前提，根據佛洛依德的見解，在日常生活世界裡，父
親的權威陰影始終籠罩著一切，這使得人（特指子女）一直受到害怕
陽具被閹割（指男性）或感到已被閹割（指女性）的心理情結所綁架
著。在這樣之心理與實質權力關係受雙重綁架的情形下，人之社會互
動（特別是與社會權威體的互動）中的種種關係表徵所體現的交換價
值總是以道德化的懸空、轉移或昇華等形式予以證成（如盡孝道、婦
道、守貞操等等），文化蘊涵的實質（特指道德倫理）內容也跟著以
具負面性的壓抑作用（如壓抑性慾與攻擊行為）來呈現，儘管具正面
實現使用價值（如性滿足）意義的交換價值（如男女因相愛而交媾）
還是可以看得到。

　　沒錯，做為一種具肉體身軀的存有體，人所具有的基本身心構造
其實早已被註定著，他的確無法完全擺脫使用價值的考量，因為做為

人，至少需要應付吃、喝、穿與住等基本需求。尤有進之，在人所需求的物質絕大部分均仰賴著「生產」的形式來供應的情況下，這些基本需求的必然存在實即意味著，使用價值與交換價值以某種特定文化─歷史方式相互搓揉摩盪著，乃是不可避免的現象。在接受這樣的前提之下，對人類來說，不管是處於怎樣的時代場景裡，現實上，基本需求是否與如何滿足的問題始終存在著，也一直有著一定的社會意義。只是對處於後現代狀況中的人而言，誠如在第一節中提到的，問題的重點不是人類的種種需求不存在或變得不重要，而是它可能變得像空氣一樣，人要生存是需要仰賴著它，但是在正常的情況下，我們有足夠的空氣供呼吸使用，並不特別感覺到它的必要性，因此，在考量人實際生活的社會情況時，它不足以成為具有特殊文化─歷史意義的立即緊要條件。難怪布希亞在批評佛洛依德精神分析的基本內涵時會認為，導引著當代人存在的核心動力，不是十九世紀西方人所想像做為能量與理法之慾望的推動力量本身，而是對著世界進行的遊戲與誘惑。如此一來，對人來說，有的只不過是一種遊戲與被遊戲的激情，遊走於幻覺與表象之間，並非源自當事人的自身，而是來自其他地方或他人的臉色、語言、姿態等外顯表象。基本上，這是一種沒有（也不需要）任何前置狀態（因而沒有「歷史」）之特殊事件的誘惑（Baudrillard, 1990b: 138-139）。一切只是特殊的，而且是不斷飄蕩易動、且被片斷化的特殊，沒有普遍的永恆不變，也沒有絕對的「整體」全部，價值始終是被中空化著。

　　準此，需求僅是對人類所預設之具動物性的生存基礎，在當今充滿著符碼之象徵交換的時代裡，這自然難以成為理解與詮釋當代人的適當文化─歷史緊急要件。於是，需求與慾望等等落實在人之動物性的實際體質化概念將被架空，甚至被宣告死亡了。相對地來說，情形

顯得重要的，毋寧是符碼本身的結構原則問題以及人面對著種種符碼
時所採取的態度。因此，我們得以把需求（尤其具終極性的使用價
值）倒轉過來，由過去所具的解釋項角色轉為被解釋項，而且還得依
存在符碼的結構原則下來予以理解，才可能獲得具啟發意義的妥貼定
位。

　　順著上述的理路，我們不免要進一步地追問：在這樣的歷史場景
裡，人們到底進行著怎樣的象徵交換呢？這當然是一個值得探索的問
題，不過，在此，我不準備回答，而只提出另一個具前置意義的問
題。此問題的要旨是：當人類的文明走到了如此一般充滿著符碼之象
徵交換的後現代場景時，難道，從十七世紀以來即影響西方社會思想
甚鉅的霍布斯的嗜慾說，如今即將被斬首而閹閉了嗎？擺在整個歷史
過程當中來看，馬克思的價值論與佛洛依德的原慾說，是否只不過是
（有意或無意地）為霍布斯所開啟的慾望需求說留下些微痕跡的點綴
過客而已？易言之，歷史是否「終於」終結了霍布斯的思想，而不是
如馬克思與佛洛依德的理論所意涵的，「終於」終結於霍布斯的思想
之中？這樣的說法可以接受嗎？這些都有待回應。

第 **3** 章
象徵交換與正負情愫交融

第一節　象徵交換的哲學人類學存有源起預設基礎——曼納與神聖性的經營

　　在人類文明發展的進程中，倘若象徵交換具有哲學人類學存有論上的崇高意涵的話，初民社會所彰顯的（特別是節慶時）集體歡騰（effervescence）情境，一直即被西方（特別法國）社會理論家視為孕生「社會」（也是孕生「文化」）之源起狀態的基本社會機制❶。涂爾幹（Durkheim, 1995）即做了這樣的論斷：集體歡騰引發了激情，讓人們處於一種具共感共應的集體亢奮狀態之中，覺得冥冥之中有超自然的東西存在著，這即是宗教信仰得以產生的原始來源，也是「社會」被體認出來的心理基礎。在這樣的場景裡，人彼此之間的互動，呈顯的是猶如禮物互惠交換的純粹形式；也就是說，「無工具價值設準的社交性（sociality）」即是互動自身的目的，它更是人做為存在主體之社會性的初始基礎。於是乎，此一集體歡騰的狀態被視為人類透

---

❶ 就哲學人類學的立場來看，誠如牟斯（Mauss, 1989）在《禮物》一書中所企圖意涵的，禮物交換即是象徵交換形式的典型，因此具有深刻的隱喻作用。

過制度化過程形塑集體意識的社會心理前置狀態，更是人類由動物性「跳躍」至人文性之心理上的臨界場域，對理解人的社會世界與其行為，具有至高性的地位。

十九世紀的尼采即提出一種極富想像力的臆測。他認為，在最初始的時期，人類與其他的野獸原本都是一樣，依著本能宣洩情緒，並以野蠻戰鬥的方式行事著。當人類處於此一情形之下的時候，其所彰揚之心理狀態的元神比較接近酒神戴奧尼修斯（Dionysus）內涵的精神——激情與陶醉，而其基本的經驗即是不斷創造令人有著非凡而例外的驚奇感覺。（參看 Nietzsche, 2009: 502-517）很明顯的，這種充滿著激情與陶醉的酒神精神，與前述之涂爾幹的集體歡騰論相呼應著，可說正是宗教經驗和神聖性得以形塑的心理基礎，也是人類經營文明的基架。（參看葉啟政, 2008: 10-23）特別值得注意的是，尼采此一特別強調酒神精神做為探討人類（尤指西方）文明源起的主張，伴隨著涂爾幹的理論，為後來法國的日常生活學派❷特別倚重、並視為核心概念。

就概念的內涵而言，當我們說心理狀態的元神是酒神精神時，乃意味著它是人類稟賦的感性本能特質，而非經過理性經營出來的人為文化作用結果。也就是說，當我們說「人類是一種動物」時，人的本能所具有激情衝動的能量力道，正是動物性的典型體現❸。體現在西方社會思想的發展過程中，對霍布斯或佛洛依德等人而言，文明發展的原始激發動力正是來自這樣的動物性。只不過，一如第二章所提示

❷ 特別指勒菲伏爾、巴塔耶（Georges Bataille）等人所創之「社會學學院」（*the College of Sociology*）的成員、德波（Guy Debord）為主的「國際情境主義者」（*the Situationist International*）以及後來的馬費索利（Michel Maffesoli）等人。有關作者個人對此一學派的討論，參看葉啟政（2008:231-253）。

❸ 假如借用馬費索利（Maffesoli, 1996a）的用語，即是法文的 *puissance*。

的，人類與其他動物不同的，乃在於人類懂得讓此一動物性在人文性的洗禮下有著恰適的文明表現。正因為如此，由動物性轉化為人文性的臨界點就變成重要的課題。就人類文明發展史的角度來看，在此過程中，所謂曼納❹（mana）現象的孕生、以至於神聖性的塑造，可說即是彰顯此一人文性得以轉化出來之臨界點的機制要件，而這再次意涵著激發孕生酒神的激情精神乃是核心的課題。易言之，曼納的引生與神聖性的營造，都是以引發激情做為基本前提，任何理性的作為基本上都是為了證成激情的人為努力。

　　曼納激情支撐下的神聖性是非凡而例外的，需要與平凡而例行的「世俗」特別加以區隔。神聖與世俗之間於是有了門檻，更有自己的守護者（譬如寺廟、乃至家中的大門有門神守護），禁止敵人、魔鬼、邪惡或不喜欲的力量侵入。因此，此一門檻宣示著神聖與世俗之間是斷裂著，不可以任意踰越。（Eliade, 2000a: 75）人若要跨過這個門檻，需要透過儀式（ritual）的方式（譬如進入寺廟時行跪拜頂禮，或透過乩童或靈媒來與神祇溝通）予以圓成。透過儀式來展現和保證具曼納力道的神聖性更是意味著，人們需要透過「物」的形式（如神像、神主牌、焚香、供品、或八卦圖等等）做為媒介來營造，曼納神顯的象徵意義才得以體現。因而，神聖性與「物」總是需要彼此互為表裡地鑲嵌著，才得以落實，也才得以對世界進行著一種賦予某種新生命象徵意義的受造過程（如藉著祭典確立一個特定地方——神壇——的不可侵犯性）。

---

❹ 簡單說，曼納通常乃指在某種宗教信仰裡，人們相信世間存在有一種超自然的非凡力量。它被認為是集中在某種神祇、神聖物或人物身上，但是，威力卻是蔓延散及整個世界，而且可以承繼或傳遞下去。根據涂爾幹（Durkheim, 1995）的意見，此一力道特質具備文明的源起意義，乃代表著宗教信仰（因而，也是「社會」得以形成）的最初能量形式。

　　透過「物」的媒介所營造的儀式，可以說是一種對神聖賦予例行化的過程。如此對非凡例外予以平凡例行化的儀式化過程必然是要存在著的，因為這使得神聖性不只獲得適當的解釋，更可經由儀式做為索引而得以一再重複呈現、並得到保證。如此，理性的成份也才得以順利被引進、並導引著人們的行為❺。借用塞利格曼（Adam B. Seligman）等人的說法，此一儀式做為非凡例外所創造的理性例行化現象，基本上是創造了一種「猶如」（as if）或「可以是」（could be），而非「實然如是」（as is）的狀態。也就是說，人類所假設的世界與其實際經驗的世界之間必然有著裂罅，必須把儀式放在這樣的情形下來看待，才有獲得理解的可能。（Seligman, Weller, Puett & Simon, 2008: 23, 25, 27）

　　假若文明起於人們對其所處環境引起驚奇經驗❻的話，孕生具共感共應的曼納情愫則乃符應（或謂應對）著驚奇所帶來之諸如恐懼、敬畏、崇敬或讚嘆等等心理感應的基本動力。透過曼納情愫對驚奇經驗所營造的神聖感，於是成為主導著人們如何認知世界的心理基軸。這麼一來，倘若具「猶如」或「可以是」特質的儀式是證成神聖性的機制要件，那麼，人們總是以一種充滿酒神所彰顯之陶醉與激情特質的理想想像圖像來呈現現實的實在。易言之，假若人們是透過儀式來體驗社會自身做為存在實體的話，其所參照的基點，基本上乃來自對這種具「猶如」或「可以是」的假設語氣狀態所引起之共享感覺而孕生的無止盡夢幻世界，其所經驗的是一種具擴散性（即未經分化）的

---

❺ 例行化過程勢必使得神聖性原先具有強烈的激情魅力被削弱，可能變成為蒼白貧血之行禮如儀的形式主義化現象，難以引起強烈情緒的共感共應。所以，為了保持儀式背後蘊涵的神聖性得以在情緒感受上保持共感共應的新鮮度，不時有著節慶活動的安排，著實具有著保鮮、充電與更新的作用。

❻ 有關的討論，參看葉啟政（2008）。

陶醉感覺，而且，人只有完全投入才可以感受得到。此一儀式所營造
那種具整體完形之陶醉感的夢幻景象，則又經常需要依靠著一套隱喻
體系以不斷重複的方式來強化。如此，隱喻體系所內涵那種可以讓人
產生共感共應的神聖性才得以有所支撐，並讓其曼納能量維持活鮮狀
態，以俾不斷孕育出足以把人凝聚在一起的能量。

第二節　儀式迷思的原型是遊戲的形式

懷金格（Johan Huizinga）在《遊戲人》（*Homo Ludens*）一書中
告訴我們，象徵的運用是任何遊戲的基本要旨，一般在社會裡可以見
到的儀式（與迷思）正是其原型——一種具神聖意涵的遊戲。回溯人
類文明的發展過程，初民即以遊戲的互動方式來證成其自身的存在，
遊戲因此乃是使得文明得以構成的最原始社會互動形式。就其元型而
言，基本上，遊戲並無所謂假裝似真（make-believe）的意涵，更是
沒有當代人所常需要面對的認同（identity）問題，有的只是有關奉
獻神祇之神聖犧牲的象徵問題❼。（Huizinga, 2000: 4-5, 25-27）

皮柏（Josef Pieper）在討論文化之源起基礎時亦有著類似懷金格
的見解。他指出，文化乃是人在悠閒（leisure）狀態下以鬆弛、自由
自在、不用心力、猶如入睡的自然態度創造出來的，它絕非是在故意
用心、受制而緊繃的工作（work）狀態下產生的。（Pieper, 1952: 41）
皮柏的說法首先乃意涵著人一向是追求著具整體性（wholeness）的

---

❼懷金格認為，就源起狀態而言，人類任何的社會活動（包含藝術、哲學與科學在內）本
質上都是遊戲形式，所以，文明根植於高尚的遊戲，重視的是風格、儀式與尊嚴。但
是，自從理性化蔚成風氣，特別是透過以個體為本之意識形態的道德化以後，現代西方
人的社會互動即喪失了這樣的遊戲特質。（Huizinga, 2000:206, 210, 211）

東西，而且，只有處在心情絕對自由而放鬆、且帶著狂喜（ecstasy）的出神狀態下才可能蘊生出來。這樣的見解實即意味著悠閒總是以遊戲的形式呈顯著，而且它是一種具神聖意涵的遊戲，可以使得人感覺到內心冥冥之中有著一種神祉原則左右著。準此，皮柏指出，其最高的肯定形式即是節慶。（Pieper, 1952: 43, 63）

懷金格和皮柏這樣的說法其實企圖剔透一項有趣的訊息，即：在遊戲活動過程中，人們彼此之間的互動所彰顯的，基本上是立基於（特別是對大自然引發之）驚奇而孕生了諸如崇敬、敬畏、讚嘆、愉悅、亢奮或乃至恐懼等等心理感受所帶引出來的一種「純粹」的象徵交換。這樣的象徵交換，本質上不是基於某種特殊個人（或群體）目的（或利益）而刻意經營出來那種具理性認知性質的人文化意義（如謀求個人財富或集體福利），而是出自於由內心而發之共感共應感受的自然交流與匯集。在一般象徵交換本身即是目的的場景裡，儀式（特別是魔術與咒語）的威力創造了整個世界，它清空了一切具特定歷史旨趣的定型意義，讓人們得以孕育、並成就無限的想像與感受空間。在這樣的情境裡，並沒有任何特定（但卻是可轉型變化）的絕對價值或觀念充作最終的指導標竿。因此，從中所孕生的神聖「神祉」符碼，基本上是不必接受理性邏輯的檢驗與查證的。

這麼一來，在塑造神聖儀式的過程中，意符所指（signifier）原則上是虛空的，儘管它充滿著誘惑。此刻，語詞既無固定內容、也沒有特定指涉對象可以讓人有著充分發揮自我實現（或自我防衛）預言的權能契機，因而，符碼可能內涵的誘惑既是相當純粹、更是充分解放的。（Baudrillard, 1990a: 75）也就是說，象徵交換的純粹形式意涵著交換本身即是目的，甚至可以說無所謂目的。若有，也只是儀式自身所散發出來之那種具魅誘性質的曼納力道而已。於是乎，在「純

粹」的象徵交換過程中，虛空的意符總是可以讓人產生無限的炫惑與幻想，引帶出來的常常是無比的狂喜。此時，儘管空與有、生與死看起來可以是對反（opposite）著，但卻又同時糾結在一起，帶出來的是一種正反情愫交融的心理狀態。其間沒有任何定型邏輯，也無絕對真理可言，有的只是人們不斷以秘密的方式孕育、衍生與激盪著感知❽。

在這樣的象徵交換的社會過程中，誠如上述，儀式以具索引作用的姿態一再重複地呈現，這使得神聖的時間本質上是可逆轉的，以一種具原初秘思（myth）性質之時間感受的樣態臨現於當下此刻。基本上，這種具本體意涵的永恆時間，乃以永恆的「現在」（特別是節慶的循環出現）姿態呈現出來，時間藉由每次更新的創造重獲新生。因此，節慶是實現神聖時間的一種結構模式，是具社會意涵之源起狀態的再現，而且是永恆的再現。人們在節慶期間所展現的行為，乃重新整合了源起與神聖時間，以便與之前和之後的行為有了區別。（參看 Eliade, 2002: 116, 121, 131, 134）這樣以節慶來安頓「非凡例外」，尤其透過把種種的「物」予以神聖化的作為，乃為人們的行為確立了一定的客觀性（如過年時的種種具儀式性的行止），而非突破客觀性，任由個人主觀意願來界定。因而，時間的綿延被重複呈現的事件（如節慶與其間的種種儀式性行止）予以平準化，以至於使得它難以成為構作具「差異」之意義的重要判準。

伊利亞德（Mircea Eliade）曾經使用「宇宙」與「歷史」兩個概

---

❽ 基本上，這樣的正反情愫交融缺乏如佛洛依德在精神官能症患者身上看得到的強烈情緒反應（如因壓抑帶來的焦慮、緊張，乃至強迫行為）。由於在精神官能症患者身上看到的正反情愫交融的心理狀態經常缺乏嚴肅的禁忌感，它無法在潛意識裡累積能量，以至於其所引生之曼納的力道常常是不足的。這也說明了何以佛洛依德不得不採取著「病徵」的姿態看待正反情愫交融的心理狀態，並尋求化解之道。

念來區分人類對「時間」此一概念範疇的掌握。他認為，前者屬於初民，而後者則多見於受（特別是科學）理性支配的現代人身上。體現在宇宙型的世界裡，時間是循環的，乃無限地自我再生著，構成為一個定型的宇宙。但是，現代型的則是「一種有限的時間，兩個非時間永久點間之片段（雖然它自身也是循環性的）的接續連結」。（Eliade, 2000b: 101-102）。如此一來，定型宇宙觀表現的是一種永恆的輪迴，一再重複循環再生著，時間顯得是可逆的，人們看到的是一種原型不斷流變，但卻是萬變不離其宗。在這樣的認知模式的支撐下，具特殊風格之獨特不二的「歷史」不是被泯滅掉，就是對特殊歷史事件賦予某種特定的後設意義，「這種意義不但有安慰人心的作用，而且它是首尾連貫著，它符合一套十分緊密、宇宙與人的存在各有存在理由的體系」❾。（Eliade, 2000b: 128）

以如此一般對人的存在賦予人類學的經驗解析作為基礎，伊利亞德繼而指出，初民並不將自己視為歷史存有，有著不斷演進（乃至進步）的必要，也拒絕對記憶和非常態事件（即不以原型為典範的事件）賦予任何價值。他們有的經常只是讓具體的時間綿延，由諸多非常態事件以不斷循環的方式疊積形成（如一年到頭的祭祀典禮）。（Eliade, 2000b: 74-79）於是，讓原型事跡透過象徵儀式予以淨化，並使之重複呈現，乃形構神聖性、並使得時間再生的基本策略。在這樣的過程中，（具特殊性、且僅此一次的）歷史與時間被懸擱起來，有的只是「反」歷史與時間的永恆宇宙觀念不斷回歸擺盪著。這樣的宇宙觀經常是透過暫時讓既有之例行平凡的日常生活形式予以懸擱，

---

❾ 準此，持「歷史」觀者呈現的，則經常是以線性的方式向一個方向前進，只能有一次而已。因而，時間是不可逆反的，流變充滿著存有的狀態，但卻是不可復歸的狀態。

而不停地由非凡例外的社會場合（如戒齋、節慶）予以加持、證成、修飾、補充著。此刻，例行平凡之日常生活的「正常」形式，總是在不時降臨之狂歡沸騰而放肆的渾沌無序狀態之中（如節慶）暫時解體。伊利亞德認為，這即是一種超乎特定歷史時間觀制約之宇宙世界的開始，諸如齋戒／放縱、悲哀／歡樂、絕望／狂歡等等的正負情愫交融心理狀態，則是其所展現的基本心理特徵。（Eliade, 2000b: 56）

　　當人們處於節慶（特別是情緒狂歡沸騰）共感共應的非凡例外場合時，此一共感共應心理的生成基本上是來自情境所激發的情緒感染。當然，在之前的平凡例行日常生活裡，早已醞釀了一些足以促動激發情緒的潛在因子了（如慶典前的淨身、戒齋）。然而，這樣的情緒感應於共感之餘，一旦又獲得成員的共識，較為持久的情愫（sentiment）就很容易孕育出來，成為集體意識，繼而蘊生出「客體化」的特定集體表徵。這一切的生成過程，基本上不是、更不必經過人們彼此同意，也不需要求人們特別以意志來加強，而是由情境應勢自然激發的感動傳染能量帶動出來的，因此無涉人們彼此之間是否有著形塑至高性（sovereignty）的問題。

　　巴赫汀（Bakhtin）討論一五三二年拉伯雷（François Rabelais）於《賈剛大和潘大魯》（*Gargantua and Pantagruel*）所呈現的所謂詼諧怪誕文學時，就有著極為精采而精闢的分析。他指出，在節慶歡騰的場合裡，人們總是陷入共感共應的狂喜出神狀態，忘情的狂歡使得人們平時所具有的種種差異（如地位與身份的層級）區隔關係被平準化。此時，例外（如國王）被降格成為例行（如百姓），特殊也被降格成一般。於是，一般平民可以透過種種方式揶揄尊貴的國王與貴族，並經常把他們降格到以具動物性、且與性和排泄有關的身體器官和與其伴隨的行止（如交媾）來表示。於是，在這樣之「降格」的非

凡例外的場合裡，人們以混亂、但卻歡騰的眾聲喧嘩方式，倒轉整個平凡例行之日常生活的正規型態。巴赫汀認為，這樣的倒轉基本上乃剔透著死亡意圖體現之「平靜與虛空」中的眾生平等狀態，情形有如在地獄中帝王與奴隸、富人與乞丐一樣，都是裸露著身體（骨頭），以平等的身份互相發生親暱的接觸。（Bakhtin, 1998）

艾可（Eco）以更具積極批判的方式來論述拉伯雷作品的意涵。他指出，當拉伯雷以極具匠心的方式來刻劃猥褻現象時，下流其實已不再只是庶民對上流社會的反動，而是一種文化革命。在這樣之非凡例外的節慶歡騰場合裡，人們以充滿動物性的肉身與塵世的低俗舉止顛覆了充滿高貴神聖的神性世界。於是，「在一個鼓吹人性和塵世甚於神性的社會，猥褻成為對肉體權利❿的驕傲肯定」。（Eco, 2006: 142）對此，艾可進一步做了這樣的詮釋：在這樣的場合裡，醜與美等同地被看待著，同樣地成為具有著崇高（sublime）⓫性質的美學形

---

❿ 特別展現於排泄和交媾。艾可分享著巴赫汀的闡述，指出前者代表死亡、消費與無用，而後者則代表著生育、生產和有用。

⓫ 原初，崇高乃用來指涉人們因自然界存有之令人震懾的景象而促發的高尚思想和情感經驗。十八世紀，英國的艾德蒙‧柏克（Edmund Burke）為「崇高」的意涵做了這樣的總結：「以任何方式激起痛苦與危險之念，亦即，任何恐怖、富於恐怖之事物，或以類似恐怖的方式運作的事物，都是崇高之源，亦即，能產生人類所能感覺的最強烈情緒。」（引自 Eco, 2006:290）柏克將美與崇高予以對立、並指出，基本上，美是物體的一種客觀特質，使人對此物產生喜愛，並透過感官對人的心理產生著作用。他反對「美寓於比例與和諧」的說法，主張典型之美的體現是變化、小、光滑，與漸進的差異、纖細、純粹、顏色之美，以及在某個程度上優美與雅緻。崇高則大不同，乃生於恐懼之類的激情，作用不見形跡，令人興起強大力量的觀念，以及空、寂、靜等情境。因此，崇高主要指涉非有限的事物、困難，以及令人興起更大的志望。於是，崇高在於巨大、粗野、堅實、甚至魁梧或沉暗。（引自 Eco, 2006:290）在十八世紀末，康德（1986）則就對象的大小（數量）（如星空的浩瀚）與力道的大小（如狂風暴雨）為崇高的概念予以分類。他指出，前者即是所謂的數理的崇高（mathematically sublime），後者則是所謂的動力的崇高（dynamically sublime）。（Kant, 1986:248-266）艾可告訴我們，在十八世紀前，崇高是人類對大自然之種種現象所引發對不成形狀之怪異、恐怖、畏懼、危險、痛苦、甚至令人感到惬意等等的一種感受經驗，可以說是完全原創的。（Eco, 2006:296）就人的生活經驗來說，崇高乃相對著例行生活經驗所產生之一種具尖端經驗性質的例外心理感應，而且，這個例外心理感應基本上是個別、也是差異的。假

式，乃以非凡例外的姿態成就了人們的感受。如此一來，這無異即意味著，醜與美的感受隨著時代與文化之異而有所分別，昨天不能接受的事物，明天可能被接受，甚至被尊崇。在適當的脈絡下，被視為醜的東西也可能讓人們有著整體美的感覺。（Eco, 2008: 421）因此，美與醜是一體的兩面，足以產生正負情愫交融的心理作用，弔詭地形塑了美感的整體。或我們至少可以確定，與美一樣，醜在人們身上所引發的感受亦是一種崇高的形式——具諸如嫌惡、作嘔、可憎、懼怕等等強烈的負面情緒感受，乃是塑造美感不可或缺的對反感受，構成具階序性之整體的一部分。

在對非凡例外被「降格」與平凡例行並列（不管指涉的是國王／平民、美／醜、神聖／世俗或喜愛／嫌惡等等）而產生了正負情愫交融心理作用進一步討論之前，讓我引用法國人類學家杜蒙（Louis Dumont）的說法作為必要的前置概念。杜蒙主張階序原則是構成人類社會的原始特質，他以印度卡斯特（caste）社會為例，提出了階序人（*homo hierarchicus*）的概念來作為重新考察社會之本質的參照點，尤其是有關個體性的內涵。依照杜蒙的說法，階序意涵著對立現象的必然存在，而階序對立即是一個集合（特別是一個整體）與此一集合（或整體）之某個元素的對立。此一對立在邏輯分析上可以分成為兩個矛盾的樣相：（一）元素乃與集合是同一的（identical），而形成為其部分；（二）兩者又是不同，或更嚴格地說，具有對反

（contrariety）的性質。這也就是說，階序同時包含其對反（the encompassing of the contrary）。（Dumont, 1986: 227; 1992; 417-418）杜蒙以《聖經》中〈創世紀〉第一章第二節有關夏娃從亞當的肋骨中被創造出來的故事加以闡明。他是這樣說的：

> 　　上帝先創造亞當，他是一個未分化的人，「人類」的原型，這是第一步。
>
> 　　第二步則從亞當身上抽出另外一種不同的存有（按：指夏娃）。亞當與夏娃面對面，這是兩性的原型。這項奇特的手術一方面改變了亞當的性質：原本未分化的，變成一個男人。另一方面，出現一種既是人類種屬的一員，而又和該種屬的主要代表不同的生物。亞當這個完整的個體，或者我們（按：指**西方**）的語言中的 man（人，男人），把兩種合而為一：既是人類種屬的代表，又是這個種屬中的男性個體的原型。在第一個層次上，男與女是同等的；在第二個層次上，女人是男人（或人）的對立物或反面。這兩種關係顯示階序關係的特質，此項特質以含括著未來的夏娃之原料，是來自第一個人亞當身上為其象徵，真是十分適切。此一階序關係，就其最廣義者而言，即是一個整體（或一個集合）和其中的一個要素的關係：該要素屬於那個整體，因而在此意義上與那個整體同質或同等；該要素同時又和那個整體有別或與之相對立。這就是我說的，「把對反包括在內」的意思。（Dumont, 1992: 418）

　　按照杜蒙的立論理路，階序基本上並不是一串層層相扣的命令，也不是尊嚴等第依次降低的一串存有鎖鏈，更不是一棵分類樹。它毋

寧是一種關係的呈現形式，可以稱為「把對反包含在內」的關係形式。（Dumont, 1992: 417-418）當夏娃從亞當身上分出來之後，他們成為分開的個體，但是，〈創世紀〉第二章第二十四節中還提到亞當和夏娃「二人成為一體」的結合❷ 。（Dumont, 1992: 419）換句話說，在「把對反包含在內」所形成的整體裡，原先構作整體的原始元素（如亞當）既有著優先位階決定著整體，但又與其對反元素（如夏娃）互為部分構成了整體。於是，這樣既互嵌又互剋的階序性關係，既內涵著統一，也同時內涵著對彰性的差異對比。倘若我們把這樣之「把對反包含在內」的整體觀移植到人的情愫面向，那麼，正負情愫並存而交融的心理狀態，可以說即是典型。

　　當巴赫汀論及人在節慶歡騰場合陷入集體共感共應的狂喜境界而產生了降格現象時，人平時所具有的種種差異（如地位與身份的層級）區隔關係被平準化，其實即展現出杜蒙所論及這樣一種既互嵌又互剋之「把對反包含在內」的階序關係，不管人是以「非凡例外」或「平凡例行」作為原始元素來構作整體。降格的說法顯然是以少數的「非凡例外」作為亞當，而這正體現中古世紀歐洲社會以國王、貴族與教士為主體所形構之共同體主導著社會機制運作的基本社會形態，此時，成就「少數」（如強調榮耀上帝、身分地位象徵）是基本社會原則，居大多數的「人民」乃以對反的姿態被包含進入這個由少數人

---

❷ 杜蒙認為，這一點是整個問題的要點所在，「也是當代（按：特指西方）心靈，或說現代一般心靈，傾盡全力而又徒勞無功要加以掩蓋的要點」。（Dumont, 1992:419）他深感遺憾地指出，現代西方的平等主義心靈看不到關係的階序性，甚至無法關照一個以上的關係層次。如果要求考慮好幾個層次，他們往往就把一切全放進同一個模式裡來思考。這也就是說，階序原意味著，在較低層次的「分別、互補或對立」是包含在較高層次的統一裡面。但是，「如果我們把兩個不同的層次混淆的話，就會出現邏輯上的大混亂，因為就會同時出現同一與對反。此一事實毫無疑問地促成了現代思潮之遠離階序概念，使現代心靈壓抑此概念或將之中立化」。（Dumont, 1992:421）

所經營的整體裡頭。直到以「人民」為主的民主體制抬頭後，整個情
形才被翻轉，多數轉而成為決定整體之基本屬性的主導力量。

　　當然，我們更可以運用杜蒙的階序整體說來剔透艾可所提出的美
學詮釋。假若我們是以所謂的「美」作為原始元素來界定美學的整
體，作為美之對反，醜乃被包含而成為與美對彰的另一個元素。在這
樣的場合裡，醜與美被等同看待，同樣成為具有美麗（beauty）或崇
高性質的美學形式，乃以非凡例外的姿態來成就人的感受。這樣的關
係施及於善與惡的關係結構也是一樣的有效。換句話說，當我們以美
或醜（或善或惡）作為原始元素來構作整體，其對反立即以階序的姿
態被包含在內❸。

　　不管怎麼說，透過杜蒙的階序整體說，巴赫汀與艾可對拉伯雷的
文學作品做為反映中古世紀歐洲社會之借鏡的分析，給了我們這樣的
啟示：例外／例行、非凡／平凡、特殊／普遍、富有／貧賤或尊貴／
低賤等等原先對反的雙元樣態，實際上是可以相互包攝而彼此引誘
著，總是以正負情愫交融的狀態生生不息地相互搓揉摩盪地攻錯著。
此一雙元樣態做為人的基本心理認知和感受基架，雖是對彰地並立
著，但彼此之間卻又相互涵攝著，一直以「斷而未斷」的方式搓揉摩
盪著。它所呈顯的一種典型狀態毋寧是雙方以對反的姿態不斷進行相
互糾結的永恆纏鬥。在纏鬥中，雙方既有耗損，又有添增，以致有著
無限滋生衍續的契機。這意圖表達的格局，顯然是與笛卡兒以降西方
人慣有之實體化的二元互斥對彰並存的認識觀有所差別。簡要地說，
當前西方慣用的二元互斥對彰並存觀，是一種「斷而再斷」的世界
觀，乃肯確著「非此即彼」之二元互斥對立衝撞的殊死爭奪狀態，追

---

❸ 在下一章中將提及有關尼采的所謂「善惡的彼岸」說法，似乎也剔透著如此的訊息。

求的是具絕對征服性的完全取代❶，這正是我們值得特別予以注意的
地方。

第三節　　正負情愫交融❶的社會學意涵

自古以來，人類活在社會裡，時常經驗著愛恨（或善惡）交織的
場景。譬如，愛情之所以被人視為偉大而歌頌著，常常即因為它可以
讓人經驗到一種生與死、喜與怨、聚與離、以及愛與恨等等情愫交錯
並存的纏綿狀態。沒錯，當人處於這樣的心理狀態時，曖昧、未定與
滑溜總是交織浮現著，連帶產生了折磨人的焦慮、浮躁、不安等痛苦
心理。但這也同時可能激盪出渴望、期待和思念的強烈慾念活力，讓
人有著經驗到生與死交錯浮現之永恆再生的奇妙感覺，以致保有欣
喜、愉悅、活鮮和挑戰的心理感受。因此，這種類似愛與恨交織的正
負情愫交融的情景乃與人類的文明一起迸生，並非如包曼（Zygmunt
Bauman）所認為的，只是由公眾領域❶ 移轉至私人領域，而且是發
生在現代社會的一種特別現象。（Bauman, 1991: 197）

---

❶ 有關此二種世界觀的討論，參看唐力權（1989, 2001）。

❶ 就現代西方學術發展史的立場而言，正負情愫交融乃是布洛伊勒（Eugen Bleuler）在
一九一〇年提出的概念，佛洛依德在一九一五年開始援用，之後，遂成為討論精神官能
症的核心文化概念。（Freud, 1915）布魯姆（Harold Bloom）即認為，佛洛依德所碰觸
之有關精神疾病的課題，其實即是有關正負情愫交融的現象。（Bloom, 1982:57-58）

❶ 對包曼來說，德國納粹統治時期的猶太人心境與遭遇的集體經驗，可以說是彰顯正負情
愫交融做為一種集體之社會現象的最佳寫照。包曼以為，自由有利於正負情愫交融之心
理狀態的產生，因為自由助長未確定性，無法保證任何事物，以至於導致一些心理上的
痛苦，而這亦即意味著恆定地暴露著正負情愫交融的心理狀態。（Bauman, 1991:244）
準此，包曼似乎把正負情愫交融的心理狀態等同於曖昧模糊（ambiguity）的概念看
待。我個人認為，如此看法實有斟酌的必要，因為前者指向的基本上是人的情緒感受，
而後者本質上則是有關認知的問題，兩者實有予以分殊的空間，雖則，當人處於正負情
愫交融的心理狀態之中時，很可能因而有著曖昧模糊的認知，加深了情緒性的不安與焦
慮感受。（參看 Weigert, 1991:17）

　　總地來說，正負情愫交融的心理狀態，並不只是侷限地出現在人們的愛情關係之中，抑或發生在令人感到沮喪的某種公眾領域裡頭，而是遍及日常生活中的各個面向，佛洛依德的論述所意圖彰顯的，即是一個最具代表性的例證。姑且不論其理論性的觀點是否妥當貼切，佛洛依德即認為，正負情愫交融的現象是普遍存在於人類的歷史進程裡，整個文明甚至可以說正是源起於這樣之正負情愫矛盾交織的心理狀態之中。前文中所提到（特別在初民社會裡）激發人們之集體意識的曼納力道，說來，即是因為人們處於正負情愫交融的心理狀況下，才使得兩股矛盾並存的力量得以激盪而匯合，讓超級力量醞釀出來。

　　再者，正如在前一章第四節中提及過的，在佛洛依德的眼中，體現正負情愫交融感受最為明顯的，莫過於是人們對父親所具有愛恨交織的潛意識情結，即所謂仇父的戀母情結（Oedipus Complex）。（Freud, 1950: 60）由於大家早已熟悉這樣的說法，在此，就不再多加敘述了。佛洛依德同時指出，在初民社會裡，這樣類似子女對父親的正負情愫交融情形亦發生在人們對酋長的感覺上面。其情況大致是如此：在部落社會裡，對一般人來說，有些事物被視為是禁忌，不能任意接近，但是，酋長卻擁有其他人視為禁忌之事物的接近特權。這使得部落裡的人們不敢任意接近酋長，但是，他卻又有著可接近的魔力。於是，酋長與其子民之間存有著一種正負情愫交融的關係，既遠又近，既敬畏又親近，當然，也是既愛又恨著的。佛洛依德甚至更進一步地論證著，即使針對的是敵人，人們的心態基本上依舊是正負情愫交融的。這也就是說，人們對敵人是既恨、但又同情（remorse）或甚至是讚賞（admiration），以為殺他是一種壞的意識。（Freud, 1950: 39, 47-48）

　　除了類似佛洛依德一般地把正負情愫交融看成是一種心理現象之

外，諸多當代西方社會學家則視正負情愫交融是一種具社會學意義的
結構性機制現象。在現代性內涵的價值與意義多元化的激發促成下，
此一現象更是特別明顯 **⑰** 。（如 Berger, 1980: 20; Weigert, 1991: 7-9,
20-26）在眾多的論述中，莫頓（Robert Merton）的說法可以說最具
有著代表性，值得在此引述。他以為，正負情愫交融基本上乃內涵在
一個社會結構中之角色、角色組或地位的矛盾規範性期待當中，他稱
此為「社會學的正負情愫交融」，並為此一現象提出了這樣的闡明：

> 以最廣義的方式來說，社會學的正負情愫交融指的是，與社
> 會中某個地位（如一個社會位置）或一組地位相關聯的態度、信
> 仰與行為有著不相容的規範性期待。因此，以最嚴格的方式來
> 說，社會學的正負情愫交融，指涉具體表現在具某單一地位的某
> 單一角色中不相容的規範性期待（譬如，醫生做為治療者所扮演
> 的角色是不同於他或她所具之地位的其他角色扮演——如研究
> 者、行政者、專業同僚、專業學會的參與者等等）。（Merton,
> 1976: 6）

簡言之，在莫頓的心目中，社會學的正負情愫交融最嚴格的核心
樣態，即是「對與某單一社會地位有所關聯的社會角色賦予具社會定

---

⑰ 有關正負情愫交融成為（美國）社會學家討論之課題的簡扼描繪，參看維格特
（Andrew J. Weigert, 1991: 第 2 章），同時參看梅芬思文（Melvin Seeman, 1953）、
高夫曼（Erving Goffman, 1959）、柯亨（W. Cohen, 1960）、科塞（Rose L. Coser,
1966, 1976）、齊爾克（Ihor V. Zielyk, 1966）、哈伊達（J. Hajda, 1968）、巴德溫與
杜望（J. M. Bardwick & E. Douvan, 1971）、羅賓室（Robin Room, 1976）、莫頓
（1976）、海爾曼（Samuel C. Heilman, 1979）、伯格（Peter Berger, 1980）、米爾斯
（Edgar W. Mills, 1983）、多納德（Levin Donald, 1985）、史美舍（Neil Smelser,
1998）與沃納（R. Stephen Warner, 2004）等人。

義性之衝突的規範性期待」⑱。（Merton, 1976: 8）因此，它指涉的是社會結構的本身，而非某種人格特質所展現的感知狀態。暫且撤開正負情愫交融所以產生的根源到底是來自社會結構抑或源於人的情緒感受心理的爭議不談，單就莫頓的立場來說，承認社會學的正負情愫交融現象的存在，等於命定人必然「客觀地」使得自己的角色期待處於正負情愫交融的情境之中。人必須學習的只是如何在衝突的規範期待中從事遷就既有結構理路的適當「調適」選擇了。

　　顯然的，在以啟蒙理性做為理想基準之歷史潮流的推動下，社會學家傾向於認為，正負情愫交融不能只有負面的功能，這必須予以「糾正」，儘管我們可以發現，有時會提到它的正面社會「功能」⑲。（如Berger, 1980; Weigert, 1991; Smelser, 1998; Warner, 2004）因此，假若當代社會的兩難情境所彰顯的亦是一種正負情愫交融的話，現代理性要求的邏輯一致，顯然使得人們對此一現象有了不同的認知與期待。維格特即採取了所謂的認知論立場，以為此種情緒之所以產生，乃因人們的知識不完整，導致對既有的社會實在有著多元、乃至矛盾的理解和解釋而促成的。（Weigert, 1991）

　　至此，我們似乎有必要再回到佛洛依德所提出的有關論述。簡單

---

⑱ 對此，莫頓覺得奇怪的是，這樣的現象卻一直並未為人注意到。根據莫頓自己的說法，尚有五種其他類型的「社會學的正負情愫交融」現象。一、同一個人的不同地位所具體表現之旨趣與價值間產生的衝突；二、與某單一地位相關聯之諸多角色間的衝突；三、社會成員所持有之矛盾文化價值的展現形式；四、文化所賦予的期望與實現此一期望之社會結構性的管道間有了落差；五、來自不同社會的人同處於一個時空下，因有著不同文化價值所引起的正負情愫交融現象。（Merton, 1976:9-12）

⑲ 譬如，維格特即認為，就社會結構的面向來看，一個優秀的醫生可以以相當溫馨的態度對待病人，但是，在治療時卻相當冷靜而理性地遵循醫學規範。因此，就社會而言，正負情愫交融可以具負面功能，也可能具有了正面功能。但是，就個體的層面而言，維格特則認定，正負情愫交融是彰顯不幸苦惱之情緒狀況的一種典型狀態，人們一直是力求解脫。（Weigert, 1991:22, 31, 50-51）

一句話，在佛洛依德的眼中，當代（西方）人所患的精神官能症，可以說即是源自於從古老部落社會就已看得到的正負情愫交融心理現象作祟使然的。此一與人類文明源起共存共生的心理現象，之所以在現代文明裡、卻未在往昔的部落社會裡成為問題，基本上乃因為啟蒙時期以來的理性意識充分發酵，形成一種具規範作用的社會動力，在認知上要求人的行為必須堅守邏輯一致性所促成的心理併發症。這樣的說法乃預設著，當人處於正負情愫交融的心理狀態下，情緒必然受到困擾。精神狀態之所以出「問題」，那是因為人所持有的知識不完整，以至於無法透過理性的認知邏輯妥善處理自己的情緒困擾。於是，「理性」地認識自己（包含處境），既是避免精神狀態「出問題」，也是「治癒」精神疾病的萬靈丹。

　　啟蒙理性側重認知上的邏輯一致性做為人們在日常生活中指導行事是否正常的文化判準模式，基本上是一種理性認知至上論的思考模式，嚴重忽略了情緒的引生本身（特別是對正負情愫交融的感受）所可能內涵的人類學意涵，尤其當我們指向的是有關社會（文明）源起狀態的想像時。回顧人類文明的發展進程，無論就源起或當今的現實狀況（指後現代場景）來看，知識的不完整頂多只是理解正負情愫交融感之一個具歷史—文化意涵的前置背景條件而已，特別就啟蒙理性文化機制所展衍的歷史質性來看，情形更是如此。然而，既然正負情愫交融的心理狀態並不是單純的認知現象，更涉及情緒感受狀態，甚至可以說，本質上即是情緒感受的現象，那麼，只有在人認知了此一現象確實是為自己帶來了衝突矛盾的狀態，並有了諸如困惑與焦慮等的情緒反應，正負情愫交融成為負面問題的條件才具備[20]。這也就是

---

[20] 維格特即多少已認識到此一現象是必要的條件。（Weigert, 1991:36, 42）

說，莫頓所指陳的社會之正負情愫交融情境的結構性客觀存在，並不
意味著人必然會有正負情愫交融的心理；人必須對此一社會情境先得
有所感知、且以特定理性意識來理解為前提，才會有此心理情緒。況
且，我們還得探究人是以怎樣的心情來感受呢！

第四節　　理性化之命運驅使下的正負情愫交融現象

　　史美舍嘗試從歷史的角度來詮釋正負情愫交融的社會學意涵。首
先，他洞識到，過去西方社會學界盛行的理性選擇說，過分看重了人
所具有自由選擇的機會與工於精算的理性能力。他指出，固然自由主
義的傳統確實為人們增添了更多的自由機會，並且把它制度化，同
時，科學理性與資本主義體制也有利於發展精算的理性能力，但是，
事實上，人還是一直需要相互依賴（dependent），自由與依賴總是並
存著，以至於使得自由／依賴並立的社會情境特質成為孕育正負情愫
交融的溫床，而且無以逃脫。（Smelser, 1998）

　　在此，需要特別提示一個基本觀點：就人（特別是西方人）存在
的實際歷史處境而言，正負情愫交融其實一直就在那兒。再者，正負
情愫交融關涉的，本質上是情緒與情感的引發、糾結，並不是單純的
認知問題。這一切乃意味著，透過所謂的理性，是否就能把正負情愫
交融的心理糾結完全予以擺平，是值得質疑的。或者說，我們可否運
用理性來處理（或保守地說，理性應當如何運用），是值得進一步探
索的。再者，正負情愫交融的困境（假若它是困境的話），還涉及象
徵的問題，歸根到柢，必須碰觸到語言的問題㉑。包曼就從語言的特

㉑無怪乎維格特會認為，宗教是一種以象徵來化解正負情愫交融的重要社會機制。

質來分析正負情愫交融此一概念，提出的說法極具啟發性，值得在此討論。（Bauman, 1991）首先，包曼提示，分類即是從事著「區分開」的賦名（naming）工作，而此一工作之所以可能且必要，乃意味著世界包含著各自獨立、且可區分的實體，並假設每個實體屬於一群相似或鄰近實體，並且與其他實體互相對反著。再者，這樣的實體乃與一些特定的行動模式對映著，因此，賦名的分類即是賦予世界以「結構」，操弄其或然性，確立某種事件較易發生的機率。準此，語言基本上是用來支持秩序，或用來否認或壓制隨機與隨制性（contingency）的。

　　包曼這樣的見解意涵著，語言必須有清晰且相對明確的意涵。一旦一件事物或事件被賦予以多重的賦名分類範疇，就無法在語言上履行這樣的基本要求，帶來了因語言而特定出來的失序現象（a language-specific disorder），也就跟著產生正負情愫交融的心理感受。包曼於是認為，正負情愫交融純然是賦名分類工作的附產品，若需要化解，我們則必要致力於更多的分類工作。（Bauman, 1991: 1, 3）易言之，處在正負情愫交融的情況下，人們無法獲得邏輯一致與語意和諧感，以至於經驗到不舒服與威脅的感覺，也混淆了對事件的精算，並使得記憶中之行動模式的關聯面向混亂掉。（Bauman, 1991: 1-2）準此立場，包曼告訴我們，假若最為典型的現代操作——也是現代政治、心靈與生活的質體（substance）——是生產秩序的話，那麼，正負情愫交融的現象無疑即是力求符號透明的生產過程所留下的有毒「垃圾」副產品，需要努力予以根除，儘管兩者都是現代性實作的產物。（Bauman, 1991: 7, 15, 100）

（Weigert, 1991: 121-122）

　　正負情愫交融是涉及了語言的問題，但關鍵在於人以怎樣的態度與心境來面對這樣的語言情境，而這涉及到由「我如何解釋我所屬的世界，我在其中是甚麼」轉至「它是那個世界？在其中如何安頓？我的那個自我與之有關嗎？」的問題。（參看 Bauman, 1991: 100）顯然的，在相信理性、且認為理性可能充分實踐的時代裡，這樣之問題意識軸線的轉移，使得人們完全遺忘（更是揚棄）了正負情愫交融的文明源起意涵，聯帶的對其可能衍生之人類學意義的困惑度跟著減弱，甚至認為必須予以化解❷❷。也就是說，當追求理性的邏輯一致性乃是確立行為之合理性的基本準則時，由於理性要求的是方正的純淨，稜角明確，不能有含混且顯得曖昧的「圓融」，更是不容許有任何雜質存在著，正負情愫交融同時兼具的正性與負性面向是一種問題，而且是深具壓力的問題，必須徹底予以化解。況且，就象徵語言的立場來說，人向來相信，運用矛盾修飾法（oxymoron）❷❸即可以消除正負情愫交融的負性面向，以至於可以使得其正性面向全然展現。在這樣以為「運用語言即足以化解問題」的認知模式導引下，正負情愫交融的心理情境本身自然是逐漸喪失了（在初民社會裡常見到之）被視為推動發展文明的動力，相反的，它成為是阻礙文明進展的障礙❷❹。

　　總的來說，在傳統社會裡，人以具神聖性的象徵形式（譬如神魔永恆交戰或生死輪迴糾結）來處理正負情愫交融的心理感受狀態。但

---

❷❷某個程度的，包曼此一說法呼應著前文中提到杜蒙的階序整體說，但是，恰恰是在此處包曼把問題的焦點轉移到人進行賦名分類時使用語言所帶來的曖昧模糊上面，以至於與杜蒙的論述分道揚鑣，無法充分體味和分享杜蒙的說法所剔透深刻的人類學意涵，殊為可惜。包曼的觀念裡隱約還有承繼自笛卡兒以降西方人慣有之二元互斥對彰的「斷而再斷」認知模式，因而，無法體味杜蒙所提出之二元搓揉摩盪思維模式的奧妙與趣味。

❷❸如運用類似活生的死亡、原始的副本、公開的祕密、黑暗中的光明、控制的混沌等等相互矛盾的詞彙來刻畫。

❷❹就包曼而言，當年德國納粹屠殺猶太人即是典型的例證。（Bauman, 1991）

是，在強調理性自我掌控之個人主義信念的支撐下，追求邏輯一致性把一切問題予以智性認知化，化解之道也往人身上推。在這樣的情形下，視正負情愫交融為「問題」❷，而非推動文明進展的心理動力，自然是可以理解的。確實，在現代社會裡，因為價值多元化、社會角色帶來的地位要求本身往往同時兼具正負兩面的價值等因素，致使正負情愫交融的型態有了更複雜的變化。尤其，整個社會組織（特別指涉經濟性的組織）的體系性運作對其結構理路有著予以理性化的普遍要求，以至產生了高夫曼稱之為戲劇性的正負情愫交融（dramaturgical ambivalence）現象❷。（Goffman, 1959: 252-255; 同時參看 Weigert, 1991: 148）然而，這樣正負情愫交融的情緒感受情境，終究是無法單純以理性認知予以完全化解的。或許，可能的化解途徑是正相反的，即：人們必須學習透過類似宗教信仰一般的方式，以超驗的態度包融看似矛盾對立的情愫來孕生具體的行動。倘若我們把這樣的提議拿來和維格特的說法結合在一起來看，似乎可以刺激更多更

---

❷ 不只是個人問題，也可能成為整個社會的問題，前註所引包曼的研究就是一例。

❷ 借用高夫曼之戲劇學的理論來說，依其內涵，一個個體可以被區分為兩部分。他可以被視為一個表演者（performer）——一個備受踩蹋的印象製造者，從事著「塑人過度」（all-too-human）（案：此乃尼采的用語，意指一個人太過於被既有規範與價值所綑綁塑造）的舞台表演任務。另一則是具有性格（character）的（角色）形象，亦即：就其在表演中所被設定引喚出來的而言，他的精神、韌力與其他純正可信賴的品質通常都是美好的。高夫曼認為，就其根本而言，一個表演者的屬性和一個具性格之角色的屬性，乃分屬不同的層次；再者，從必須讓表演持續下去的立場來看，兩者均有其自身的意義。通常，人的自我被認為是具性格的角色，二者多少是同一的。只是，人們對性格的認定並非源自被認定者本身的內在有機特質，而是來自人們對表演者在引發行動之整個場景中被區域化的事件所賦予的解釋。於是，一個人的自我乃是「觀眾」在觀看表演時對臨場表演的角色性格所加上的。這也就是說，自我乃是所體現之場景的產物，而非有著特定位置、且有著誕生、成熟與死亡的有機物（指如容實在腦部）。因此，既然自我的確認是場景的產物，此一具戲劇效果性質的自我，涉及的即在於是否有可信度。在這樣的情形下，人的身軀只是項一組掛釘架（peg），用來掛吊各種道具，以供人們表演時可以有著適當的選擇機會。只不過，面對著諸多的選擇與戲劇效果的要求，尤其台前與台後的轉換要求，人們經常會有著正負情愫交融的困局發生。（Goffman, 1959:252-253）

深刻的啟示吧！維格特是這麼說著：整個的情形不是正負情愫交融必須被解釋，而是因為缺乏正負情愫交融，才需要被解釋。同時，也不是有了正負情愫交融的人需要被解釋，而是只經驗著單一特定感覺的人才需要被解釋。（Weigert, 1991: 153）很有玄機的一段話語，不是嗎？

第五節　　作為鋪陳論述轉折的簡短結語

　　行文至此，有必要對所謂理性的社會學意涵提出澄清。假若理性是人所具有的一種稟賦能力的話，那麼，它意涵的是人懂得相對固定地運用一套規則來為自己所作所為訂定行事理路，以及作為認識外在世界的基本判準，以便讓自己覺得是恰適、妥貼而可行。於是，理性是一種頂多具優位性之特殊行事理路的表現形式，也是認識事物時被認定足以獲得共識與可檢證性的一種基本準則。更重要的是，理性背後總是有一套基本價值作為後盾，一切有關「理性與否」都得膺服此一基本價值。

　　情形於是變得相當清楚。假若理性有了問題，其問題的癥結，重要的不是在於人有了這樣的稟賦能力，而是其所彰顯的特殊歷史質性以及被塗染上的特殊文化彩繪色調。西方人所以一直詬病、輕視初民（甚至其他的民族）的（理性）心靈，並嗤之為野蠻、落後、迷信、愚蠢的表現，其實，是一種本位主義的優越感作祟使然的。他們以自己所習慣之具特殊歷史—文化質性的「理性」形式，越位地概化成為理性心靈的本身，且視之為唯一而至高的心靈稟賦。如此把自己之「理性」所內涵的特殊歷史質性當成是具普遍效準與普遍意義的絕對真理，顯然是一種極為自大、浮誇、囂張之種族中心主義的轉化作

為。

當我們檢討理性時，其實我們檢討的是一種具有著某種特殊歷史—文化質性之理性表現形式的意涵。自十九世紀以來，主導著整個人類文明發展的基本文化基素是來自西方世界，因而，一旦他們所界定的「理性」成為形塑人們之感知模式的優勢基座，其歷史內涵自然就成為關心的焦點。長期來人們對啟蒙理性之內涵（尤其，其所可能帶來的負面後遺症）的質疑，說穿了，即是指向西方人對理性所刻意努力經營出來的歷史—文化質性。順著這樣的理路，我們似乎可以這麼下個結論：理性之所以會有問題，問題不在於它作為人所具有之稟賦能力的本身，而是在特殊優勢歷史—文化質性支撐下其所展顯的一般樣態。

我們自然也就可以明白，企圖以所謂「理性」來處理正負情愫交融所可能面對的困境所在了。前面所提到的無論是莫頓、史美舍、包曼、維格特或塞利格曼等人（包含前一章所討論到的佛洛依德），事實上就是持著西方人特有的「理性」概念來審視著正負情愫交融現象。顯然，他們所看到的是不同於初民社會裡的人們所感知的，因而，對正負情愫交融心理狀態的期待，自然也就跟著不一樣。其實，對此一感知模式的文化—歷史分叉點，早在十九世紀尼采的思想即已經碰觸到了，他可說是一位思想上的先知，對整個歐洲文明的來龍去脈有著超乎常人的敏銳感受能力，底下將闢出專章來討論他的一些相關思想，理由正在於此。

以這樣之對理性概念內涵的認知作為背景，讓我們審視今天這樣的後現代場景，我們不免將發現，過去人們（包含學者）精心推崇啟蒙理性的諸多「正面」社會意涵，確實有令人重新予以檢討的必要。尤其，面對底下兩個現象，對理性予以重新認識，更顯得特別值得關

注：（一）以符號消費為導向的社會理路日益彰顯，儼然以成為主導整個社會往前推進的基本結構理路，以及（二）整個社會所呈顯的與初民社會似乎分享了一些類似的基本特徵。總地來說，處在今天已逐漸成形的後現代場景裡，我們面對的已不同於過去以西方啟蒙理性為主軸所形塑的所謂「現代性」了。如此一來，人們是否有著重展正負情愫交融在人類文明發展過程中原有之社會心理與文化—歷史意義的可能（和必要）性？或者，保守地說，我們將以怎樣的態度重新面對正負情愫交融的現象。這些都是值得進一步探索的問題，而這正是第五章以後的章節所欲處理的基本課題。

再者，環顧人類當代文明的發展，除了以符號消費為導向的社會理路日益彰顯之外，整個社會結構的理路原則愈來愈被「個體化」了。換言之，個體化成為具優勢地位的集體特徵，它以「集體性」的身分成為主導社會演進的結構原則。這樣的「個體」與「集體」概念以「斷而未斷」的姿態相互搓揉摩盪地攻錯著，突破了原先西方社會學傳統把個體／集體看成為二元互斥對彰並存的「斷而再斷」概念格局。站在這樣的歷史關鍵點上，特別配合著符號消費的榮景來加以審視，個體化做為具集體意涵的結構原則到底如何運作、有著怎樣的意義以及有沒有可能再次被分解掉等等問題，就不能不予以觀照了。

不過，讓我再提一次，在進行更細緻的討論之際，我們似乎有必要對尼采思想，尤其是他觸及正負情愫交融現象的相關論述有所交代，因為他那帶著先知預言的思想有著深邃而卓越的啟示作用。無論就理解所謂「後現代性」或解析當今人類所面對的正負情愫交融現象，尼采的思想都是不可忽視且極為關鍵的一個環節。

第 **4** 章
尼采思想對當代文明的社會學啟示

第一節　什麼是尼采企圖回應的現象

　　以〈尼采思想對當代文明的社會學啟示〉來開題，確實有太過囂張、不自量力之嫌。況且，這樣的提問方式極可能將使得整個論述流於廣泛，難以聚焦。其實，我並沒有這麼大的企圖心，我所設想的只是意圖把尼采的一些論說與「正負情愫交融」的現象扣連起來，看看尼采的說法對澄清此一概念可能有什麼啟發，如此而已。換句話說，承接著前面兩章（特別第三章）的論述，我已經一再提引，「正負情愫交融」可說是勾勒當代文明的一個核心概念，施之於所謂的「後現代狀況」，又特別具有深刻且豐富的歷史文化意涵。正是這樣相當單純的立意，使得我認為有必要對尼采的思想從事簡扼的描繪。

　　綜觀尼采終生著作，從一八七二年出版的《悲劇的誕生》（*Die Geburt der Tragödie aus dem Geiste der Musik*）到一八八七年的《道德系譜學》（*Zur Genealogie der Moral*）前後十六年間，他的思想可以做這樣的總結：承接著浪漫主義的思潮，對啟蒙理性起了根本性的質疑，聯帶的，對啟蒙理性所以迸生的歷史源頭與其衍生的諸多現象也

一併有了批評。就在這樣的關懷線索牽引下，尼采倒過來尋找「理性」迸生前的另類歷史—文化源頭（蘇格拉底之前的古希臘精神），以作為重估一切（價值）之一種具源起性質、且又有分離意涵的參考座標，並以此為人類的未來尋找一條可能的出路。

依照尼采的意見，在蘇格拉底的理性哲學興起前，哲學並不是如今天人們所認定之那種強調以抽象理念為本進行具系統性之純粹論證的思辨知識體系。古希臘人總是把哲學當作為一種知識性的態度養成，以助人經營生命，強調的是把知識當成工具以便利於從事生活實踐，為的是肯證生命的喜悅，並非追求知識本身❶。（Nietzsche, 1999a: 259, §187, 264-265, §219; 2002: 8-9; 2006: 7）或者，換個說法，蘇格拉底（透過柏拉圖）前的古希臘哲學為的是追求性格（personalities）的展現。（Nietzsche, 1996b）尼采即這麼說：「……希臘人通過對生命的關切，通過一種理想的生命需求，遏制了他們原本貪得無厭的求知慾，因為他們要體驗他們所學到的東西。」❷（Nietzsche, 2006: 8）其中充滿著對人之存在脈動的禮讚，尤其透過節慶與藝術來展現生命意志的酒神戴奧尼修斯精神，更是體驗生命脈動的根本所在。

在這樣的歷史背景下，尼采告訴我們，古希臘悲劇經過埃斯庫羅斯（Aeschylus, 525/524-456/455B.C.）與索福克勒斯（Sophocles,

---

❶ 有關古希臘人把哲學當做經營一種生活方式（a way of life）來對待的詳細討論，參看哈道特（Hadot, 1995）。

❷ 這可以做為區分尼采思想與過去西方主流哲學的重要分水嶺。尼采採取本能說，以諸如知識本能（instinct of knowledge）或認知本能（cognitive instinct）與生命本能（instinct of life）所體現的程度來區分蘇格拉底之前與之後的西方思想的不同。簡言之，蘇格拉底之前的思想所以有此處引文所提到的情形，乃因強調具潛意識特質的生命本能，而蘇格拉底之後的思想（包含哲學思想、基督教道德意識，以至科學理性思維）則是讓意識化的知識本能（或認知本能）過於膨脹的緣故。

497/496-406/5B.C.）到了歐里庇得斯（Euripides, 480-406B.C.）的時候，基本精神內涵變了樣，原有具陶醉與激情特質的酒神精神逐漸消淡，向著具夢境與理性特質的阿波羅精神傾斜，結果，原有的悲劇性格淪喪了，轉變出來的是所謂新喜劇（New Comedy）的風格。對歐里庇得斯此一傾向，尼采即說道：「……把原有且全能的酒神元素從悲劇中驅逐出去，以一種立基於非酒神之藝術、道德和世界觀基礎上的嶄新與純粹形式來重建悲劇。」（Nietzsche, 1999a: 59, §12）根據尼采的意思，此一轉變得以形成背後的重要推手，即是蘇格拉底所主張「凡是美的，必然是合理的」的理性化藝術觀。（Nietzsche, 1999b: 54-64, §11-12）

　　在晚期作品《道德系譜學》中，尼采更指出，蘇格拉底此一向著阿波羅精神傾斜的理性觀，為後來柏拉圖的哲學觀鋪底。簡單地說，柏拉圖以一套抽象化之先驗理念（Idea）做為形上學（metaphysics）的基礎搭架起知識系統。（參看 Nietzsche, 1994a）此一理念主義（idealism）的哲學，經過中古世紀基督教經院哲學的洗禮，形塑了強調一神化之獨斷形上學的柏拉圖主義（Platonism），從此成為主導西方哲學思考的基本座架❸。即使到了啟蒙運動時期，哲學家依舊守著一神化的思維傳統，為特定的「形上學需要」所驅使來從事哲學思考，甚至擴及科學思想，以至於（至少）在哲學層次上使得宗教與科學極其弔詭地成為一個家族。（Nietzsche, 1999a: 62, §110）

　　總之，對尼采來說，相對於柏拉圖以後的「哲學家處於流放狀

---

❸ 源自猶太教之基督教思想與來自愛琴海希臘之柏拉圖形上哲學的巧妙結合，可以說純然是一種歷史條件予以隨制制約的結果。尼采即指出，單就宗教的角度來看，基督教並不具愛琴海性格，因為他們信奉單一神祇，並奉為至高無上的主人，缺乏古希臘的多神信仰與人神交戰的焦慮感。對尼采而言，這樣的單一主人信仰正是基督教缺乏彈性，具有著亞細亞性（Asiatic）、野蠻與卑鄙的致命毀滅性特質。（Nietzsche, 1999a:66, §114）

態，且密謀反抗自己的祖國」，古希臘的哲學家才是確實保護並守候著自己之家園的園丁，他們追求知識的態度正是這個時代的人們所需要的。（Nietzsche, 2006: 14）這也就是說，當代人需要的不是柏拉圖主義綿延下來的認知傳統，倒反是「一種陌生的、非邏輯的力量，即想像」。（Nietzsche, 2006: 21）尼采看出，這樣的想像是無法依靠一些先驗命題以及借助邏輯、因果律與辯證法（乃至科學方法）等等一向被視為確立具立即確定性（immediate certainty）的理性思維方式來搭架的。（Nietzsche, 2002: 17, §17; 21-22, §21; 2007a: 41-61; 2007d: 413-415）

　　與批評哲學思想的社會（歷史）質性一樣，尼采認為，任何德性都歸屬於特定的時代，總是因情勢轉變而有所變異。（Nietzsche, 1974: 198, §159）在《道德系譜學》的序言中，尼采即明確論斷，道德（善與惡的區分）是一種人為建構的社會現象❹，需要回歸到歷史予以註解。在這樣的認知架構下，研究道德事實上即是一種解經藝術，而就符號學的角度來說，則是一項有關人類過去道德的象形文字劇本，基本上是難以完全解讀的。因此，我們必須像母牛這樣溫和的

---

❹ 尼采即曾說過：「當我到了人類跟前，我發覺他們踞於古老的狂妄之上。……當我教導：關於什麼是善，什麼是惡，尚無人知曉──除了創造者。」（Nietzsche, 2009:328）另外，尼采指出，回溯到古希臘，人們總是從上往下看，善良（good）、高貴（noble）、貞潔（virtuous）、強壯（strong）、快樂（happy）、愉快（pleasing）等原本即是用來形容統治階層的貴族靈魂，相反的，總是把尋常（common）、庶民（plebeian）、低下（low）等等轉形為壞（bad）的概念。（Nietzsche, 1994a:14-15）又，在拉丁文中，善良（good, *bonus or bonum*）乃與戰鬥（warfare）有關，除了意指強壯之外，尚意指誠實（truthful）、忠誠（faithful）、勇於作戰（courageous in battle）或如神祉般（godlike）。（Nietzsche, 1994a:15-18）但是，當代以平權（egalitarian）與效用（utilitarian）為主調的所謂猶太─基督道德（Judeo-Christian morality）卻以社會底層帶著怨憤（*resentment*）成分的奴隸革命（slave revolt）意識翻轉了古典希臘─羅馬的貴族道德。此時，一向被視為善良的諸如好戰、強壯和攻擊性等等質性則被翻轉貶抑為壞與惡的，而過去被輕蔑的懦弱、被動和溫順等等質性則成為善良與良好的代名詞。（Nietzsche, 1994a: 21-24, 155; 1999a, 316-318）這一切顯然意味著善與惡（好與壞）的內涵基本上乃由社會裡的優勢階層所界定的。

反芻動物一般，細細反芻沉思著道德的歷史根源和其發展，絕不能以
狹隘、卑鄙、偏見、有著預設意圖或是架設在諸如上帝與康德之先驗
的無上命令（categorical imperative）等等他稱之為道德偏見（moral
prejudices）來設定整個問題。（Nietzsche, 1994a: 5, 9, 10; 同時參看
Nietzsche, 2005: 9-11,　§10-12; 2007a: 89-96; Allison, 2001: 196-197）
以此為前提，尼采做了如是的提示：回顧過去人類的歷史軌跡，原
先，一項行動是否有價值乃取決於其結果，亦即：人由結果來論斷行
動的意涵，尼采稱之為人文性的前道德時期（*pre-moral* period of
humanity），此時人並不嘗試「瞭解自己」的。不過，到了人學會創
造一種使得某一意圖由來的源起狀態（origin out of an *intention*）來彰
顯行動的價值時，予以形上化的道德意識隨即浮現出來。因而，這樣
被形上化的道德意識基本上是一種特殊定見、也經常是魯莽的作為。
（Nietzsche, 2002: 32-33,　§32）

　　尼采回顧西方宗教的發展史，發現其中最典型且居優勢的形式體
現在基督教的道德觀中。他以犀利而獨到的眼光指出，基本上，基督
教以罪與罰做為核心機制概念❺來形塑、並確保基本道德觀，亦即：
由基於效用與特定目的轉至以追求上帝恩寵來消除原罪做為形塑道德
的原則。追求上帝恩寵遂成為道德所以需要的源起狀態❻。簡言之，
對尼采而言，柏拉圖形上哲學結合著基督教教義構作了單一（且獨

---

❺ 對尼采而言，良心問題不等於是罪與罰的因果問題。（Nietzsche, 2007d:261,　§208）
　他堅定地告訴人們，基督教基本上是蔑視塵世，天真地把無知看成是美德，而這種天真
　（也是奴隸道德）最經常呈現的結果是產生罪過、罪惡感和絕望的心理。「……只有在
　這種罪惡和絕望中，基督教之拯救的陰鬱前廳才會開啟，對死後的第二次天真的許諾才
　會有意義。天真，一種繞道地獄通向天堂的美德。這是基督教最奇妙的發明之一。」
　（Nietzsche, 2007d:308-309,　§321）

❻ 正如尼采所指出的，這樣的源起狀態本質上是形上化的，而非有著相當程度之經驗可證
　性的人類學源起狀態，因此純然是一種具權力形式的武斷規定。

斷）的形上信念，它所形塑的「奴隸道德」意識壟斷了一切，才是整個問題的根本。這樣一種對道德意識的歷史性關照，可以說是理解整個尼采有關道德意識之論述的關鍵所在，其特別予以關照的則是道德形塑的動機與制度化過程。

　　當然，當我們把這樣企圖以單一形上信念來架設生命與世界圖像的思維模式推及啟蒙理性（尤其科學理性）之後，表面上看來，現代性內涵的理性精神似乎成就了「人類謀殺了上帝」這樣的歷史「事實」，但是，弔詭的是，它卻又意外地創造出另外一個至高無上的全能上帝（科學理性即是）來謀殺了人類。在這樣的情形之下，哲學、宗教、道德與科學，並沒有如啟蒙理性所致力以赴、且熱烈期待著的，是分了家。事實上，它們分享著「一神化」的共同文化基礎，仍然是一家人❼。

第二節　「非歷史」（或「超歷史」）質性作為塑造人之行動的原始基素——以及其衍生的歷史意涵

　　就探索問題的策略而言，借用德勒茲（Deleuze）的說法，尼采採取系譜學的方式來回照過去西方哲學對人存在之根本所提出的種種看法。這樣的研究策略所意圖彰顯的，當然絕非如康德以絕對理念來充當最後裁判的依據，也不是如英國效用主義（Utilitarianism）回歸到人的慾望本能從事機械性的歸因，而是對思想（或意識）從事一種具歷史—文化源起意涵、且有著價值重估性質的系譜性分析與批判，

---

❼ 這樣源自尼采對啟蒙（科學）理性的批判觀點，將是下面章節所討論課題的一項重要前提。

強調的是源起中具有的差異與距離，有著高與低、貴與賤、乃至優與劣的分殊區辨可能。（Deleuze, 2006: 2, 52-53）準此立場，誠如前面已經提到的，尼采特別看重古希臘悲劇所欲彰顯的酒神精神，以求得與向著阿波羅精神所內涵的理性化傾斜著的趨勢有所平衡。依我個人的意見，此一取向所具有的特殊社會學意義，並非單純地在於讓人們在其所兼具有之感性與理性之間取得了某種的平衡，而是進一步地企圖藉著具歷史—文化源起意涵、且帶價值重估性質的系譜分析所具有的回歸性，以暗示的手法襯托出具人性本質意涵的心理特質❽來重新評估人存在的意義。這也就是說，尼采回歸到人自身來尋找道德、宗教、哲學（乃至科學）得以形塑的基礎，而且是存在意義得以彰顯的基礎。

　　套用尼采自己的說法，他所以這麼做的用意，在於證成非歷史（或超歷史）質性乃是塑造人之行動的原始基素，而「依附在肉身內人所具有種種相互牽扯的本能（instinct, *instinkt*）是驅動人行動的能量基礎」則是反映非歷史（或超歷史）質性最為根本的哲學人類存有論命題❾。在尼采的心目中，此等本能的官能足以產生能量，在人的

---

❽ 也就是說，當檢視道德、宗教與哲學的系譜歷史時，尼采採取的是心理學的觀點。難怪尼采會尊稱心理學為科學皇后。（Nietzsche, 2002:24，§23）

❾ 尼采使用「本能」一概念始於一八六九年五月二十八日在巴塞爾大學（Universität Basel）以「荷馬與古典語源學」（Homer and classical philology）為題的就職演說中。在該演說中，尼采指出，（語言）文獻學乃是由科學與倫理─審美（ethico-aesthetic）等多重的本能糾結而成的一門學問。其中，有關古希臘史詩《伊里亞德》與《奧德賽》的所謂荷馬問題，基本上乃涉及到荷馬的人格問題，而這又觸及到天賦異稟者與大眾的詩性靈魂（尤其中介者）的內在人格問題──尤指體現希臘意識的言說本能（speech instinct, Sprachinstinkt）問題。（Nietzsche, 1910）之後，本能一概念陸續出現在其著作之中，如寫於早期之一八七一至一八七二年間的〈希臘國家〉（The Greek state）（Nietzsche, 1994b）以及〈荷馬論競爭〉（Homer on competition）（Nietzsche, 1994c）和《悲劇的誕生》以及後來的《人性，太人性》（*Human, All Too Human*）、《輕盈科學》與《道德系譜學》，乃至貫穿著整部後人（他的妹妹）為他編撰的《權能意志》一書，成為整個尼采思想的核心基礎概念。

潛意識中形成具爆發作用的驅力（drive, Trieb）。假若本能是人在日常生活中不斷產生作用之一股平靜而持續的力量，那麼，驅力則是在特定情境下所產生之具動態性的爆發力，兩者形成對所有行為表現的心理（與生理）支撐（Träger）。（參看 Assoun, 2000: 55, 80）但更重要的是，它必需轉化為具鼓舞人活動之強烈且具相當恆定性的意志化力量，才可能發揮實質作用；也就是說，重點是意志化的效果（亦即權能意志展現的效果問題）❿。（Nietzsche, 2002: 35-36, §36）

　　針對人類所具有的本能，尼采發現其體現出來的是多元、多層且多變，但這些都有基於自利的自我保全特質⓫。（參看 Nietzsche, 1974: 291-292, §349）易言之，即使在道德倫理規範上常見的利他要求，說穿了其實也只不過是利己的一種轉型表現而已⓬。（Nietzsche, 2002: 112, §22；同時參看 Nietzsche, 1994a, 1999a）這麼一來，基於

---

❿ 這是下文中第六節將討論的課題。針對權能意志，尼采提出了一個相對精簡的說法：很自然的，意志只能對意志，而非對事材（如神經）有著效應。最後，我們只能以一種基本的意志形式（即權能意志）的組織與成長來解釋人們整個的驅力活動，並把人所有的有機活動（如攝食與繁殖）均歸諸於此。（Nietzsche, 2002:36, §36）

⓫ 儘管尼采此一概念與霍布斯的古典主張有著一定的歷史親近性，但是，基本上，尼采是極端看不起英國「哲學」的。他認為，英國人不是具有著哲學性的種族，正是這個特質才使得英國人更需要基督教。尤有進之的，德國精神向所極端厭惡的所謂現代觀念或十八世紀觀念，或甚至法國觀念，其實都是源自英國（應是指經驗主義，尤其重視功利功效的效用主義）。（Nietzsche, 2002:143-145, §252, 253）再者，海德格認為，有關生命的本質問題，尼采探究的不單純是霍布斯強調的自我保全本能，而是有關個體之自我超越（self-overcome）的強化（enhancement）問題，甚至，我們可以說，自我超越的強化本身即是自我保全。（Heidegger, 1987:15）這樣的詮釋相當有見地，但是，尼采似乎還是肯定著霍布斯命題所意圖強調的前置性，以至於認為權能意志基本上乃與自我保全和追求快樂的動物本能無法完全脫離。（Nietzsche, 1999a:99, I§104; 112-116, I§111）

⓬ 亞舜（Paul-Laurent Assoun）認為，尼采此一觀點乃承繼自十七世紀法國的拉羅什富科（La Rochefoucauld）之人具自愛（self-love）與自利（self-interest）本能的說法。（Assoun, 2000:212-214, 註35）再者，不同於其後之佛洛依德的原欲本能觀強調的人做為有機體所具有之生理體質性的基礎，尼采的本能（或驅力）觀毋寧地是以人具有之生理結構為基礎所衍生的歷史—文化質性做為論述的內容。根據亞舜的研究，這乃與尼采所處之時代與社會的文化表現模式有著密切的關係。（Assoun, 2000:74）

自利的自我保全本能形構了哲學做為一種寓言（fable）現象的存有論根源。（Nietzsche, 1994a, 1999a, 2002, 2007a，同時參看 Vattimo, 2006: 62）如此以本能襯托出人的生命意義、並做為哲學思辨的理念型焦點，可說是尼采架設具心理學詮釋性之觀點論（perspectivism）的基軸，其所關心的是所有生命存在的基本條件。（Nietzsche, 2002: 4）

　　假如我們拿尼采此一主張與霍布斯的嗜慾說、其後蘇格蘭道德論者之主張「理性役於激情」、以及後來佛洛依德的原慾說加以對照，我們不能不說，這幾乎是十七世紀以來諸多西方社會思想家對人之存在本質的一種共同基本主張，而這與資產階級的興起以及以持具個人為本之自由主義信念成為主流價值的歷史潮流有關。縱然尼采一再嚴厲批判民主體制、乃至自由主義本身，但是，回歸到人所普遍具有的動物性——來確立人作為存有體的存在基礎，卻是一樣的。從十七世紀以來，甚多西方社會思想家接受一個基本命題，即：源自人的生理結構特質所開展出的某種存在狀態，確實具有命定性，是不可規避的天命，尼采也不例外。

　　然而，尼采顯得特別不同的是，由此推展出來的是強調以人為本位的自我覺醒功夫。他讓染塗上美學色彩的心理學取代宗教與道德的立場，成為理解人類的存在問題、也是為人化解問題最適當的實踐取徑。儘管，尼采意識到，這可能流於表面化，把人的判斷引入陷阱，但它畢竟還是值得一步步地嘗試，因為，只有如此，才足以提供自我反思與自我感受的鏡子。（Nietzsche, 1999a: 26, §27; 31, §35; 32-34, §37-38）就此來反照，當尼采以謀求自利的自我保全本能與其強化做為界定人存在的基石時，這顯然意味著，一旦諸如「熱情奉獻自己」或「自我犧牲」的道德格言被內化為發自內心的信念之後，人們體驗到的不是痛苦，而是一種讓人迷戀和狂喜的思想，並成為人們所

獻身之更有力量的神與人存在的一部分。對尼采而言，遺憾的是，此時這種被他稱為「可鄙」的道德，是禁止酒神戴奧尼修斯所呈顯陶醉和放縱的情懷的，儘管這是半野蠻時代的道德原型。人總是假所謂理性、但卻是血腥的作為來鎮壓那些追求陶醉與放縱的「異端」。（Nietzsche, 2007d: 264-265, 267）這麼一來，不論是同情、榮譽、讚美、寬恕或和善等的「美德」，總是被用成為傷害別人的正當利器並受到讚揚。這是隱藏在一神化之唯善道德觀（基督教的道德觀即最為典型）背後的一種偽善作為，也正是尼采努力欲求超越善惡之彼岸思想的根本依據⓭。

　　我們不免要問道：「那麼，尼采是以怎樣的方式來供奉著『自我保全』本能，以成就具有正面積極意義的道德意識？」為了回應這個問題，我們需要審視尼采對發生於十九世紀歐洲的一個歷史趨勢持怎樣的看法。

　　尼采逆反著正統的觀點重新詮釋道德，在世俗的眼中，絕對是叛逆的異端，但是，誠如上文中所提示的，這卻暗地裡呼應著十九世紀歐洲世界強調人之獨立自主性的「自由」思想。只不過，尼采並不盲從於來自英法兩國以彰顯個人持具為本、且力主契約為綱的外塑⓮自

⓭ 尼采在著作中總是不時揶揄基督教所設定的種種「美德」，譬如，「可怕之德──『他記得一切，但他寬恕一切』──這將使得人加倍恨他，因為通過其記憶和通過其寬大態度，他二次羞辱於人」；「犧牲之智──我們自欺地以為，當我們為某人犧牲我們自己時，我們是在造成一種情勢，使該人只像我們希望他那樣，即以我們為犧牲對象的身份，對我們出現：這是可哀的智慧。」（Nietzsche, 2007d:334, §393; 420, §420）尼采更質疑：「若一個人以相信道德事物的不可理解性為樂；若他人仍然真誠地相信上天的啟示、奇蹟和靈現，相信蟾蜍的形而上的醜陋，我們難道會以為這樣一個人會對有關道德事物的真知識感興趣嗎？」（Nietzsche, 2007d:191, §142）

⓮ 所以稱之為「外塑」，乃因其所強調的是擁有可以透過行動具體體現於外的社會資源（如擁有言論、遷徙、私有財產等等權利），尤其是經由制度化來加以保障的。這可以說是以自然權利的概念所搭架起來之英國自由主義傳統特別看重的。相對的，所謂「內塑」的則是側重透過修養貞定所成就之內在解脫性的心靈自由。

由主義。他看到了這樣依附在人民（與大眾〔mass〕）之均值人（average man）概念上面之具外塑性、強調契約的自由主義傳統在思想上可能佈下的陷阱。這個陷阱最明顯的就是群盲大眾歡迎那些只會自我吹噓與自我膨脹的人，甚至認為他們是偉人。尼采即諷刺這樣的偉人活像一頂風箱，「最後出來的只是風罷了」，更像鼓譟太久的青蛙，「最後肚皮破裂，出來的只是風罷了」。（Nietzsche, 2009: 419）

　　尼采更犀利指出，均值人的概念預設著平均值是至高無上、具有著最高價值，「多數」於是成為確立道德價值正當性的基礎。尼采稱呼這樣之道德價值的確立，是一種群盲動物（herd animals）的道德，而這正是所謂民主社會所內涵的基本結構理路。（Nietzsche, 1968: 159, §280）弔詭的是，在自詡力立主多元而自由信念的搭架下，此一立基於至高無上之群盲慾望的道德意識，卻一再接受著（基督）宗教之一神至上信念的協助，讓人們盲目地阿諛著，也使得人一直沈溺其中，且在政治與社會制度裡面扎下根柢。尼采發現，在這樣的社會裡，一些沒有耐心、對群盲本能有著病態沈溺的人總是認為，那建立在大眾群盲意志上之道德意識的步調還是太過緩慢，也太懶散、冷漠了。於是，在整個歐洲，一向即挾持著基督教之憐憫忍受者的奴隸道德意識，依舊毫無掩飾地到處瘋狂咆哮著。尼采即以極其嘲笑口吻來諷刺這些人，其中最具典型的極端則是他稱為「無政府主義之犬」的社會主義者。（Nietzsche, 2002: 89-92, §202-203）

　　情形於是乎顯得相當清楚：尼采極端不信任、更輕視著那些挾持著「人生而自由且平等」信念之「庸俗」均值人來做為歷史主體，也不能接受以他們的政治信念做為重估一切價值的基礎，不管它是托身於民主自由的資本主義或平等共享的社會主義體制。對尼采來說，把自由主義的主張提升為形塑道德信念的根本依據，乃削弱了個體人的

權能意志，等於把山岳與峽谷的落差抹平掉，因為它提倡的是肯定渺小、怯弱和享受（都是均值人的特質），勝利的只是動物群體。難怪尼采會以極為刻薄的口吻說道：「自由主義，用德語說，是畜群動物化。」（Nietzsche, 2007a: 159-160）也難怪他這樣闡明自己的立場：「我的哲學乃朝向成就一個有等級的次序（*Rangordnung*），而非個人主義化的道德。」（Nietzsche, 1968: 162, §287; 同時參看 Nietzsche, 2002: 151-153, §257, 259）

　　如此一來，尼采強調的理應是在社會體制壓制下之個體自身的自我解放與自我實現。只是，他絕不像強調人人平等且自由的個人主義者，以為透過（民主）制度的落實，即能為個人保障了自我實現的契機❶❺。尼采所看重的毋寧是肯定透過個人修養貞定所帶出之那種具貴族氣息的個人主義者，倘若我們還可以宣稱他是個人主義者的話。（參看 Ansell-Pearson, 1994: x）依著這樣的見解，我們倘若還能說尼采有自由主義色彩的話，那麼，極為諷刺的，政治並非成就人人平等之徒具外塑性的「表面自由」人，而僅是創造偉大而高貴人格之「內涵自由」人的一種工具而已。

　　情形已經相當明朗：對於價值（包含道德意識）的形塑，尼采看重的是具有非凡例外之個體性特質的權能意志運作，而不是依附在制度下，企圖透過平凡例行化之結構理路的制約，讓集體施為者有施放權能意志來催引能動性之效果的作為，因為後者所形塑的，無論就廣義的價值或狹義的倫理道德來說，都必然有被異化宰制的情形發生。也就是說，任何意圖透過具集體性之制度化形式的道德意識來成就完整而自主的主體能動性，基本上都是奢望，因為兩者本質上是相

---

❶❺ 就尼采的立場來看，顯然這樣的主張既淺薄又庸俗。

互扞格的。任何的道德意識要能具有展現完整而自主之主體能動性的契機，只能仰賴個體的權能意志來成就，而且也只有透過這樣之個別個體的個體化成就，人類整體文明的彰揚才得以逐步展現出來。然而，情形顯得有點令人困惑：假若我們承認任何的道德倫理意識都源自「社會」，那麼，道德倫理意識即具有集體的意涵則是不爭的事實。如此一來，人又如何得以透過個別個體的權能意志來成就具集體意涵的道德倫理呢？這無疑令人感到困惑，在此暫時不討論，留待後面再說。

　　總地來說，這樣對道德意識形塑的翻轉論述，不只是肯定了對信念一神化優勢傳統的顛倒，在重新思構哲學、宗教信仰和道德信念的努力過程中，確實具有歷史演化的意義。更重要的是，透過此一論述，尼采為自己砌塑了一個極具原創的方法論與認識論，對其思想的發展有極為關鍵的作用。

第三節　「相同的永恆輪回」概念與生命意涵的交錯糾結

　　從上一節的描繪，我們可以看出來，尼采提示的是，人們以自己的慾念做基礎來開展具理性判斷的人格，才是自由精神的真諦，而不是英法自由主義傳統所揭櫫那種透過社會機制予以制度化的外塑型自由。（參看 Nietzsche, 1999a: 第 2 卷，第 2 部分）尤有進之的，如第二節中引述德勒茲的評論所指出的，尼采所以對具非歷史質性之本能給予以本質性的確立，是希望傳遞一項訊息：對人重要的不是具科學客觀性之攸關「人是什麼」的經驗實然性的答案，而是具藝術雕琢性質之「人可以被期待是什麼」的創造可能性、以及得以用來證成人存

在的基本價值條件。準此，他的哲學是一種涉及人存在之至高理想模式的實踐理論，絕非完全膺服只講求經驗實然事實的實證主義立論，其所架出的是可能性，而非實然性。特別值得注意的是，依附在這樣的探索取徑下，尤其，針對他極力反對的一神化的柏拉圖理念主義與基督教教義，尼采是無法接受以特定存有（being）狀態（如上帝或任何具絕對無上命令性質的抽象概念）作為人存在的原初狀態。推到極端來說，他所持有的毋寧是一種以虛空（void）為本架出生成（becoming）做為人存在之基本樣態的虛無主義立場。

以虛空架出不斷的生成，自然意味著人的生命只不過是一個持續流變的過程，生命處境不可能有被充分結構化的恆定和穩當，人們需要一直以相當清醒自覺的努力來挑戰可能面臨的種種（特別結構化的）挫折。也就是說，假若人之能動性的充分展現是證成存在的基本條件❶的話，自我不斷超克現狀以追求精進，是人作為存有體所迫切需要予以成就的價值。這更意味著，人們需要有充分的激情，才足以支撐得了強碩無比的權能意志來激發人的主體能動能量，以俾讓自主性得以充分展現——即超克人（overman）的實現。然而，在不斷生成的千變萬化過程之中，還是有一個永恆不變的基素存在著，只是，

---

❶ 對尼采而言，人的意志行動，不管道德上是善或惡，均是墮落（decadence）的，因此，虛無主義（特指架出上帝與道德德目者）不是墮落的原因，而是其邏輯結果。（Nietzsche, 1968:27, §43）也就是說，墮落乃因人們缺乏主體反思的能動能量使然，譬如，迷信宗教與「進步」觀念、喪失了抗拒刺激的能力等等，即是展現人墮落的樣態。（Nietzswche, 1968:27, §44）於是，尼采詬病當代（當然是他的那個時代）精神缺乏鍛鍊，披掛的是各種的道德姿態，如強調容忍（實則是無能力說「是」或「否」）、大量度的同情（實則是三分之一的無差異、三分之一的好奇與三分之一的病態暴躁）、客觀（實則是缺乏個性與意志，也無能施愛）、意圖科學的（實則只是猶如販賣宗教書籍的小說）、激情意謂著失序與無節制、或深度乃是混淆不清、象徵之極其豐富的混沌。同時，當代也充斥著許多大字彙，如革命、廢除奴隸、平權、愛好和平、博愛、正義、真理等等，尼采認為，這些只是戰爭時的旗幟而已。（Nietzswche, 1968:50, §79, 80）

這個不變的基素並非一成不動地矗立著，而是以一直流動的形式輪迴地浮現出來。在尼采的思想體系裡，這成為一個極為關鍵的概念，尼采稱之為相同的永恆輪迴（the eternal recurrence of the same）（以下簡稱「永恆輪迴」），而這可以用來回應上面提到的非歷史性（或超歷史性）的問題。

基本上，尼采所提出這個概念意涵的對象是多元而曖昧，難以具體落實。具體而微地說，相同的永恆輪迴可以指涉宇宙展現的一種基本結構狀態，諸如晝夜或四季的固定週期循環。然而，倘若我們希望以一般追求客觀事實的實證角度來為尼采此一概念定位，把它鎖定在具體的結構性現象（或事物）上面的話，我們勢必喪失尼采使用這個概念的深層用意❶。我個人認為，比較貼近尼采之基本用意的作法，是把此一概念視為尼采意圖以隱喻手法（或許，事實上也只能如此）來詮釋人生世界，尤其是涉及人的心智狀態。用尼采的說法，這即是權能意志不斷施放而表現在行止上之一種重複出現的存在樣態，它構成「命運」，使得人無以迴避，也無從選擇，只能熱愛著它。

尼采發展出此一曖昧到令後人深感困擾的概念，深深影響著他的生命觀。根據克洛索夫斯基（Pierre Klossowski）的解析，尼采原先是把自我的認同落實在身體上面的❶，認為生命是一個無可回復的單行道，意義的永恆性基本上只此一次而已。然而，這樣的宿命（fatality）觀點卻因為尼采經歷了永恆輪迴的頓悟經驗而改變了，他

---

❶ 雅斯培（Karl Jaspers）對此有相當深刻的批評，參看雅斯培（2001:377-381）。

❶ 譬如，尼采在《瞧這樣的人》（Ecce Homo）一書中，即提到他的母親和妹妹乃是他人生不可避免而不斷重複出現以影響他的人物。（Nietzsche, 2007b:10）根據克洛索夫斯基的分析，這與尼采一生體弱多病，對自己的身心健康狀態有著強烈的病識感有關。對此，尼采在潛意識裡始終以英年早逝的父親為典範來與一直活著、但卻日益老化的母親對照比較著，而在自己與父親逝世時的年齡相同之際（約三十六歲）有著死亡的焦慮。（Klossowski, 1997: 第 7 章）

因而發展出一個新的宿命版本。自此，尼采不再視身體是自我的特質，而只是諸多衝動與彼此之間相互對抗的所在地而已。於是，身體被看成諸般衝動的生成物，它變成是偶然的，既非可逆，也非不可逆，因為其所經歷的歷史只是諸般衝動的本身，而這些衝動則是不斷來去循環著。克洛索夫斯基稱呼此一自我的新宿命版本為一種缺陷循環（vicious circle），本質上是混沌的，也是個別、且不斷翻新與實驗著。因此，人需要學習不斷的自我克服（缺陷），意志也就跟著必須一再呈現，而且變得重要起來❶。（Klossowski, 1997: 29-30, 33-34）

　　針對這樣具缺陷循環的（相同）永恆輪回，克洛索夫斯基認為，尼采尋求思想與身體的一種新黏合（cohesion），他稱之為肉軀化的思想（corporealizing thought）❷。（Klossowski, 1997: 30）肉軀化的思想乃意涵著，感性的衝動是生命力量的來源，理性只是一種限制與禁制，而錯誤則是由理性所建構之真理內涵的本質。於是，權能意志是實踐感性衝動的一種心智性能量，乃對著符碼所營造之極具虛構性的語言世界進行不斷的鬥爭，克洛索夫斯基引述尼采之說，稱為符碼的縮寫（abbreviations of signs），其所牽涉到的基本上不是對與錯，而是符碼本身與符碼的縮寫之間的矛盾問題。順著此一符號學所鋪陳的理路，權能意志乃指向把經由動物本能所激發的潛意識感受衝動予以意識化的一切努力，這就是永恆輪回的核心內容，其基本信條即是遺忘（forgetfulness）與潛意識，亦即：一直不停且永遠遺忘了我們已

---

❶ 克洛索夫斯基區分了尼采的永恆輪迴與宿命論（fatalism），認為前者最重要的特點是人可以對隨機而生之非意志性的對象再度予以意志化（re-willing），並以此克服種種的機遇來成就超克人，而後者則只是一成不變地接受命運的安排。（Klossowski, 1997:69-73）

❷ 這內涵在尼采所強調康復（convalescence）的概念之內。（參看 Nietzsche, 2009:356-364）

經是或將是的。（Klossowski, 1997: 48, 50, 53-54）也就是說，歷史並不以記憶的形式沉澱為具絕對權威姿態的絕一存有（如上帝、絕對理性）主導著人的生命，而是讓人一再遺忘，得以永遠以嶄新的姿態在非意識化的感性衝動力量激盪下不斷自我生成，儘管始終有「錯誤」，但卻同時擁有嘗試的機會㉑。這麼一來，永恆輪回成為人必須不斷施以意志的必然狀態，遺忘使得循環輪回不被意識到，否則，一旦有了記憶，就不是循環輪回，而有著可能讓人們停止的終點。尼采就說：「生命本身創造了此一嚴肅的（永恆輪回）思想；生命也需要克服加在其上之無以倫比的障礙」；「我這個信條教導是：一再以你渴望活著的方式生活著，這是你的責任——無論如何，你將再次活著。」（引自 Klossowski, 1997: 54, 60）於是，從其肇始的時刻，永恆輪回就是活生的事實（a lived fact），而不是假設性的再現，若說是思想，那也是一種乍現（sudden）的思想而已。（Klossowski, 1997: 72）

顯而易見，尼采意圖表達的是：不是理性、而總是感性衝動把「整個」人以「當下此刻」在「此地」的格局不停帶來，也不停帶去，沒有邏輯分析，也沒有演繹操作，只有感性的激挑，是此時此刻的完全耗盡，既沒有過剩，更沒有累積和儲存，意義只存在於消費瞬間的強度之中。然而，誠如克洛索夫斯基所詮釋的，不是「當下此刻的此地」吸引尼采，並讓他專注於此，而是返回人們所生成的（即「已被設定生活著和必須再次活著」的必然性）來激挑意志與創造意義，才是他意圖定調的焦點。對此，尼采討論的是同一個自我的輪回

㉑ 此處許多有關尼采的論述與佛洛依德的說法相當類似，難怪埃德蒙森（Mark Edmundson）會指出，「……佛洛依德曾說過，自己沒有讀過多少尼采的書，雖然他的書自己基本上都有，因為他害怕在書中讀到太多尼采對於精神分析的預見。」（Edmundson, 2007:155） （a return of the *identical self*）。（Klossowski, 1997: 65, 66）

　　顯然，在時間是不可逆的必然條件下，這樣的輪回意圖指涉的是人做為存有主體不斷對非意志的對象（包含時間上的過去）一再賦予意志的現象。（Klossowski, 1997: 69-73）於是，永恆輪回可以看成一種深具啟示（revelation）意涵的意志努力，讓人一再挑戰著輪番而來的苦楚（suffering）經驗。也就是說，讓一個個體能有機會不斷以具創造性的精進形式經歷（也成就）著一連串的不同個體性，「意欲成為非你原是的他者，以成為你所是的」（to will to be *other* than you are in order to become what you are）。（Klossowski, 1997: 98）只有有著永恆輪回做為一種不斷產生相同之可能性的契機，人才有機會透過權能意志來創造嶄新的生命，即不斷超克精進的個體性。於是，永恆輪回的循環所內涵的「缺陷」，或許看起來只是一種幻象、一種擬像，但它絕非上帝所賜予，更不是完全操控在上帝的手中。它毋寧是一種具隨制性質（contingent）的偶遇，讓人有一再試驗之機會與力量的條件，也是成就超克人的試煉泉源，而它特別指向的則是單一的特殊個體，重點在於人之感受能量的強度是否足夠。套用克洛索夫斯基的用語，整個狀況即是「對循環之強度的活鮮經驗，而這取代了僅只一次的原則（the principle of the *once and for all*），並開啟了一些個體性（individualities），一直回到其中之一足以讓永恆輪回披露為止。」（同時參看 Klossowski, 1997: 169-171, 217）

　　克洛索夫斯基的論述傳遞一個重要的訊息，即永恆輪回不只可以指涉一種對社會與心理結構所彰顯之具物理或道德性質的宇宙論基礎，更重要的，它是人們所呈現之一種具意志性的獨特感知狀態，而這也是「權能意志與永恆輪回總是相互搓糅摩盪著」所內涵的現象。（參看 Heidegger, 1984: 153）

尼采以諸如頹退／有活力或強壯／贏弱來形容人的身心感知模式，而這樣的身心感知模式被看成具「缺陷」循環特質的永恆輪回同時做為活鮮事實和思想之情況下的基本內涵。因此，它涉及的基本上不是知性，而是一個人之敏感度、情緒強度和感情濃度（也就是一個人之種種衝動狀態）不斷輪回出現的問題❷。（Klossowski, 1997: 199-200, 同時參看第 6 章）艾里遜（David Allison）也指出，撇開時間向度不談，尼采乃緊扣著人所具有的種種自然本能來形塑人的活動，認為驅動人的活動是一些由本能所形塑的特殊有限力量，這些力量乃依其特質分化成為一些特殊的群組（並促成了權能意志），它們總是不斷地來回呈現出永恆輪回的情形❸。（Allison, 2001: 121）這麼一來，整個問題的焦點於是乎乃在於，這些力量「在怎樣的情況下、又如何地相互搓糅摩盪著」。對此，瓦蒂莫（Gianni Vattimo）的見解或許有助於我們釐清整個提問之課題的核心。

第四節　　熱愛命運（*amor fati*）作為「永恆輪回」下人存在的必然前提

瓦蒂莫主張，尼采的永恆輪回概念，基本上乃是用來處理歐洲文明發展所產生之歷史弊病（historical malady）（如人類所面對的工業化結構）的一種具時間性（temporality）意涵的核心概念。（Vattimo,

---

❷ 對此，克洛索夫斯基宣稱，尼采為「有病的人」（the sick）概念的可能關聯性提出了極富想像力的最美麗發明。也就是說，「有病的」經常與諸如多些同情、多些人情味、怨氣、天才、犯罪、女人、藝術家等等連在一起。但總歸一句話，尼采期冀賦予「有病的」一些具正面且積極性質的權能意涵。（Klossowski, 1997:201-203）

❸ 最能簡扼、但又相對精準地表現永恆輪回概念所具有此一內涵的，可以說是尼采在《輕盈科學》第三四一節所描繪的。（Nietzsche, 1974:273-274, §341）

2006: 20）易言之，永恆輪回乃是一個非（超）歷史性加在歷史性上面的形上概念道具，它把過去與未來一齊凝聚在「當下此刻」的現在。尼采在《查拉圖斯特拉如是說》一書中對「現在」即有著相當精采的敘述。尼采先提到，當以「現在」做為一扇大門通道之後，查拉圖斯特拉（Zarathustra）與侏儒就站在這兒。尼采接著這麼寫著：

> 這條長路向後（按：指過去）：通向永恆，那條長路通往（按：指未來，即向前）——那是另一種永恆。這兩條路彼此相反，他們恰好在此碰頭——大門的通道邊上，恰好是它們交匯的地方。大門通道的名字刻於上方：暫時（按：即本文所稱的「現在」）。
>
> 要是有人沿其中一條路前行——一直走下去，越走越遠，侏儒，你以為這兩條路永遠相反嗎？「一切筆直的東西都在騙人」，侏儒不屑地咕嚕。「一切真理都是彎曲的，時間本身便是個圓環。」（Nietzsche, 2009: 265-266）

在同本書的另外地方，尼采有著如下這麼的說法，與上面的陳述相呼應著：

> 哦，我的靈魂呀，如同我教你說「曾經」和「從前」一樣，我也教你說「今天」，教你跳超越一切此地、彼地和遠處的輪舞。……哦，我的靈魂呀，我把駕駛已經創造出來的和尚未創造出來的事物的自由交給你。誰能像你那樣，了解未來者的極度快樂呢？……哦，我的靈魂呀，我去掉你身上的一切服從、卑躬屈膝和逢言必稱的主宰。我給你取名為「困難的轉折點」和「命

運」。哦，我的命運呀，我給你取新的名字，給你彩色的玩具，我叫你「命運」、「無窮的範圍」、「時間的臍帶」和「蔚藍的天穹」。（Nietzsche, 2009: 365-366）

　　總的來說，尼采並不完全否定永恆輪迴做為反映自然、人為環境（如社會）、乃至人本身所具有之存在狀態的基本性質——一種如紀登斯（Anthony Giddens, 1979, 1984）所說之「既是制約（constraint）、也是促動（enabling）」的結構性條件。尼采體認到這樣的結構性條件特質是不可化約的，而且是人進行自我改造的必然命運要件。上面引文中諸如「命運」、「無窮的範圍」、「時間的臍帶」或「蔚藍的天穹」所形容的正是如此。對人來說，命運是橫跨時間而無限衍生的一種存在狀態，猶如蔚藍的天穹一般。它是超乎人的能力所能完全撤銷，甚至僅只予以些許扭轉也做不到。其實，光是在日常生活中諸多細微瑣細的行止，我們就可以發現，任何被結構化的平凡例行事件（如吃飯、休息、上班、甚至散步）都讓過去與未來以兩個不同、但卻永恆的迴路在「現在此刻」的大門通道上交會著。這是一種讓人產生困難的命運轉折點，更是必須面對之必然、但卻是隨制的際遇，人們只能以熱愛的態度擁抱著，而如何熱愛擁抱正可顯示出人的偉大之處。（Nietzsche, 2007a: 35）尼采即以「熱愛命運」❷❹來總結這樣之對待際遇的態度，並視之為人所具有的內在天性。（Nietzsche, 2007c: 152）

---

❷❹ 尼采此一重要的概念首見於一八八二年出版的《輕盈科學》。在此，尼采接受命運的安排而採取溫和的態度說道：「我不想要與那醜陋的從事戰爭，我不要責難；我甚至不要責難那些非難的人。不去看將是我唯一的否定。總而言之，有一天，我希望成為只是一個唯唯諾諾的好說者。」（Nietzsche, 1974:223, §276）尼采甚至說：「熱愛命運是我內在的本性。」（Nietzsche, 2007b:87）

　　對於尼采的熱愛命運，洛維特（Karl Löwith）做了一番詮釋。他認為，就人本身的立場來說，這就是成就人之意志（尤其所謂具創造性的意志）的基本生命態度。更重要的，創造性的意志總是以「為了未來而替過去的東西說話」的方式在當下此刻的「現在」發揮作用，且為絕一存有（Being）創造了一個不斷演進的永恆輪回迴路。這麼一來，當人熱愛命運時，時間和存在的整體是匯聚在未來的，只是，這乃以「它總是必須已經要過的東西」做為前提，且是在當下此刻的「現在」進行著。也就是說，朝向未來的一切總是變易著，但是，它卻必然是在已經存在過的狀態下變易著❷⑤。（Löwith, 2006: 264; 同時參看 Löwith, 1997: 79）薩弗蘭斯基（Rüdiger Safranski）提出的說法可以為此論點提供進一步詮釋。他指出，熱愛命運的必然性乃意味著「給它增添些什麼，讓它由此得到改變。這個被愛的事實，不再是那個做為天命僅僅被忍受的同一物。也就是說，我們可以有把握，那個帶著惡毒的笑聲讓自由消失的自由精神，不久會把自由重新變出。」（Safranski, 2007: 187）

　　瓦蒂莫稱這個讓人致力於追求的「熱愛命運」是一項永恆化的任務（the task of eternalization），展現的是永恆輪回具道德性的面向，亦即：讓自己的存在永恆重複著，乃是人必須學習去喜欲的。（Vattimo, 2006: 3）尼采即說過：「只有視自己的存在足以適合著永恆地重複呈現的人，才得以耐久持續下去。」（引自 Vattimo, 2006: 3）因此，永恆輪回讓人必須學習擁抱「自然」，也就是說，人必須學習重複擁抱一些相同的本能能量，但卻又能讓自己以權能意志來支撐與

---

❷⑤原本的中文譯文為：「這種總是還在要它總是必須已經要過的東西的雙重意義。在它這裡，時間和存在的整體匯聚成一個還總是變易著的存在已經存在過的未來。」譯文相當拗口難懂，在此特地就其涵意予以改寫。

證成自己。在這樣的狀況下，人更需要學習發揮創意來重組這些本能能量，以成就更顯精進的生命內涵。艾里遜即如此地評論著：「在無限的上帝已不在的情況下，我們變成為無限未來的無限創造者」；「每個片刻均預告著無限的未來；每一刻以倏變的永恆節慶方式一再重現；存有隨即被戳記為生成；每一刻也因而把無限的過去收縮進入一個具體的現在，並為一個聽不見的命運提出預言；正是現在，這個現在必須伴著生命而活著、充實著、完成著、填滿著，以便有著一個跟隨而來的現在；所有的這些都發生在每一個時刻。」（Allison, 2001: 109）於是，尼采宣稱，永恆輪回是決定能否孕生足以使得強者變得更為強壯之養育（breeding）效果（特別是具精神性質者）的決定性因素。（Nietzsche, 1968: 458, §862）

　　然而，這被熱愛著的命運，卻經常像一條黑蛇一般，盤據在這個過去與未來以不同但卻永恆的迴路，逗留在當下此刻「現在」之大門通道的交會口，讓恐懼、仇恨、噁心、憐憫等或善或惡的元素在人的身上迸放著。人要活下去，只有變形——自我意識的變形。（Nietzsche, 2009: 266-268）具體地說，人只能靠著自制的努力力求精益求精❷❻。因此，人需要不斷抗拒終極的和平，面對的是戰鬥與和平的永恆輪回，像一個一直流溢的湖泊靠著築壩防止湖水流出，而得以讓湖面一再升高❷❼。（Nietzsche, 1974: 229-230, §285）

　　於是，面對偶然的機緣，人們需要的是勇於應對的意志，尼采即

---

❷❻ 早在一八八七年尼采在《人性，太人性》一書中即已對超克人的自由精神特質與其存在的現實社會條件做了一些預備性的描繪。譬如，他強調藝術的特殊意義、高級文化素養、個人修養特質與跨越特殊時空制約之飄泊人（Wanderer）的特殊意涵等等，用來當成「治療」當時歐洲人的良方。同時，尼采也討論到他那個時代的政治條件——大眾主導下之民族主義和社會主義（或謂現代性）的毒害。（Nietzsche, 1999a）

❷❼ 根據譯者考夫曼的意見，這是尼采首度引介永恆輪回此一概念的說法。（參看 Nietzsche, 1974: 230, 註13）

透過查拉圖斯特拉的口說道：「……我把偶然放在我的鍋裡燉煮。我先把它煮熟，我才會歡迎它做我的食物。」（Nietzsche, 2009: 285）顯然，這個鍋子即是人的意志，或更恰確地說，即權能意志。透過這個意志的鍋子蒸煮著相同的永恆輪回，人才可能有著永恆的歡愉，而歡愉的結果是永恆的沉寂，也是永恆地擁抱著相同的永恆輪回的婚戒❷⓼。（Nietzsche, 2009: 370-382, 516-517）

　　特別需要提示的是，誠如考夫曼（Walter Kaufmann）所闡明的，在尼采的眼中，單就人的生命歷程而言，永恆輪回指向的是一種經驗多於觀念，而且充滿忍受、苦楚與垂死掙扎的超凡生命經驗❷⓽。（Kaufmann, 1974: 323）奧提哲（Thomas J. J. Altizer）更指出，在上帝已死（因為祂只不過是一個硬加在人身上的觀念而已）的狀況下，尼采寄望在古希臘人肯定生命本身所倚重的酒神精神，期待人以單一孤獨的姿態持續地推動著自身，追求著戴奧尼修斯的歡愉。（Altizer,

---

❷⓼ 人似乎是被迫與相同的永恆輪回結婚。尼采就這麼說道：「我從未見到我願與其生子的女人，但我愛的女人除外，因為我愛你，噢，永恆！」（Nietzsche, 2009:382）查拉圖斯特拉（或謂尼采本人）之所以與相同的永恆輪回結婚，為的只是「永恆」這個女人，而非「相同」或「輪回」本身。對尼采來說，永恆是混沌的巨大子宮，是創造和摧毀的匯合地，乃與智慧（太陽神阿波羅）以及生命（酒神戴奧尼修斯）共為其所愛的三個「女人」。（參看 Rosen, 2003:233-234）

❷⓽ 無怪乎，尼采會自稱「我，這個哲學家戴奧尼修斯的信徒，我這個永恆輪回的老師」。（Nietzsche, 2007a:190; 同時參看 Nietzsche, 2007b:3）對尼采而言，此一具預言（prophecy）性質的概念甚至可以說是所有假設中最具科學性的一個。（Nietzsche, 1968:36, §55; 544, §1057）奎爾（David F. Krell）在分析海德格（1984）對尼采之永恆輪回概念的源生予以詮釋時即指出，從尼采所遺留下來的文獻可以發現，他在甚多地方借助自然科學論及世界的循環，但海德格卻始終未提及。奎爾認為，尼采的「相同的永恆輪回」概念難以如海德格所主張之稱為學說（doctrine）的，只能當成一種「可能」來回爭論著。再者，奎爾指出，即使尼采與海德格都認為永恆輪回做為一種思想（thinking），理應可以理解，只是，其所呈現最惡劣的關鍵在於讓我們迷失在無益的語言學爭論上面。（Krell, 1984:261-262）永恆輪回不是最沉重的思想，只因為其文脈基礎是可爭議的；它也不是悲劇性的思想，因為它提供了無數的環結讓學者去澄清；它更非迸出火花、且具煽動之諸思想中的思想，純粹因為在其被刻印出版當中有所隱藏、暗示與缺漏。（Krell, 1984:268）

1985: 238; 同時參看 Nietzsche, 1968: 548-550, §1066, 1067; 2005: 29-30, §32; 2007b: 94-95, IV, §8, 9）不過，在此，戴奧尼修斯的精神代表的不只是狂歡與愉悅，而且是反映、承繼著古希臘赫拉克利圖斯（Heraclitus）以生與死（尤指死而復生）、戰爭與和平、孕生與腐化等不斷循環做為解釋自然與歷史變遷定則的見解。只是，在此一創造與破壞、生與死、肯定與否定並存的循環過程中，當尼采把戴奧尼修斯精神看成是一種人的存在樣態時，特別看重對此等的每個狀態所賦予的慶賀作為。（參看 Altizer, 1985: 238; Nehamas, 1985: 146）尼采即這麼說過：

> 對無常和破壞的肯定乃是任何一個戴奧尼修斯哲學具決定性的特色。因而，對對反與戰爭的概念是必須予以贊同的，而且，甚至必須以「生成」來對「存有」的概念徹底予以排拒。準此，無論如何，我必然要認知到，比任何迄今已想得到的，這些觀念的確更加接近我的想法。永恆輪回的學說──亦即所有事物（alle Dings）均無條件且無限地重複循環，或謂此一查拉圖斯特拉的學說，推到終極，早已為赫拉克利圖斯提出來教誨人們（Nietzsche, 2007b: 47-48, III, 3）

第五節　酒神戴奧尼修斯精神對人存在的意義──形塑自我克制的超克人

尼采顯然把戴奧尼修斯精神當成鑲嵌在人類文明之中一種具哲學人類學存有論預設性質的至高（心理人類學）源起狀態，而非僅只是受制於具特殊歷史──文化條件制約的意識型態而已。尤有進之，為了

避免重蹈他一再批判之柏拉圖理念主義與基督教單一神祇論的獨斷
觀，此一源起狀態當然不是立基於特定的抽象理念（如理性、公
正），也非絕對的他世（如天堂或地獄）。情形毋寧是：「上帝已死」
之後，創造者不在了，人必須直接面對其所依存之當下此刻的現世生
命，也就是人自己必須完全承擔起一再輪回循環之此生此世的生命。
難怪尼采會認為，人此一存在的永恆沙漏是一再倒立著，必須接受灰
塵的汙染，並承受最大的重量。（Nietzsche, 1974: 273-274，§341）

　　這麼一來，人所身處的僅只是認同「現在」、且時時刻刻均在生
成的永恆輪回情境。人隨時需要做決定與選擇，也必然同時承擔著毀
滅、破壞、否定（因而挫折、痛苦、焦慮）以及創造、建設、肯定
（因而愉悅、快樂、狂喜）的心理狀態。尼采即指出，與被釘在十字
架上的耶穌相對比，酒神戴奧尼修斯追求的不是以罪來否定現世，並
依靠上帝的憐憫帶來種種恩寵（如死後上天堂），而是對自己之生命
本身的承諾，承擔著生命因一再遭受破壞與折磨所帶來的種種痛苦，
在被撕裂成碎片、乃至灰之後還能再生，而有著永恆輪回的機會。
（Nietzsche, 1968: 542-543，§1052）然而，假若非要比擬基督耶穌被
釘在十字架上的情況不可的話，在尼采的心目中，人需要的只是自我
超克，而非依靠上帝的救贖❸。難怪奧提哲會提出這樣一個質問：
「嶄新的查拉圖斯特拉是否即是嶄新或翻新的耶穌？」（參看 Altizer,
1985: 245）對我來說，答案很明白：不是！

　　總之，在尼采的觀念裡，以追求酒神激情精神做為人之具本真性
的元神，人總是以帶著靈氣的感性方式來成就具藝術特質的良知實踐
行動（容或這只是一種永恆沉寂的表現），而絕非屈從於某種特定先

---

❸ 有關扣聯著基督教來論述酒神戴奧尼修斯精神，可參考奧提哲（Altizer, 1985）。

驗理性之演繹邏輯的複製實作效果。否則，人們將只是一再屈服在既有之武斷的絕對理念（包含道德）之下，變得愈來愈小。或者，就像尼采所認定的華格納（Richard Wagner）一般，頂多也只是以野蠻、做作、喧嘩、誇張（雖是無辜）、華麗、譁眾取寵的頹退姿態討好大眾，輕易為存在索取到廉價的掌聲❸ 。（Nietzsche, 2007c: 50-52, 111；同時參看 Nietzsche, 1974: 152-156，§99, 332-334，§372）順著這樣的理路推到極端，自我克制的修養貞定於焉成為人追求生存意義的基本要件，而這呈顯出對自己所存在的時代具有一種哲學性之負疚意識的存在價值。（Nietzsche, 2007c: 13-17）

　　既然命運總是不可規避地隨制著人的行動，以至於人需得把它當成是一種機緣來擁抱並熱愛著，那麼，熱愛命運就「不是要求任何事情是不同，既非前瞻，也不是後溯，更不是為了永恆」。同時，我們更「不單單只是容忍那必然的事物（按：指命運），更是甚少去掩飾它」。（Nietzsche, 2007b: 35）對人來說，情形毋寧是：「我仍在不定的海上飄泊，諂媚的偶然正奉承著我。我瞻前顧後——目之所及，浩瀚無邊。」❸ 。（Nietzsche, 2009: 273）

---

❸ 尼采甚為推崇比才（Georges Bizet），認為他的音樂有一種南方氣息（southernness）的嶄新美感與誘惑力。（Nietzsche, 2002:147，§254）尼采自認，他所以能夠忍受比才的管弦樂，乃因為比才把聽眾當成聰明人，甚至是音樂家看待，這是華格納所缺乏的。尼采所以這麼指陳，因為華格納要的不是具本真性的喜悅與完美，況且，他缺乏美好的鑑賞力。（Nietzsche, 2007c:18, 61-63, 69）尼采進一步詬病華格納要的只是頹廢暴君式的演員效果，這效果是片斷的，而且缺乏「足夠（讓我們）咀嚼的東西。……肉很少，多的是骨頭和更多的是湯水……」。（Nietzsche, 2007c:50-52, 55, 59, 62）因此，尼采評論，對華格納，姿態本身才是目的，他只是討好幼稚的大眾、自命不凡之多愁善感的中上階層、或德國國族主義者等等，這與基督教以上帝之名所確立的一神主義並沒什麼兩樣。（Nietzsche, 2007c:50-52, 55，59，62，81-82，120-121）在此，我們關心的當然不是尼采對華格納的評論是否公允，而是他對華格納的批評背後企圖為存在之基本內涵所確立的至高價值的問題。

❸ 另外，尼采也這麼說過：「……，你是諸神『偶然』的舞場，是一張供諸神使用的桌子，為諸神擲骰而設，為擲骰者而設！」（Nietzsche, 2009:278）凡此種種類似的論

　　在此必須再次提示，尼采所以特別看重酒神精神，乃意涵著人需要學習以極端且狂喜入迷的感性來承擔永恆輪回。此刻，他想要告訴我們最重要的是，人需得以具創造性的超克人姿態來擁抱命運，即是意圖貫徹人需要由「你應」（Thou shalt）穿過「我要」（I will）以至完成「我是」（I am）的意志㉝。（Löwith, 1997: 121）這樣的實踐既非在於基督教所說的天國，也不是如柏拉圖形上哲學所認定的，在於充分圓成抽象之絕對理念的內在邏輯，而是具體落實在每日現世生活所經歷的大地上，即展現在現實生活中實際發生的點點滴滴作為之中。準此，「或許我們的自由意志只不過是命運的最高權能力道（potency）而已」，（引自 Löwith, 1997: 125）而命運則是混沌之中具敞開性之必然結局的一種說詞。跟著，有別於那看起來是一勞永逸般的定型結構制約力量，（權能）意志於焉是來自人本身努力的一種動能，甚至可以說是諸多無窮能量表現中有著不斷強化和保護著修為功夫之作用的一種至重且至高的意志形式。一方面，這闡明著內在的人文性乃是這個世界的法則之一；另一方面，意志承擔著永恆輪回的天命，則是屬於特殊個人的，表現在一個人所遭遇的一連串特殊事件的關聯之中。情形若是如此，接下來的問題即在於：到底人是在怎樣的存在處境下進行著「我是」的自我證成功夫呢？

　　對尼采而言，人面對的既然是一種變動不居的情境，其間難有通則，有的只是具緣便性質的變通而已。人必須超克的並不是具結構性的「共業」本身，它只會是命運，人們除了接受（以至於必須熱愛著），其實是別無任何其他選擇的。人所能做的，只是在命運安排的

────────

述，在在展現出尼采面對著生命時所持有的深層本性，也披露了他喜愛嘲諷人類歷史的一貫作風。（參看 Nietzsche, 2007b:87）

㉝ 呼應著尼采提到之精神三變的說法。（參看 Nietzsche, 2009:55-58）

共業結構中從事「心理建設」，即在面對個別但卻永恆輪回（甚至如貪、瞋、痴）的際遇裡，經營著恰適的生命態度❸。在此附帶提示一下，這樣的見解多少可以用來化解在第二節結束前所提到有關具集體性的道德倫理如何必然只能仰賴個人修養貞定功夫來成就所引起的困惑。

　　總之，一旦把這樣的永恆輪回際遇視為獲致生命肯定的最高公式、並讓「過去」以記憶的形式浮現的話，參與營造當下此刻之「現在」的應對行為（尤其圓成自我超克的修養貞定）工程，遂成為必要、甚至是唯一的任務了。情形若是如此，那麼，當人面對著永恆輪回的際遇時要如何應對呢？其應對的基本心理動力基素是什麼？這些都值得追問。對此，我們或許可以說，整個核心的課題乃是以酒神精神貫徹權能意志，進而完成具自我克制之超克人的生命貞定境界。

　　斯坦博（Joan Stambaugh）有個說法極富創意，值得援引做為討論的引點。他指出，在《查拉圖斯特拉如是說》一書的開場白中，尼采描繪查拉圖斯特拉在破曉時分起來對著太陽說話，但是，在夜裡，他也對著月亮與星星說話。透過查拉圖斯特拉這樣的作為，尼采似乎意圖告訴我們，查拉圖斯特拉是一個宇宙性的人，他所談的不是天上的某些事物（如太陽、月亮或星星），而是天（heaven）本身，用尼采自己的話，即所謂「光的深淵」（abyss of light）❸ 。（Stambaugh,

---

❸ 假若樂觀主義指的是人可以透過社會制度性的結構變易來成就幸福或實現社會正義（如馬克思主義者所相信的）的話，那麼，尼采無疑是悲觀主義者。依照約定俗成的定義來說，他自然不是社會學家，而是心理學家了。我個人認為，尼采思想之所以值得特別重視，正在於其異於十九世紀以來懷著樂觀態度之主流社會思想的地方，而這對認識後現代社會具有特殊的意義。

❸ 尼采稱之為圓形穹頂（azure bell），而尼采在別處亦用此指涉靈魂與天之間所具有之緊密親近的命運關係。（Nietzsche, 2009:366）尼采一向即慣於運用如光的深淵（或正午與子夜）這種具對反共生（*coincidentia oppositorum*）的方式來處理人所面對的「正負情愫交融」的存在狀態。天上的光與地上的深淵原是兩個對反的空間，尼采運用

1991: 21; 同時參看 Nietzsche, 2009: 275）尼采此一「天」的概念明顯
取代了傳統基督教所揭櫫的上帝（或基督耶穌）做為至高無上之形而
上的物自身。「天」是純潔的，它所賜予的天命本質上是虛空、混
沌、緣便，但卻充滿無窮的可能性（參看 Nietzsche, 2009: 277）。於
是乎，整個情形就像尼采自己所描述的：查拉圖斯特拉整整七天過著
麻木無感覺的日子，最後，對著環繞他身邊的動物說出存在他心中的
深邃思想（abysmal thought）（參看 Nietzsche, 2007b: 71-73, III, *Thus
Spoke Zarathustra*, 6）：

> 萬物離去，萬物復歸，存在之輪永恆運轉，萬物亡逝，萬物
> 復生，存在之年永遠奔走。
> 　　萬物破碎，萬物新合，存在的同一屋宇永遠自我建構。萬物
> 分離，萬物復聚，存在之環永遠保持自我。
> 　　存在開始於每個瞬間，「彼地」之球圍著每個「此地」轉
> 動，到處都是中心，永恆之路蜿蜒曲折。（Nietzsche, 2009: 359-
> 360, 第 3 卷，初癒者，§2）

在這樣一個浩瀚無邊且存在之輪永恆運轉的虛空世界裡，人是一
個飄泊者，總是與諸多的意外偶然邂逅。於是，自我就得在這中間被
找回來，而且，也僅只能在這中間尋回來。此刻，深淵與山峰成為一
體，因為人必須在不斷重複出現的意外偶然之中，超越自己的內心掙

「光的深淵」這樣具矛盾修飾（oxymoron）的詞彙來消除原本對反可能引生的二元對
立互斥性，尤其是此二元對立互斥性內涵之矛盾所可能引發的心理焦慮、困頓與挫折。
於是，人可以期待從對反共生中在心靈上獲得到妥善的安頓。譬如，正午與子夜反映著
永恆的經驗，是永恆輪回之井泉的兩副面貌。（Nietzsche, 2009:262-268, 370-375,
450）

扎，度過最偉大、也是最終的危險道路，讓身上的至柔終成至剛，而且，只有如此，人才找得到最終的避難所。（Nietzsche, 2009: 257-258, 第 3 卷，漫遊者）在此，意外偶然，衍生其義，即意涵著佛家所謂的緣便，其本質是虛空，別無他物（如理性、上帝、正義等等）。（參看 Nietzsche, 1994a: 28-29, I, §13）因此，面對任何際遇，一旦慾念引生，人面對的不是具有實體本質性的特定物自身，而是虛空輻射下的緣便心理狀態永恆輪回著，更是一種對人們有著永恆輪回之考驗的存在狀態。讓我再次強調：在這樣的狀態下，人的日常生活並非沒有變化，而是一直變動著，尼采即以閃電來形容。（Nietzsche, 1968: 288-289, §531; 294, §548）

於是，在無能力改變絕對存有之永恆輪回迴路本身玩弄著命運際遇的情形下，人所能掌握的，只是掙扎在永恆輪回的「光的深淵」之中，以酒神精神展現強烈的（權能）意志，努力創造超脫的精進契機。具體地說，當尼采運用此一概念做為基礎來回應因架空道德後之虛無主義所面臨的虛空狀態（或如齊克果〔Søren Kierkegaard〕所說的焦慮）、並進而肯確自我克制的努力是必要的時候，永恆輪回做為一種狀態提供了存有論（但也是現實情境結構）的基石，同時，更是為虛無做為存在的本質灌注了信心的養分——即永恆輪回的必然形式構作了（既無特定意義與價值，也沒有無意義和無價值的）虛空所內涵那種具機緣特質的內容。尼采相當有智慧地提醒著，個人是命運的一部分，前後一樣，對一切將要到來的和已成形的事，這更是一條法則，一種必然。（Nietzsche, 2007a: 74）正是這樣之永恆輪回的存有狀態給予人類「穩固」的必然空間，在無確切既定目的的虛空當中，讓人透過良質意志的凝聚來為自己的行動確認目的，帶出一種追求具超越性之新生命意義的實驗自由，而這正是所以喜悅的根本。

第六節　權能意志與超克人的成就

　　前文論及本能時曾經提示過，基本上，尼采借用物理學的概念、且採取相當具實徵風格的論證立場，主張以「力」的能量形式來表現意志作為體現本能的概念。尼采更力圖避免採取任何抽象的形上預設，改採心理學的立場回到日常生活世界裡的實際生命狀態，來構思人的問題與尋找化解方案。準此心理學的立場，權能意志於是被視為以具激情（passion）之感情（affect）特質的本能形式來呈顯❸⑥。（Nietzsche, 1968: 366-367,§688）推到極點，這即意味著，我們必須回到人所具最低程度的存有狀態（即動物性）中去尋找答案，肉體因而是最根本的考慮對象，它是具意志、富創意、做評價之「我」的存在基礎，而這個以肉身成就的「我」則是評判一切事物的標尺和價值歸依。（Nietzsche, 2009: 65）在《查拉圖斯特拉如是說》第一卷的「論蔑視肉體者」中，尼采即說道：

> 　　「我是肉體，也是靈魂。」——小孩這樣說。可人們為何不像孩子一樣說話？但醒者和知者說：我完全是肉體，而再非其他；靈魂只是肉體上某個東西的代名詞罷了。肉體是一種偉大的理性，是具有一種意義的複合體，是一場戰爭與一次和平，是一個畜群和一位牧人。我的兄弟，被稱為「精神」的小理性也是肉體的工具，是你的偉大理性的小工具和小玩具。（Nietzsche, 2009: 68）

---

❸⑥ 尼采即說道：「意志：一種令人注目的感覺，十分愉悅！它是所有之能量釋放的附帶現象。」（引自 Heidegger, 1979:49）

誠如德勒茲指出的，既然力有主動（active）與反動（reactive）的區分，意志（因而權能意志）跟著有了肯定與否定的分別，它涉及的不只是解釋，而且是評估。（Deleuze, 2006: 54）如此一來，意志力的展現即是人所具有的內在能量的釋放，此一能量即是權能（power）。於是，「權能意志不是意志與權能融會的結果，其情形正相反著：意志與權能經常只是權能意志原本單一的本質人為地被割裂的概念片段。」（Heidegger, 1987: 151, 194）對尼采而言，意志只是一個具命令（commanding）意思的詞彙，用來披露人之存有所具有多面意涵的本質❸。對此一具有「去實體本質化」的字彙，尼采做了相當明白的說明：「初始（它）代表一個大的錯誤災害──即意志是實際生效（effective）的一種東西，是一種官能……今天，我們知道，它只不過是一個字彙而已。」（間接引自 Heidegger, 1987: 152）

這麼一來，在尼采的眼中，人若有意志，那只是一種人所具的內在權能力量永恆不斷地釋放而已，生命本身（或謂存有的最內在本質）說穿了即是權能意志的施放。（Nietzsche, 1968: 148, §254; 369, §693）易言之，沒有所謂意志的本身，它只是人體現在一種「東西」（包含人際互動關係）上的權能力量表現，而這即是尼采用來刻畫人的行動（乃至存有狀態的維持）時所具有（也必然要具有）的所謂權能意志。說得更深刻一點，權能意志是人做為完整的主體所展現的一種自主能動狀態❸，而人之所以為「人」即在於他與世界（包含

---

❸ 尼采曾經從生理學的角度指出，任何生命有機體均需要釋放能量，因此，生命本身即是權能意志，自我保全只是這樣狀態的一種間接且最常見到的結果而已。（Nietzsche, 2002:15, §13, 152-153, §259）

❸ 這樣的意志說基本上承襲自叔本華，不同的是尼采並不從人所具有之體質性材質的角度來詮釋意志。就人類學的角度來看，尼采認為這是來自古老宗教中假設任何東西均具意志之信仰的一種返祖現象（atavism）（Nietzsche, 1974:183, §127），但這並非尼采所認定的。

其他人與想像中的世界在內）互動的過程之中（尤其是不斷變易中）權能意志所顯現的效果。因此，事物的特質乃體現在其與環境互動所產生的效果，而所有的的效果即是此一權能意志的效果。（參看Nehamas, 1985: 81）

假若我們接受海德格的存有概念來詮釋尼采的思想，那麼，權能意志具有推動一個人之生命生成的賦能作用，亦即：它具有讓恆定安置之生成得以永恆呈現（permanentizing becoming into presence）的賦能作用，（Heidegger, 1987: 156）而這恰恰是使得做為行動主體之人的生命得以積極（或德勒茲所謂的主動）不斷流轉所必要的動力。於是，權能意志讓人保持年輕的永生慾望和期待，形塑主觀意願而起了充滿希望的鼓舞作用❸❾ 。（Nietzsche, 2007b: 227, 229）也就是說，假若絕一存有最內在核心的本質（the innermost essence of Being）就是權能意志的話，它可以說是人產生價值行動的最原始動力來源，也是快樂／不快樂交錯作用的泉源。（參看Nietzsche, 1968: 369,§693）

推及於永恆輪回的現象，它與權能意志之間具有著一種既相嵌又相剋的弔詭關係，呈現正負情愫交融的現象❹⓪。首先，結構性的永恆輪回狀態構成命運，牽動著權能意志的運轉。同時，權能意志又是以

---

❸❾ 在這樣的狀況下，形塑超克人即是尼采心目中的偉大理想。所謂超克人代表的是「較高等之人類的理想類型，半聖人半天才」。他既非達爾文所倡言之演化論的「進化」人類，也非卡萊爾（Thomas Carlyle）所說的被崇拜的英雄，因為這只是為了達成維持社會秩序之工具價值所創造出來的人物，其特點還是在於順從社會既有的價值與規範。（Nietzsche, 2007b:37-38）易言之，對尼采而言，人的價值不是在於他是否有用。（Nietzsche, 1968:469,§877）

❹⓪ 這樣之相嵌又相剋的弔詭情形，尼采當然是意識到了，絕不是如羅森（Stanley Rosen, 2003:263）所說的，是尼采因針對不同聽眾所施用的一種雙重修辭學嘗試而已。事實上，尼采一生充滿了正負情愫交融的心理情結，這可以從他在妄想症（paranoia）發作前最後的「正常」日子裡自認自己乃糾結著酒神與被釘在十字架上之耶穌基督的感受得到佐證。（參看Nietzsche, 2007b:95; 同時參看Klossowski, 1997: 233-253）

源源不息之永恆輪回的姿態不停流動浮現著，它挑戰著結構性的永恆輪回狀態（如集權制度的壓迫），企圖從中找到突破點以成就超克人。更具體、但卻是衍生性地說，這體現的是命運與偶然、也是記憶與遺忘之間的內在矛盾狀態，更是永恆輪回既制約又促動著權能意志，反過來，權能意志既強化支撐、又撤銷瓦解永恆輪回的弔詭現象，而這一切可以說是人之生存處境的基本特徵。在這樣的狀態下，承認虛空的本質性，並承認人具有催動能量予以應對的能耐（因此，證成了人的主體能動性），乃在永恆輪回做為其存在狀態的前提下摩盪搓揉著。也就是說，在原是迷宮般的混沌星系世界裡，人需要以權能意志來為自己確立方向，並追求自我精進。（參看 Nietzsche, 1974: 254, §322; 2009: 238-244）因此，權能意志滋養了永恆輪回，而且，也只有對永恆輪回賦予意志的力道，它才會受到肯定。

　　在現實的生活裡，人總是有著各自的特殊際遇（如某天手指被熱水燙到、或出了車禍、或樂透中了獎），既難以完全相同，更是不時變異著。種種偶發殊異正是需要意志特別予以加持和誘發的關鍵所在。它既是促使人回歸自然以成就真誠生成的樞紐，更是讓永恆輪回的意志超脫自然，也超脫永恆輪回自身的結構理路，以臻至成就超克人的境界。因此，永恆輪回有雙重的意涵，它既意味著人之生活世界裡種種事件與事物的通性，也同時意涵著人所具有的心志感應（尤其意志）狀態的特質❹。讓我不厭其煩地重述一遍：永恆輪回的權能意志以某種方式征服永恆輪回自身的結構理路，乃是超克人所欲成就的事業，而其間所展現的正負情愫交融心理狀態，尤其作為推動之酒神

---

❹ 尼采即提示，例如人所具有的永恆生機性（eternal liveliness）就是一種永恆輪回。（Nietzsche, 1999a: 299, §408）

般的動力，無疑是最值得關心的重要現象。

　　儘管混沌是人之世界（也是人之存在狀態）生成的原型，但是對人而言，並不是所有的展現都是完全無序而歸零。畢竟，誠如尼采所宣稱的，人有相同之非歷史性的本能驅力，只是生命總在特定的歷史—文化形式中被塑造著❷。所以說，人的生命軌跡還是顯得異中有同的。至少，人在世間經歷著一項相同的經驗：摧毀與創造總是永恆地循環著，意志也永恆輪回起落。透過這種循環，混沌的本質使得人有著形成幻覺、無固定條理地超越命運的嘗試機會，縱然這可能只是表面上的瞬間攝動而已。這麼一來，所謂的秩序其實永遠只是一種個別混亂中暫時呈現的樣態，權能意志因此是積聚人（當然特別指涉超克人）之存在價值的動能，一種具永恆回歸意涵之（相同）追尋創造的力道。追求本身即是價值的創造，同時也是摧毀；亦即，這是一種具不斷摧毀性質的創造。特別值得注意的是，對有著思想與感受之活生生的人來說，只有這樣之具摧毀性的創造過程，而非由停滯的先驗理念所界定的「真理」不停地以獨斷的方式予以強化和衍生，才是真實的。對此，尼采特別強調談話和聲音，認為它們是創造的道具，也是表現的形式，它像彩虹一般把虛幻的混沌原景搭架起來，儘管它自身還是虛幻的，但至少經常可以振奮人的心靈、並帶給人一種精神的感動。（參看 Nietzsche, 2009: 359）

　　或許正如羅森對尼采的說法所提出的詮釋企圖告訴我們的：在週而復始的情況下，運用權能意志來成就超克人的精神狀態，即是「……把起淨化作用的或積極的虛無主義確定為永恆輪回；這種危機的價值是它淨化了。而且，永恆輪回是虛無主義最極端的形式；虛空

---

❷ 有關尼采討論歷史（學）的意義，參看尼采（2004, 2007e）。

（『無意義』）即永恆。」（Rosen, 2003: 3）因此，人不是對抗永恆輪回的惰性，而是以永恆輪回做為人身處偶然而無特定終極意義之歷史處境下一種不可逆轉的命運形式，在「存在即生成而生成即混沌」的看似荒謬現實當中，對人的自我進行精神性的證成與提升❹。它是一種具自我克制性質之生活態度的選擇與判斷，而且是一種有品質的良性（且多元而變異的）價值選擇和判斷。準此，尼采所強調的永恆輪回最終意指的並不是一種確立了特定價值（如理性、聲望）後勇往直前的線性努力，而是對永恆命運處境因地制宜且高度受意志決定的一種深具無限折衝迴轉性質的緣便實踐。準此，它並不只是海德格所確立的「諸思想中的思想」而已，更重要的是肯定權能意志推動具感性的藝術實踐行動❹，其基本精神屬於酒神。同時，這更意味了自我精進的努力所呈現的是、也必然是以週而復始方式進行的一種狂喜（ecstatic）樣態。（Klossowki, 1985）

　　總的來說，對個體來說，權能意志的極致作用可以說即是修養貞定功夫的表現，而且，只有懂得修養貞定的人才有條件領回永恆輪回的迴響。因此，透過修養貞定功夫來展現權能意志，乃宣告著永恆輪回並非只是一種如瓦蒂莫所強調的詮釋，或乃至決定而已，（Vattimo, 2002: 125）也非如海德格所評論的：對存在做為整體的發展而言，永恆輪回是一種具決定性的負擔（burden）。（Heidegger, 1984: 22）情形更應當是：它是人類無可超越、也不需超越的命運存在狀態，乃權能意志得以發揮能動性的唯一生命際遇，「負擔」無疑只是一種負面

---

❹ 即尼采所說的：「我相信那荒謬的」（credo quia absurdum），「推動世界的是矛盾（contradiction），所有的事物本身即是矛盾的——因為甚至在邏輯的領域裡，我們還是悲觀主義者。」（Nietzsche, 1997:4）顯然尼采不是強調邏輯一致之具認知（知識）性質的確認，而是透過行動實踐來促動具「證成」性質的自我肯確。

❹ 參看奎爾（1984:270）的評論。

的說法。倘若允許我們再次借用海德格的說法從事「正面」描繪的話，那麼，權能意志與相同的永恆輪回涉及的是存有整體的基礎，前者涉及的是存有是什麼（what-being）的賦能問題，而後者指涉的則是一個使得長置「生成」得以呈現的「那個」存有（that-being）樣態。（Heidegger, 1987: 168, 170）兩者相互搓揉摩盪地交織著。

第七節　正負情愫交融心理狀態的「永恆輪回」──代結語

　　綜合以上的論述，我們可以說，在尼采的心目中，處在上述如此一般之權能意志與永恆輪回彼此既相嵌又相剋的情況下，人們所具有之諸如頹退／有活力或強壯／羸弱等等正負情愫對彰的身心感知模式，乃涉及到衝動狀態不斷輪回出現的問題，也是一個創造與破壞、生與死、肯定與否定相互搓揉摩盪的感應過程。這意味著人只能懷著節慶時所具有之極端且狂喜出神的感性來承擔這種極具正負情愫交融的永恆輪回，因為，唯有預設人充滿著激情、並懂得陶醉，且又需得要求整個人的精神狀態完全投入，一個人才可能盡情發揮權能意志，也才可能以斷而不斷的方式把正負兩面交織的情愫予以融會化解。祈求人透過理性把自己濃縮成「片面人格」，以有分寸之斷而再斷的分化選擇性方式來涉入是行不通的。這一切說來正是尼采所以特別強調酒神戴奧尼修斯精神作為人的基本存在樣態的理由，更是所以運用對反共生方式來體現和處理人所面對之正負情愫交融存在狀態的立足點。因而，正負情愫交融指向世界原有的混沌狀態，乃人存在的心理原型，也是生成的胎著點。

　　前面曾提過，對尼采來說，正如正午與子夜反映永恆的經驗，它

們可以說是永恆輪回所蘊涵的兩副面貌，而且這也是尼采何以在《查拉圖斯特拉》一中運用「光的深淵」此一涵蘊著對反空間（即天上的光與地上的深淵）之弔詭的矛盾修飾詞彙來刻畫人之基本存在狀態的根本理由。（Nietzsche, 2009: 262-268, 366, 370-375, 450）簡單地說，至少單就概念的本身而言，尼采所以特別強調「對反共生」，用意即在於挑戰（進而消除）對反必然引生了二元互斥對立之不相容彰顯狀態的慣性認知，尤其是指向此一二元對立互斥性內涵的矛盾以及可能引發的心理焦慮、困惑、疑慮與挫折。也就是說，對尼采而言，有著對反共生的心理感受毋寧是人的正常存在模態，人只能期待從中尋找妥善的心靈安頓，而非以「斷而再斷」認知模式所架設出之「非此即彼」的單純理性選擇。這一切更啟示著，對人的存在而言，最重要的莫過於內涵在尼采「駱駝─獅子─嬰兒」的所謂「精神三變」。它意圖告訴我們：人需要的是，足以讓自己經由「你應」穿過「我要」以臻至完成「我是」之堅持不懈的強烈權能意志。

　　人面對不可規避之永恆輪回的命運，只有自我拯救一途而已。尼采即曾大力指控，過去的西方文明基本上是透過基督宗教的罪（sin）來體現以虧欠（debt）為核心的人生觀、並形塑了具內化之救贖與責任意識的文化傳統，以成就主動力來反制反動力。在這樣之基本認知模式的導引下，特別是面對被資本主義「理性」邏輯所「摧殘」的「殘廢」人類，尼采即以對反著耶穌基督拯救殘廢人的作法來予以詮釋和理解。（參看 Nietzsche, 1994a, 2005）他認為，一旦被現代市場化之工業資本主義體制「摧殘」的人類被「拯救」了，那麼，整個情形將如殘廢人被耶穌基督拯救一般，「罪惡就與他同行了」。因為「被拯救」只是讓人類再次陷入另一個體制的陷阱，這是一種相同的永恆輪回，只能讓「存在必定是行為和罪過的永遠重複」而已。為了

避免永恆輪回的陷阱，人只有依靠自我拯救，找到那可以超越相同之永恆回歸圓圈的分離點而射出的正切線。正是這正切線肯定並轉化了「已如是」的成為「應如是」，所以，不是瘸子像被耶穌基督拯救而不瘸了，而是瘸子依舊是瘸著，但是他轉化了。這個轉化是一種「解構而再挪用」的過程，使得人在當下此刻的「現在」得以從過去過渡到未來。（參看 Nietzsche, 2009: 238-244; 同時參看 Rosen, 2003: 205, 213）

　　這個解構而再挪用過程絕非狂妄而虛脫的輕佻作為，推到端點，它是一種要求精神狀態完全投入的心靈精進轉化進程，具有如佛陀拈花微笑之「不可說」緘默所蘊涵的穩重深意，讓人可以懷著神聖的心意來細緻營造具創造性的超克人，以有建設性地擁抱永恆輪回的相同命運。薗田宗人（Muneto Sonoda）即指出，對尼采來說，緘默可說是人面對正負情愫交融之永恆輪回狀態的最佳策略，因為任何企圖以理性方式回歸正或負面的情愫與認知，都是線性的思維與行事理路，並不足以反映人類存在處境的基本特質，唯有以緘默做為溝通語言來同時接受正與負的心理狀態，才是正道。而且，意志不可能往過去施用，我們只能在當下此刻的「現在」把過去施以意志的經驗當「如是」地予以意志化來行事，讓它與時間永恆輪回地推進，這或許即是與佛家所說的「精進」相通之處⑮。（Sonoda, 1991: 238）

---

⑮薗田宗人相當看重尼采在《查拉圖斯特拉如是說》中運用緘默背後所可能開顯的意義，只是他特別重視的是因為缺乏適當的聽眾、或因為聽眾不夠成熟、或言者不夠成熟、或思想意涵的曖昧、或無法以言語溝通等等基於語言本身之虛構性與多變性的特質使然的（而他認為這正是尼采所特別強調的）。（Sonoda, 1991:238）這說明了何以查拉圖斯特拉一直寧願用「唱」，也不願用「說」的。因為「說」（尤其是「寫」）基本上是線性的、邏輯的、預期的，也是精確、可名、可溝通的，儘管語言本身只不過是一種虛構的東西。但是，「唱」則既可以是非線性，也可以是非邏輯的，充分超越理性，展現虛構的感應本性，可謂是不得已的作法。所以，尼采會認為，對初癒者，歌唱最為適宜，「歌唱於初癒者相宜；健康的人才可以說話。即使健康的人想唱歌，他想唱的歌曲也與

　　張伯倫（Lesley Chamberlain）指出，尼采強調生命的深度來自直接實踐體驗，而非對抽象性原則的一再肯確，乃意味著生命的困境徘徊於自我客觀化、權能意志與內在生命涅槃之間。對此，尼采提出的化解方案所表現的則是一種帶著激進味道的謙遜。身處於笛卡兒的「我思故我在」命題所造就出來那種以認知自我為中心的西方思想傳統當中，尼采的思想模式無疑是相當新奇，創造出極為獨特的後基督藝術觀，儘管因為尚無法完全逃脫基督的束縛而顯得有點不夠透徹。（參看 Chamberlain, 2000: 140, 147, 169）然而，尼采如此強調以權能意志貫徹自我超克做為鋪陳永恆輪回之預言（當然，更是成就超克人）的決定要件，不只化解了虛無主義面臨的危機，更是把任何事物帶到突開點的「最高時刻」之際（即前面曾經提到的「正午」）。（參看 Löwith, 1997: 55, 63）於是，意志既指向永恆輪回，也指向人自身。只不過，如此的雙重作用表現卻是同一的：其所克服的對象與克服的人是同一，追求著如何把否定轉化成為肯確而合一，情形就像查拉圖斯特拉一般，讓峰頂與深淵等同合一為永恆，正負情愫交融的永恆輪回於是成為塑造超克人的基本心理質地。顯然，永恆輪回的教誨涉及兩造：一是人做為追求目的實現的意志執行者；另一則是世界之非目的性的不斷輪轉。（參看 Löwith, 1997: 63）這樣的意志與命運不斷交集會結著，就人做為行動的存有體而言，他需要的或許正是佛家所說的，人以孤獨的姿態透過修養貞定的洗煉，從心靈底處成就充分

初癒者迥異」。（Nietzsche, 2009:362）易言之，在不得已的情況下，用唱的至少比用說的更加適宜，更遑論與用寫的相比較了。只有健康者（如超克人）才可以使用語言，因為他們才懂得避免為語言的意義陷阱所戕害，也才懂得體會語言之虛構曖昧中的隱喻精髓。其實，尼采這樣特別重視「唱」乃呼應著他早期在《悲劇的誕生》中透過酒神與太陽神所具有的分殊特性來分辨非造型的藝術形式（音樂）與造型藝術形式（雕塑）的基本態度——強調具音樂性的吟唱（特別回到古希臘的吟唱詩人）彰顯了酒神所特有之激情與陶醉的生命意涵。（參看 Nietzsche, 1999b）

的覺悟（不管是漸悟或頓悟）！（參看 Nietzsche, 2009: 262-268）

　　其實，尼采自身的經歷即足以讓他深刻體味到，孤獨是讓人產生反思動力的根本生存狀態。在必然承擔命運之死亡警訊的情況下，孤獨可以讓人孕育出智者的活生動能，迸放生命的火花。特別值得提示的是，孤獨狀態下迸放出來的生命火花，不是狂熱得令人眩暈的眾聲喧嘩，而是安詳寧靜中剔透熱情的生命修養貞定力道。對於心靈來說，修養貞定是一種寧靜的冶鑄砌積，它要的不是真理，而是具有良意的生命美感。此時人有的已非狂野炙熱般的酒神精神所激發出來那種使人意亂情迷的濃郁酒醉，而是帶著甘醇的微醺醉意——怡然自得的清淡茶醉。針對著正負情愫交融的境遇，狂野炙熱的酒醉只能給予痛苦掙扎的焦慮困局暫時的麻痺抗拒而已。可是，清淡甘醇的茶醉帶來的，則是悠然淨滌的成熟昇華作用，總是有著一份隨緣的無比喜悅。

　　在尼采的心目中，體現在超克人身上那種微醺醉意（特別是來自茶醉而非酒醉）散發出來的甘醇喜悅，正是身處在高度個體化之結構型態中的現代理性人特別需要的。馬丁（Glen T. Martin）就認為，尼采的思想乃企圖提出一套適用於現代人的煉金術以成就超克人的生命境界。（Martin, 1991: 95）這意思是說，尼采是從人之可能、可為、甚至必須如此的立場來勾勒人的生命圖像，強調透過自我超克的修養貞定煉金術來濃縮凝聚對人所具有的存在意義，其中最為重要的精神要素莫過於是塑造具酒神特性的詩人質素與嬰兒的純樸感知，而這本質上是一種本身即是目的（即無任何其他目的）的遊戲形式，足以讓生存本身充滿著靈性的生機。（Nietzsche, 1968: 419，§797, 434-435, §821, 549-550, §1067）

第 **5** 章
個體化的消費導向社會中倫理意識的轉化

第一節　個體化做為社會的結構原則與理性之歷史質性的轉折

　　十七世紀末葉以來，自由主義和資本主義巧妙結合，體現出持具個人主義（possessive individualism）主導的歷史局面（參看Macpherson, 1962）。自此，西方人更加堅定地以一貫強調外控持具能力的方式來支撐著肯定自由、平等、獨立而自主作為人的存在價值信念。這種信念不但成就了個體性的概念，而且期待透過高度體系化的制度來予以保證，帶出制度化個人主義（institutionalized individualism）的歷史場景（Beck & Beck-Gernsheim, 2000）。於是乎，個體化（individualization）轉過身來成為一種具優勢主導能量的集體意識，被奉為形塑社會結構的基本原則。也就是說，貫徹「人乃自由、平等、獨立而自主的個體」，是讓任何社會制度予以法制化的基本指導原則。在此歷史動力的推波助瀾下，原本看似二元互斥對立彰顯的個體性與集體性弔詭地相互搓揉著。就「社會」概念的深層內涵而言，個體性並沒有展現出完全消滅集體性的意圖，而且事實上也無此可能。反之，個體性總是仰賴具集體意涵的社會體制性形式（如

法律制度）來保障，只不過整個社會體制展現第三章杜蒙所揭櫫的階序對反整體觀，以實現充分個體化做為形構、保證與維續整體的目標特質，集體性以對反的姿態被包涵進入個體性當中，而非處於絕對相反互斥的狀態。

當然，個體化做為社會結構的基本主導原則，其所內涵的多元、平等、自主、自由等特質，確實有去掉阻擋個體化順利進行所內涵那具單一、獨斷、權威、層級等特質的種種集體化作為（如獨裁集權、強調愛國意識、父權觀念等）的意思，在現實際遇裡，也的確展現一定的反抗力道。回應近三、四百年來的西方歷史發展，正是個體化所內涵這種階序對反的歷史質性，逐漸消融集體性所涵攝之對等對反互斥並存的歷史質性，以至於讓過去在個體性與集體性之間一貫呈顯之二元對等對反互斥並存的格局開始動搖。這意味著，我們必須走出過去以二元互斥對等對反並存的方式來統攝不同概念層級的認知格局。換句話說，個體性與集體性不應只被當成同時並存、也必然是同時並存著對反的兩極現象（正像過去西方社會學認知傳統所慣有的一般），而是可以指涉分屬不同層級（但卻是相互涵攝）的概念，儘管就字面來看，這兩個詞彙是相對反著的。如此一來，個體化作為一種具有集體意涵的概念，自然也就可以成立，既不矛盾、也不會顯得弔詭，兩者更可以相互搓揉摩盪著。

經過三個多世紀的折衝，以充分證成個體性做為形塑社會結構的原則，終於導致個體性逐漸飽和，呈現出「過度肥腫」的現象，體現在以消費（特別是象徵符號消費）為導向的當代社會裡，顯然是特別突出。在這樣的歷史場景裡，人有了更有利的客觀條件（特別是透過制度化的建置，如法律的保障）可以自由表達意念與採取行動來證成個體性，讓充滿特殊、多變且流動不居的心理要求，有更多滿足的機

會。這是一個總是為個體留下無數空間的時代——禁慾主義與縱慾主義並行，剝削與施恩比鄰而居，寵溺與尊重僅是一丘之貉，同性戀者可以縱橫於異性戀者之中卻顯得自由自在。凡此林林總總，不一而足。

在這樣的情況之下，不是諸如慾望、認同、權力、權威、倫理、道德或正當性等現象（與問題）不存在，而是它們被個體化的結構性力量予以區域化，但卻顯得有更大的彈性空間。推到極端來看，結果是它們不再是強調具最大之共感共應情愫公約數的集體共識性問題，而僅是個人的各自感受問題。或者，情形頂多是：大家呈現著相同（或相類似）的感受，但卻總是個別享用或承擔著。在這樣的場景裡，人們既不需要權威（如精神醫師或知識分子）來幫助確認，更不需要由自己來爭取確定的正統性。倘若人們需要（或展現）過度決定，那將不是社會的要求使然，而是個人努力促成的個別要求——一種顯得氾濫之各自定義、且基本上可以互不相干的過度決定，我們一般則是以諸如多元、自主或自由表述（與行動）的尊敬名號來稱呼。這甚至推及於所謂的理性，它成為一種立基於以個體的認知做為最後判準的代名詞，十分弔詭，也相當諷刺。

今天，過去以上帝做為判定的最後歸依不再被眾人接受了。對人之理性思維與情緒感受的正當性，甚至也不必然需要透過人們互動關係中的主體互通性（intersubjectivity），以顯靈默會（但卻具社會集體性的意義）的方式予以保證，而是要求直接回歸到個體自身來予以確立。當然，這得透過一種特定的靈媒形式來搭架，這個靈媒的典型即是被認為具有著普遍效準性的邏輯與科學方法，或者，極其諷刺而弔詭的，來自一種另類靈媒形式——大眾傳播媒體中之「意見領袖」（如所謂的「名嘴」）——的不斷催眠。

　　在此，我們似乎有必要回到西方思想發展的歷史脈絡來審視一下（特別是科學）「理性」是如何被架了出來。對此，最恰適的莫過於是回到十七世紀法國笛卡兒有名的「我思故我在」（Cogito, ergo sum）說法。首先，笛卡兒對人類感知的真實性有所懷疑，然而，弔詭的是，儘管我們可以懷疑身邊的一切，不過，有一件事卻是無法懷疑的，即懷疑那個正在懷疑著的「我」確實是存在著的。換句話說，我們不能懷疑「我們的懷疑」，因為只有這樣才能肯定我們的「懷疑」。於是，不管人如何懷疑，我所以存在是因為我會思考，而且是理性地思考。尤有甚者，對笛卡兒來說，人類所具有懷疑一切的理性能力，基本上是上帝恩賜的，上帝終究還是最後的裁判。

　　在「上帝賦予人類理性認知的能力」的預設前提下，笛卡兒提出所謂「透過惡靈證明確定性」（the demon proof of certainty）❶的原則來作為確立最終真理的判準。他認為，人身邊彷彿總有精明的惡靈伴隨著，這個惡靈法力無邊，以狡詐的手段與敏銳的機智創造著種種的假象欺騙著世人。所以，人必須學會不時懷疑他們的所知與所感以克服惡靈的欺騙，才有可能獲致最終的真理。如此一來，問題就在於「如何才是理性的思考」以確保我所感知的是真實、正確的。

　　笛卡兒顯然沒有給我們滿意的答案。但是，笛卡兒此一「透過惡靈證明確定性」的論點卻猶如一道曙光，充滿著希望，為後來的西方人（特別科學家）開啟了一個期待的窗口，讓他們致力於追求足以對抗惡靈來證成真理的那道最後堅實後盾。經過了兩、三個世紀的努力，終於讓西方科學家（連帶的，一些哲學家）可以大聲宣告，依附在「邏輯與科學方法」下的理性即是此一足以對抗惡靈來為人類提供

---

❶ 參看笛卡兒（1993:16-17）。

確定性的最後法寶。於是，這個透過「邏輯與科學方法」所保證的理性法寶取代了惡靈的狡詐與機智。但是，它卻與惡靈一樣，有著無限的引誘力道，而且，總是以種種的變形姿態展現出令人難以抗拒的魔咒效果，讓人無以擺脫。結果，這個最終的法寶讓人類有能力「謀殺了上帝」，但是，人類卻因此「意外地」又為自己創造了另外一個至高無上的全能上帝──科學理性。

　　針對科學理性所具有這樣的歷史質性，尼采曾經有過精闢的批評❷：

　　　　嚴格地說，世上根本就不存在一種「不設前提」的科學，那樣一種科學是不能想像、不合邏輯的。總是先需要有一種哲學、一種「信仰」，從而使科學能從中獲得一個方向、一種意義、一個界限、一種方法、一種存在的權利。如果有誰的理解與此相反，比如說有人打算把哲學置於一個「嚴格的科學基礎」之上，那麼他首先必須讓哲學倒立，而且不僅是哲學，甚至連真理也得倒立，這可是對這兩位值得尊敬的女性❸的莫大失禮！

　　　　……從任何角度來看，科學首先需要一種價值理想，一種創造價值的權能，借助於它們，科學才能信仰自己（科學）本身永遠不會創造價值的。科學和禁慾主義理想之間的關係並非本就是對立的；其實，一般來說，情形更應當是，科學依舊是表現禁慾主義理想之內在演化的驅動力量。……科學和禁慾主義理想，這兩者原本同生於一片土壤上，意即它們同樣地過分推崇真理（更

---

❷ 我曾經在別處討論過尼采此一對科學的批評，請參看葉啟政（2008: 附錄）。

❸ 乃意指哲學與科學。

確切地說，它們同樣地信仰真理的不可低估性和不可批駁性），正是這種共同的信仰使它們必然成為盟友（Nietzsche, 1994a: 119, §24, 120, §25）。

在此，暫且不論科學與哲學之間的關係，也不論科學是否無法避免前提預設或價值理想的問題❹，單就把科學看成是表現「禁欲主義理想之內在演化的驅動力量」此一立論來說，尼采的說法即顯得相當特殊、怪異，但卻具有啟發性。沒錯，正因為科學和禁慾主義理想都信仰著真理的不可低估性和不可批駁性，所以，我們可以宣稱兩者原本同生於一片土壤上。但是，兩者成為盟友的關鍵因素，可以說是都分享著猶如清教徒所強調的種種自我限制作為。就科學方法而言，體現這樣的自我限制最為典型的，莫過於實驗法內涵的邏輯所設定的種種限制要件，以及其所意圖推出理想狀態作為確認真理的基礎。就此而言，科學（理性）與禁欲主義確實是在同一塊土壤中滋長著，科學方法和邏輯（特別前者）把人對事物與自身的理解與判斷導向一定的範域，有著無法踰越的限度。準此，挾持著邏輯與科學方法的理性開展出來的，是帶著濃厚禁慾色彩之一連串嚴肅、正經、定型化的作為，絕對不能忍受任何踰越其所界定之行事理路的「非理性」反面狀態存在著，否則，即以非科學或反科學來予以控訴❺。

回顧歷史，理性所以能產生無比的影響威力，首在於通過建置化（如研究機制與學校制度）的方式，取得了對人們進行普遍教化的主

---

❹ 譬如，西方人一向即偏重以認知（而非情感）層面來勾勒人所具有的基本特質，理性就是在這樣的認知傳統下帶出來的，或前面剛提到笛卡兒以「透過惡靈證明確定性」原則作為檢證真理的基本認知準則。

❺ 這表現在深受自然科學影響、持實證主義態度的研究者身上特別明顯。有關討論參看葉啟政（2008: 附錄）。

導權。尤其，佐以具現實功效性之科技快速發展的衝擊，邏輯與科學方法作為營造理性之主導集體意識（甚而謂之為意識型態）的地位於是更形鞏固。結果，這樣理性化的集體意識把第三章中伊利亞德提到的宇宙／歷史二分的格局完全撕裂，因為，強調邏輯一致性的理性，證明了人有不斷修正和改進自己認知的空間，這樣的線性特質讓「歷史」完全吞食了「宇宙」的感知格局，人類的思維也因此悄悄消融在邏輯與科學方法的聯合陣線所絕對宰制的汪洋大海裡。當然，這更是同時揚棄了杜蒙之階序對反涵攝的整體觀所特別強調「把對反項包涵進去」的有趣現象，因為這絕對是不合邏輯的。

誠如尼采指控蘇格拉底「毒害」著希臘（因而整個西方）文明時所指出的，當理性、邏輯與科學辯證法（而非鑑賞能力），成為主導人類的感知模式之後，理性不但就等於德性，聯帶也等於幸福❻。然而，其中最令人震撼的莫過於是「小民」崛起（Nietzsche, 2007a: 47, 48, 52）。當然，「小民」崛起有著諸多的歷史條件作為後盾❼，也有諸多衍生的社會學意義，但是，其中有個層面涉及了認知「民主化」此一現象，無疑特別值得予以重視。

透過邏輯與科學方法所開顯之「禁欲主義」的種種律令，讓科學理性得以獲取最神聖的權威能量，扮演起過去上帝才具有的終極決定角色，其背後所內涵的抽象原則，也才得以成為確立理性的判準，更且被認定是審判真理的唯一至高依據。只是，奇妙的是，這個另外的上帝並非存在於人之外，而被肯認為是存在於人自身的上面，也必然只可能在人自身之中找到，因為上帝賜予人類「生來即具有一定的同

---

❻ 尼采甚至認為，在此狀況下，德行、本能與最根本的無意識三者是相通的。於是，理性是人類一切特質的最終、也是至高的表現（Nietzsche, 2007a:47, 註4）。

❼ 諸如資產階級的興起、民主體制的逐漸落實、教育的普及等等。

質性與稟賦能力」，只要肯努力學習，而且學習得當，任何智力「正常」的一般人都能有效而正確地運用邏輯與科學方法這些具普遍性的理性認知特質，也因而都有機會獲致真理❽。如此理性能力的均質化使得人是自立、自主、自由，有著獨立判斷的能力；他必須、也只能仰賴自己。把這樣的獨立、自主之「均值人」概念推及情感的抒發，對西方人而言，情形則是，由自己經歷而發的感受才是重點，而非過去所強調之那些上帝指令人們犧牲自己所引發的種種情愫（如罪惡、怨憤）。這麼一來，理性把人的自我予以「樂觀化」，其所定義的場景也因此趨向整體化，並且往未來無限延伸推展。這一切讓人充滿永恆之生的期待與希望，當然更強化了人的自信心（特別透過種種科技上的成就表現）。

如此承認（也實際成就）「小民」有能力運用邏輯與科學方法這些具普遍性的理性認知特質，基本上乃把邏輯與科學方法這種原本是非凡而例外的文化成果結晶，「平準化」成為平凡而例行的集體認知模式。也就是說，理性（當然，特指運用邏輯與科學方法）的肯認，相當程度地與確立「均值人」的認知正當性相互磨合著❾。在這樣的條件之下，理性能力的普遍化遂成為一種確認人之存在特質的潛在迷思，它證明了人有資格成為自己的主人來為自己做決定，並成為展現主體能動性的基本心智資產，儘管實際的情形經常並不是如此，整個理性的詮釋權與操作權其實是與政治權力相互糾結而被「體制化」，且操縱在少數人（如所謂的專家）的手中。

---

❽ 儘管，實際上，這只是少數接受過特別正式訓練、甚至有著證照、且依存在特殊機構（如研究單位、大學）的專業人才有展現與證成此一能力的權威攝服力與正當性，但是，肯定任何智力「正常」的一般人都具備有學習到此等能力的潛能，卻是基本的認知前提。

❾ 儘管審美鑑賞能力顯得一直還是特殊的，永遠是非凡而例外，屬於少數菁英。

　　特別值得進一步提示的是，一旦我們以「均值人」一概念平準化了人的基本認知能力，科學理性背後具柏拉圖理念主義所彰揚之絕對理念的抽象原則，乃與內涵著同質性之「人生而自由且平等」的自由主義政治理念相互呼應著。就歷史發展過程來說，這樣透過邏輯與科學方法來經營的認知理性與透過自由主義理念而形塑的政治理性，產生了巧妙的化學作用而發酵著，無形中更強化了「均值人」的社會意義，即：「均值人」乃是決定一切之唯一具正當性的權威體，它等於是上帝。

　　就「強調邏輯一致性的現代理性意識」此一概念的核心內涵（如上述的「禁慾主義」的理想）而言，無論體現在個人日常生活中的種種細緻活動或關涉集體利益與情感的政治措施上面，它所經營出來的任何秩序必須是顯得完整、絕對清澈，而且可以預測。這樣一個完全圓滿的秩序具有一種特殊要求，即：對於既非在內、亦非在外、且又是非敵非友的陌生他者，必然要予以排除。包曼曾經這麼告訴我們：一旦統治者作為執行者與哲學家作為立法者相互共謀，他們即不允許對陌生他者所存有的正負情愫交融現象存在著，於是，他者必須竭力予以肅清乾淨（Bauman, 1991: 23-24, 76）。也就是說，萬一我們發現無法排除陌生人時，正負情愫交融的現象就必然存在著，無法完全清除。然而弔詭的是，當流動之陌生人的普遍存在成為社會之不可否認的歷史特質時，理論上，人人都是陌生人，因此也就沒有必要認定誰是陌生人，而事實上也無此可能了。顯然，根據包曼的思維，當人處在這樣的情況之中時，他們就不得不學習與正負情愫交融的情感世界永遠共存著。

　　假若我們可以把透過邏輯與科學方法經營出來的理性看成只是體現在人類文明發展過程中某一階段之一種具特殊歷史質性的文化產

物，它即意涵著人與人之間實際上是有著一套為社會體制所塑造的顯靈默會「主體互通性」存在著，只是它一直以藏鏡人的姿態隱形在體制化之結構理路的威權宰制之中，拿著指揮棒指揮著文明發展的樂章，透過社會化的過程壓著人們默會接受著。表面上看起來，「主體互通性」的任督二脈被打通了，實則卻是人被主流意識綁架。處於這樣的狀態之中，邏輯與科學方法只是提引人本來就具有之理性潛能的道具，是一種藥引子而已，如何展現「道行」來運用的最終能耐，最後還是來自人本身。也就是說，縱使人類對自己做這樣的自我肯定乃意味著理性可以普遍而同質地在人身上找得到（至少普遍存在於具常態性的「均值人」身上），但是人必須只能以「自己」的樣態面對正負情愫交融的情感世界，卻一直是無以避免的尷尬歷史局面。如此一來，理性將以怎樣的方式來確保和證成呢？尤其，這樣的理性意識型態與「某種其他的文明特質」巧妙結合之後，它帶來的是自戀氣息濃厚的唯我個人主義，狂妄、自大、囂張，且深具侵略破壞性，則已然成為這樣之理性所衍生的具體社會表徵了。那麼，我們不免要進一步追問：此處所說的「某種其他的文明特質」到底是什麼？簡單地講，這個文明特質即是以持具個體為本的自由主義信念與資本主義之重利思想的結合。

第二節　　自由主義信念與資本主義精神結合下的理性

首先，我要特別強調，理性從來就不是以赤裸裸的本貌、或甚至一直只是披著「邏輯與科學」的外衣出現在人的世界裡。它總是在某種特定之哲學人類學存有預設的庇蔭下被形塑著。這體現在西方世界最為典型的，莫過於自由主義的信念成為定義人之社會關係是否具有

「理性」的基礎。

　　在十七世紀中末葉以後的西歐（特別是英國），資產階級逐漸抬頭已是明顯的歷史趨勢。經過十八世紀的工業革命與法國大革命的催化，資產階級到了十九世紀終於搶得歷史主導權。雖然，在講求利益的現實世界裡，資產階級與政治權力有著既對立又合作的弔詭關係，但是，就對人本身與社會的基本認知模式而言，整個西方社會（特指西歐與美加地區）卻是分享一個共同的認知基礎。這個基本認知模式（或甚至可稱為意識型態）就是前面一再提到之霍布斯以降所逐漸形成那種以持具個體為本的自由主義信念❿。

　　持具個體為本的自由主義信念與資本主義之重利思想的結合成就了一種肯定私利（因而，乃至貪婪）具有正當性的基本生命觀，維護自我利益被冠以基本生存權利的名號，並成為一種倫理，得到普遍被承認（或謂被要求承認）的正當性（進而合法性），也是確立社會關係所以運作之價值性目的的「理性」基礎。然而，就歷史發展的角度來看，維護自我利益作為一種倫理，在現實上卻需得與過去肯確禁慾的宗教倫理取得某種的相互磨合（或至少是妥協）⓫，方能讓整個社會的結構理路順利過渡。因而，在既有（特指確立私有財產）的體制下，如何以所謂理性的方式⓬來謀取利益（特別累積財富）、且又能符合特定的宗教教義，乃成為生活在資本主義市場經濟體制下之人們

---

❿ 儘管，就實際的發展歷史來看，到了十九世紀，扛著無產階級作為歷史主體之大纛的馬克思主義，明顯地挑戰著自由主義結合著資本主義所孕育的歷史連體嬰，但是這樣一股反動勢力，基本上並沒有撼動這個連體嬰的整體歷史意義。尤其，到了一九八〇年代後期，整個共產集團（特別是舊蘇聯與中國）內部產生了相當程度的自我解組現象。這似乎宣告著，自由主義結合著資本主義的歷史連體嬰搶得了歷史的主導權，至少，在可預見的未來是如此的（參看葉啟政，2008:139-147）。

⓫ 參看韋伯（Weber, 1958）。

⓬ 套用韋伯（Weber, 1978:24-26）的說法，即所謂的工具理性抬了頭。

共同關心且在意的重要課題。

　　一旦帶著濃厚禁欲色調的理性理念被建制化（特別透過挾持著法律與科學做為正當基礎的政治化權力形式）後，針對與之對反的所謂「非理性」作為，人們總是要求予以改正、或拒斥、或甚至完全予以殲滅剷除❸。而且，一旦有了情緒，剛強者的表現總是具有爆發性的憤怒、緊張、恐懼、怨恨或焦慮等等，充滿炙熱、激動而盪漾之力道的能量釋放（流血革命即是一種最極端的方式）。如此，承擔著忍受所引生的悲愴、惆悵、抑鬱或感慨等等之「逆來順受」的無力感受，當然不是它的原型，因為那是柔弱者的表現。

　　話說到此，容許我略微離題，簡略討論一下一個相關的課題——西方社會學論述的文化風格。我們可以感受得到，在如此之理性力道觀的導引下，西方的社會思想所展現的，基本上是剛強者的思想，且稟承著勢不兩立之「非友即敵」兩分的斷而再斷思維模式（如資產階級／無產階級或資本家／勞工）❹。更值得一提的是，這個思想傳統特別重視具外塑性之經濟、政治或其他社會資源的生產與分配，基本上，乃從生產層面與由此導出的分配現象來審視人的存在價值。因而，諸如權力、權威、規範、價值、公平、正義、結構制約、壓制、剝削、宰制、生產力等等充滿互張對峙之「力」的能量展現的概念，一直充盈著西方社會學者的心頭，主導他們進行「社會」圖像的建構工程。這無疑反映了十七世紀資產階級興起以來西歐世界所逐漸彰顯

---

❸ 持這樣的立論基本上是採取實在論者（realist）的策略，乃從機制（mechanism）所具有之潛在的因果權能（causal power）角度來進行論述。因而在此所討論的，乃是科學理性作為一種關鍵的社會機制所可能開展的因果權能力道，並沒有因此而完全否定「非理性」的社會意義，尤其是體現在後現代社會之具非線性特質的「非理性」心理狀態所可能彰顯的意涵。

❹ 有關此一概念，將在下一章中更細緻的討論。

之「市場社會」想像的基本特質❺，也體現了以個體持具為本之自由主義信念的實踐能量，充滿「革命」的張力，而這表諸在十九世紀的歷史鉅變場景裡更是明顯。說來，這正是馬克思以具相同質性的概念（如壓制、剝削、宰制、生產力等等）所企圖刻畫之十九世紀西歐工業資本主義社會的歷史景象，只不過他顛倒了資產階級的歷史角色，架出對反的無產階級做為歷史主體。更值得提示的是，馬克思所搭架出如此之另類具剛強質性的論述，確實可以反映出許多人的歷史感受，有著一定現實性的社會意義，足以產生啟發作用。

這樣之具剛強質性的理性，在認識論上，恰恰可以有力且有效地支撐著笛卡兒以降所特別彰顯之「二元互斥對彰而並存」的認識論傳統，而且，無論就思想論述或實際社會實作來說，都足以讓人依照演繹的邏輯畫地自限地經營整個世界。在這樣向具剛強性之生產面向高度傾斜的情況下，內涵在消費面向中那充滿著曖昧、模糊、移位、易動、浮盪、跨界等等具柔弱色彩的概念（如引誘、享受、生活格調、時尚、品味等等）自然是被社會學家往旁邊移挪，以至於他們難以看到生死交錯、喜惡兼具、愛恨交加之正負情愫交融現象背後豐富的感情面向所蘊涵寬廣而深邃的社會學意義，更遑論作為文明源起之文化人類學的深層意涵了。

然而，當人類僅以追求直接滿足本能慾望（如基本生理需求或性慾）的使用價值作為基座來剔透存在意義的時候，即使是運用人類特有的理性意識來鼓動並正當化追求的意向，他其實並沒有高過其他動物太多，因為整個生命活動只停留在滿足和衍生源自動物本能的慾

---

❺ 諸如經濟與政治勢力的對張抗衡以及貧窮、自由勞動力、都市化、工業化等等現象相互糾結所引發複雜的社會正義與衝突的問題。

望，人將成為尼采所說的「殘廢」，物化的部分侵蝕、甚至佔據了整個生命，讓人顯得十分貧血。何況，倘若往深處來看，對人類來說，生命的意義毋寧是與欣賞藝術一樣的，原本就無法單純依靠著思想（特別是理性思想）擠壓出來，而是必須抖動著人的感情之弦，才可能有所結晶，思想頂多只是被用來把梳整理感情而已。如此一來，企圖以「思想性的認知」完全取代「感情性的感知」，是笛卡兒之「我思故我在」命題過度被渲染、並予以「月暈化」的結果❶。特別是經過物質化之科學理性的洗禮，其實，人類早已被導引陷入強調「客觀」一元判準的泥沼當中，讓人類本有的主觀洞識感受能力受到嚴重的壓抑。

　　誠如前文所提引的，在大眾傳播媒體與網路科技的體制化現象高度而快速發展的今天，一般人的日常生活確實已經為充滿感性符號飄蕩和移位的消費理路導引著，人們接受（動態）圖像刺激的機會遠比承擔靜態文字的挑戰來得多。如此一來，非線性的綜合情緒感受的確比線性的分析理性思考愈來愈具有影響力，感性應當有條件凌駕理性，成為主導文明演進的重要力道，而呼應著上面所提到之涂爾幹與牟斯以及跟隨其後之左翼「日常生活學派」社會思想家所期待的——以共感共應的情操來經營理想的社會生活。只不過，歷史實際的發展似乎還是事與願違，理性之蛇依舊盤據著整個社會，佔住了最主要的社會機制，只是它由明轉暗，由直接筆直轉為間接迂迴，成為幕後的

❶ 在西方，至少自笛卡兒以降，即把整個有關人之問題的焦點設定在於對人與自身預設著存有著內在的緊張，同時，又認為人有能力、更必須是具有主導自己的主人。這樣的哲學人類學存有預設偏偏與所謂的現實世界呈現的處境是相互扞格著，因而，人存在的基本身心狀態乃具有著基礎性的焦慮特徵。針對此一問題，誠如在前面評論尼采思想所指出的，尼采所企圖化解的，只是把笛卡兒所側重的理性認知面向移位至肯確非理性的情感面向，對人類所設定的哲學人類學存有論預設，基本上並沒有予以撤銷。

藏鏡人，但卻仍然主導著一切。

　　回顧西方的歷史，許多懷著人道精神的人原本期待馬克思主義可以取代資本主義來完成他們所相信之歷史辯證的必然程序。但是，自從一九八九年左右整個既有的共產集團（包含蘇聯、東歐與中共）改弦易轍而「解體」後，這樣的歷史理路所經營的美夢（至少暫時）宣告破滅，整個世界向著資本主義的市場經濟體制靠攏。在這樣的情況下，姑且不論是否如華勒斯坦（Wallerstein, 2001）所認為的，因為沒有了共產主義與之對仗，自由主義也隨之終結死亡了，但是，隨著共產體制的「瓦解」，資本主義體制基本上搶得了主導整個人類文明發展的至高權，至少在可預見的未來，情形似乎都是如此。

　　不過，我個人認為，十九世紀馬克思對資本主義的運作理路所提出的分析，就其基本邏輯而言，依舊是有效的，其中最為顯著的莫過於是謀求極大利潤的「理性」要求此一基本原則。情形有所不同之處在於：過去或許是如馬克思所說的，資本家想盡辦法從勞工身上壓榨出更多的「剩餘價值」，而如今，除此之外，更多的則是絞盡腦汁，從消費者身上挖取「剩餘價值」。其中，理性地運用影像符號以進行總體操控人們的感官（因而心理）來刺激消費，是提升利潤（亦即壓榨更多的「剩餘價值」）的新策略，透過種種廣告宣傳伎倆來運作時尚機制，即是一個明例。於是，透過如此一般之「非理性的理性化」（如時尚與廣告的計劃性操作）與「理性的非理性化」（如霍克海默〔Max Horkheimer〕與阿多諾〔Theodor Adorno〕所詬病之內涵在文化工業中的「啟蒙的大宗欺騙」❼）雙重機制的交錯作用，韋伯所說的工具理性達到史無前例的膨脹地步，這讓資本主義的基本邏輯也跟

---

❼ 參看霍克海默與阿多諾（Horkheimer & Adorno, 1972）。

著發揮了極致的效果。就社會機制而言，大眾傳播媒體與網際網路科技的高度而快速發展無疑是最重要的催化動力。準此，許許多多隱身在大眾傳播媒體與網際網路建置中參與符碼創造的操作者，顯然是最主要的「犯罪」共謀，只不過，他們卻總是有不在場（alibi）的證明，因而，既無法羅織法定的罪，更難以讓他們的心理有道德良知的自我譴責。他們反而被捧為繁榮經濟，尤其，創造多采多姿之彩色感性世界的中堅功臣，是締造精緻文化品味的英雄。

　　總而言之，特別針對西方世界來說，經過了十九世紀驚天動地之結構性的鉅變之後，一九八九年（或更早）共產集團的「解體」，除了鞏固了原有的資本主義市場經濟體制，尚且迂迴地強化了個體化成為形塑社會的基本主導結構原則。這樣的歷史格局於是把十七世紀以來資產階級所領導的偉大「革命」事業相當程度地予以完成，西方世界再也沒有、也不需要任何「大論述」❸，聯帶地也不需要至高神聖的定型絕對存有概念（諸如平等、正義、自由、或無產階級）來支撐正當性。尤其，今天，在資本主義體制結合發達之大眾傳播媒體與網際網路機制的結構理路，充分支援了以象徵交換為導向的符號消費社會形態。其中，最為顯著的莫過於前面已提及的現象——社會裡充滿指涉被中空化的符碼，而且總是以飄蕩、易動與不斷自我滋生的姿態再生著。一切顯現的是絕對歡愉的新鮮活生，不斷流動更易的「現在」片刻停格即是永恆，死亡始終是被拒絕在世界的外面。

　　顯而易見的，一旦理性與享樂結合在一起，消費即順理成章地成為一種環繞著個體（特指身體）而孕生的價值，人們總是以諸如健

---

❸如馬克思主義的革命理論。有關「大論述」消失的討論，參看李歐塔（Lyotard, 1984）。

康、適體（fitness）、生活品質等等名號來進行自我管控，甚至培養出一種強迫自戀症的菌種，以高度體制化的結構形式在人與人之間傳播著。其間，在認知上，以科學為基礎的理性知識即被用來作為製造這種自戀菌種的底層基礎，儘管它有權宣稱是無辜的。於是，當理性與主體權利交會在一起，我們經常看得到的是，利益取代責任，恣意放縱的自主性自由取代自我節制的仁慈關懷，對自我的道德倫理要求降到最低程度。這一切意味著，當代人其實並沒有把祕思（myth）完全去除，只是換了一件更形神祕、也更為炫惑而華麗的透明外衣而已，而這件外衣就叫做「理性」。情形就像童話故事裡那一個其實並沒有穿衣服的國王，卻自以為穿了一套華麗的新衣一般。也就是說，在邏輯與科學方法以及科技進步觀的加持下，以個人獨立自主而自由做為經營著具人文氣息的理性命題，自動成為新祕思。在這樣的歷史情境下，韋伯所提到具去神聖化之除魅作用的世俗化過程，事實上即是一種把神聖性巧妙地予以隱藏之另類神聖化的魔術表現手法。易言之，去神聖化即是一種神聖化，而理性則是催促此一現象得以發生的道具，也是意圖予以神聖化的鵠的對象。

　　扣聯到前文中伊利亞德的論述，他即相當明智地提醒著我們，現代人之所以排斥週期概念，追根究柢說來，是放棄古代重視「原型」與肯定「反覆」的觀念。基本上，這樣的觀念轉變是對自然的一種抵抗，人類企圖以「歷史人」的姿態肯定自主性的意願與可能，也因此為理性所經營的去神聖化鋪設了一條具線性演進特質的單行道。與現代性緊密結合在一起的所謂「進步」的觀念，就是最為典型的例證。無怪乎，伊利亞德進一步告訴我們，依現代人的看法（譬如黑格爾），

原型本身即構成「歷史」，因為它們是由事蹟、行為與天命組成。這些雖然被認為曾顯現於「彼時」，但既然是「彼時」，所以它也是顯現於，亦即誕生於時間之中，它和任何歷史事件一般「發生」，兩者並沒有兩樣。⋯⋯古人排斥歷史，他們拒絕置身於具體的、歷史的時間之中，這是一種早熟的倦怠的徵候，他們畏懼運動與自主自發的作用。一言以蔽之，在接受歷史處境及其風險，以及重新認同自然的模式之間，他會選擇後者（Eliade, 2000: 138-139）。

在伊利亞德的眼中，現代人是無可藥救的，因為他們認同了「歷史」與「進步」。尤其，只要「歷史」與「進步」是一種墮落，它就徹底拋棄了「原型」與「反覆」所營造的樂園（Eliade, 2000: 131, 137-138, 144）。就此，伊利亞德對歷史主義的正當性提出質疑，並且以期待的心情進一步認為，在現代西方世界裡，循環論必然會有復甦的跡象，也就是說，人類需要一種存在原型❶。伊利亞德所以會這麼說，乃因堅信著人對神聖的渴望基本上是對存在本身的一種鄉愁情思（Eliade, 2002: 138），而且是集體性的鄉愁，是無可迴避的。對此，我個人持保留的態度，因為，當個體化成為形塑社會結構的原則之後，對被高度個體化的現代理性人而言，這樣對神聖的想像所引發

---

❶ 就伊利亞德的意見，現代人是奢言自由與創造歷史的，這個自由對所有人類是一種幻覺，因為人所剩下的自由至多只是在兩種立場中做選擇：（一）反對一小撮人製造的歷史（他的自由選擇只能在自殺和放逐之間做抉擇）；（二）苟全於一種沒有人性尊嚴的生存或逃亡避難。相反的，古代文化人可以自豪於他的生存模式，而這樣的模式使他能夠有所自由與創造。他可以自由地不當昔日之我，自由地以週期性的泯滅時間與集團再生來廢除自己的歷史。這更是使得古代人變得「純粹」，完美如初，持續地生活在永恆之中（Eliade, 2000:141）。因此，古人不受限於歷史，而是創造歷史。整體看起來，伊利亞德的這些論述，似乎相當程度地呼應著第四章中所描繪之尼采的看法。

的集體存在鄉愁早已經不再了，若有，頂多也只是屬於對個人（或初級團體）記憶的鄉愁——一種個人的沮喪、失落、無奈、或甚至是無所謂。當然，或許誠如伊利亞德點明的，過去，在人們的心目中，蒼天總是以它自身存在的模式顯示出超越性與永恆性，本質上，這是崇高、無限、永恆且充滿著能量（Eliade, 2002: 161）。但是，當人類只相信自己、且以為人定勝天、或甚至一切顯得是無所謂的冷感之後，蒼天早已失去了創造或體現神聖性的要件，人們不再畏天而敬天，敬的，頂多是自己，畏的，則是野心勃勃的其他人。尤其，當世俗所經營出來的人為成就（如摩天高樓、太空船、航空母艦、百貨廣場、iPad、iPhone 等等）成為具「神聖性」（儘管，弔詭地顯得有點「庸俗」）的實體，神聖的超然、永恆與崇高性無疑地受到致命的挑戰，至少是大打折扣的。

再說，具集體性的社會結構被個體化後，經由精心的理性設計之被「客體化」的節慶形式（如演唱會、世界博覽會、球賽、乃至跨年煙火秀等等）來安頓非凡例外，原本就失去了足以「自然地」引發集體狂喜歡騰情愫、並營造曼納力道的條件，一切變得是任由個人主觀意願與感受來界定，縱然人們彼此之間的情緒感受或許是一樣的，但基本上，他們是各自感受著的。就這樣的實際歷史場景來看，讓我再以質疑的方式回應一次：我們可能如懷著濃厚左派情愫的法國日常生活學派一般，期待透過節慶來重創集體歡騰的情愫，以俾達成改造社會的炙熱期待嗎？顯然這將是錯誤地選擇了消逝的歷史場景的一種失真回應。若此，那麼，我們可能以怎樣的態度面對著人類未來的文明前途呢？為此一提問尋找可能的答案，當然是一項吃力不討好的艱鉅工程，因為這涉及的是有關「意見」的問題，況且，個體化內涵著多元、分歧、尊重個人感受與認知，人們原本就難以有著共同接受的見

解。在此，我所能做的只是表達個人的意見，如此而已。

　　或許，對當代人來說，啟蒙理性所孕生的現代性依舊還繼續發酵，至少遲滯效應依舊存在著。也就是說，追求自我的證成仍然是許多人關心的課題，人們還是問著：到底「人」可以是、應當是甚麼樣子？如何可以不被「命運」完全擺佈，有著一定的自我決斷。過去，韋伯（Weber, 1946: 300-301）即曾經企圖以科學與理性為文化底蘊，進行所謂生活經營（*Lebensführung*）❷0的營造，並以此來安頓人的存在意義。對身處在強調修辭與感性情緒的後現代社會裡，如韋伯這樣企圖強化理性來從事生活經營，乃與力求回歸初民社會透過集體狂喜歡騰之感性曼納力道來重振神聖性的社會效果一樣，畢竟是難竟全功的。

　　面對人類所處如此一般的歷史格局，布希亞回歸到初民社會的場景來加以審視並認定：對一個群體或個體的生存，人們不能只圖自己的好處、利益與理念實踐，必須有另外的目標，情形就像日本武士道強調的，武士必須走向中心的邊緣、或跨越中心、或走離中心，追求尼采所憧憬之超克人所彰顯的自我超越。因此，企圖（如韋伯之論述所意涵的）在諸如利益與理念兩個原則中間尋求妥協基本上是無用的，任何的複製作為只不過是策略性的（strategic），也是命定的（fatal），並不能為人開啟更寬廣的道路。布希亞下了一個結論：一個社會具有非凡的集體炫想與對犧牲的激情畢竟是需要的（Baudrillard, 1990b: 77-78）。情形若真是如此的話，那麼，整個問題

---

❷0 一般英譯為生活風格（life style）（參看 Swedberg, 2005:150f）。但是，根據張旺山的意見，lifestyle 適合用來等同 Lebensstil。因此，把 Lebensführung 譯成 life style 顯然是錯誤的（張旺山，2008:72，註7）。有關韋伯此一主張的討論，除了參看韋伯（Weber, 1978）的原著外，尚可參看張旺山（2008）。

的關鍵即在於「如何經營」上面了。

第三節　誘惑（seduction）與後現代場景裡的象徵交換

　　首先，還是借助布希亞的說法來破題，因為他的見解運用到後現代場景特別具有啟發性，值得細嚼。帶著濃厚尼采風格的逆向切入手法㉑，布希亞宣稱，人類文明的進步不是來自道德（morality）或社會裡之正面價值體系的推動，而是來自於對無道德（immorality）與惡行（vice）的翻轉。譬如，競爭就強過道德，它是無道德的；時尚也強過美學，一樣的，是無道德的；誘惑更是強過關愛與旨趣，它也是無道德的。所以如此，乃因為惡行的能量是一種分裂與斷裂的形式，其魔力基本上來自符碼所具飄盪的魅力，乃以遊戲方式誘惑著人們。它使得人們難以形塑責任意識，甚至揚棄了責任意識，以至於產生了幾乎無法抵擋的魔力（參看 Baudrillard, 1990b: 72-74）。尤其，在這樣的符碼遊戲裡，一旦符碼所創造的過度真實（hyperreal）現象細膩地侵蝕著人們的靈魂，過度真實與真實的界線即變得相當模糊，人們在其中所做的任何努力都因無法獲得踏實（尤其具物質性）的事物做為最終依靠，而僅讓以隱喻方式開展之飄盪而易變的符碼所帶來那種短暫、變動不居的「愉悅」一再浸潤著。處在這樣的狀況下，人們的實作表現所架出的主體感，無疑地是相當脆弱，甚至消失殆盡，一切只成為一種自我囈言而已。

　　透過大量的隱喻符碼來開展世界圖像，乃意味著人與實在本身

㉑特別表現在《善惡的彼岸》一書中（參看 Nietzsche, 2002）。

（假若有如是之實在的話）有了距離。距離為人們罩上了面紗，一片
朦朧，相當神祕，但十分誘人，一切總是有待捕捉，當然，更有待詮
釋。在這樣的情境裡，借用尼采的隱喻性說法，深淵與顛頂乃在一線
之間，真與假（善與惡、光明與黑暗）是一體的兩面，可以相互顛倒
對調，也必然需要是如此的。處在這樣的情境裡，有著正負情愫交融
的心理狀態，毋寧地是正常，而非偏差，更不必然帶來認知失調，反
倒成為創造令人震撼與激動之象徵的情愫來源，假若它足以令人感動
的話。在此狀態中，有的，不是絕對真理（或倫理道德）的肯定，而
是涉及審美的生活風格與體驗。

　　就現實而言，這樣的場景並不立即意味著，深受線性理性主導的
現代性就此完全退了位，讓非線的後現代性取而代之。至少就現狀
來看，現代性的遲滯效應還發揮一定的作用，整個社會的結構理性基
本上尚受制於強調「進步」意識之現代性的線性邏輯。也就是說，透
過「理性的」生產，創造財富的累積與種種有形無形產品的成長，仍
然是表現「進步」的最核心指標，而「不斷成長」背後隱藏的線性邏
輯依舊是主導社會機制運作的基本理路。按理，社會需要的是不斷的
記憶，因為這是使得「成長」可以不斷累積的必要無形資產，而這也
正是第三章中伊利亞德所說之具線性特質的「歷史」。

　　肯定個人持具與行動自由的自由主義思想是成就了自由民主政治
體制，也活絡了資本主義的市場機制。它一路開展出來，特別表現在
人們的日常生活世界（包含文化消費活動）裡面，推到極端，乃意涵
著「多元性」此一具非線性特質的理念被予以正當化。然而，身處於
以符號消費為導向的後現代場景裡，飄蕩符號的消費代表的是不斷耗
盡，一切只存在於當下此刻的「現在」，既沒有過去，也沒有未來，
更不需要累積，「歷史」因此不見了。在這樣的存在格局裡，遺忘成

為社會運作的基本原則❷，因為唯有不斷地遺忘，嶄新的符碼才得以不斷浮現和替換。最後，這樣的格局為人帶來的，當然是一種不同於過去線性社會的場景：超越歷史框架的桎梏是一種「美德」，遊戲飄盪成為常軌，正常與異常的界線模糊掉，相互跨界踰越著。

　　這樣的弔詭意味著，一旦以自由、自主、獨立等等信念來形塑的個體性與線性的進步觀相互碰撞之後，個體性所牽引出具非線性特質的多元性與變易性，似乎佔了上風。它以無比的威力「否定」了線性的進步觀，但卻依舊「容忍」著「理性的」生產機制，讓線性的理性邏輯為以符號消費為導向、且不斷踰越的非線性多元存在而服務，兩者弔詭地承讓並存。只不過，落在過去大家習慣接受的線性演進觀所界範的認知格局裡，這些踰越卻是以諸如異化、失落、脫序、無意義等等具「病癥」意涵的概念來表現，充滿諸多無以理解、也難以化解的「問題」感。然而，逆向來看，殊不知這些有「問題」的病癥表現，卻正是使人可以從單一價值體系（或歷史觀、意義體系）中解放出來的重要契機——一種多少尚具「神聖性」的世俗化再建構。假若我們勉強要指控這些現象仍有「問題」的話，或許情形是如洛維特提示的，整個問題的關鍵乃在於，儘管透過世俗化的廣泛推進，讓整個外在世界變得多元而自主，但是人的內在世界卻始終沒有充分自主化的明顯痕跡。也就是說，過去信仰上帝作為人類與世界的創造者，人們的外在與內在世界畢竟是合一的；如今，人不再信仰上帝是創造者，這兩個世界硬生生地被分離開，人飄盪在兩者之間，不知道怎麼自處（Löwith, 1997: 137-138）。關於洛維特提示的這個「問題」，我

---

❷ 最能展現這樣之特點的，莫過於是「時尚」此一社會機制了（參看 Simmel, 1971:294-323）。

們留在最後面的章節再來處理。我們先回到後現代場景所展現之象徵符號消費的現象，尤其是扣聯著象徵交換與正負情愫交融現象的課題。

　　誠如在第二與第三章中所意圖提示的，處在後現代的社會場域裡，落實在人所具之實際生理構造的基本需求（自從霍布斯以降，如馬克思與佛洛依德所強調的）已經不再是考慮人之社會行為的必要基礎概念了。在解釋當代人的社會行為（特別指涉訊息互動的行為）時，過去依附在「生產」概念下強調使用價值、交換價值、乃至符碼價值的價值說也隨之失了效。此時，取而代之的是以消費為主軸經營起來的概念，諸如誘惑與象徵交換等等。底下，就布希亞所提出的見解做為基本命題，讓我們從「誘惑做為引動象徵交換之機制」的立場來考察正負情愫交融之源起的社會心理與文化—歷史意義在當代文明裡是否有翻盤的可能。

　　根據布希亞的意見，在人類文明孕生的早期（即前面第三章中所討論的古老歷史場景），具雙元性（duality）的符碼規則（rule）與儀式（ritual）主導社會秩序的形塑，儀式性（rituality）是經營文化的主調，誘惑則是基本的機制（Baudrillard, 1990a: 155）。換言之，如前所述，在象徵交換本身即是互動的目的的場景裡，儀式（特別是魔術與咒語）清空了一切的「意義」，符碼本身即具有無比的魅力，讓人懷著無限的想像與感受空間，自由遊蕩著。就哲學人類學的存有論預設立場來看，誘惑可以說是伴隨著符號與儀式的秩序而來，並以曼納能量經營起來的神聖性做為後盾來予以誘發，它並非歸屬於自然原初的秩序㉓。

㉓也就是說，在布希亞的心目中，譬如亞當與夏娃在伊甸園中受到蛇的引誘吃了禁果之有

　　凱爾納（Douglas Kellner）說的或許沒錯。他認為，針對布希亞來說，誘惑具有哲學人類學存有論的性質，乃用以刻劃當代社會，也是逃逸社會決定邏輯❷❹的另類貴族式行為（應是特別意指部落社會）的基本範疇（Kellner, 1989: 148）。　儘管我不同意凱爾納以另類的貴族式行為是「逃逸社會決定邏輯」的說法，但是認為布希亞的誘惑概念具有存有論性質的論點，卻可說是貼切的。只不過，凱爾納認為，布希亞的說法是矛盾的：

　　　　一方面，誘惑描述了社會運作，它是我們的命運，也是（後現代）世界的方式。另一方面，這是布希亞的理想，乃是相對生產的另類選項，也是他用來替代象徵交換以做為行為的特有形式。從此觀點來看，誘惑是對著實在之嚴肅性的否定，是生產、意義與真理的急需要件（exigencies）。它涵攝著單純的遊戲與表面化之儀式的魅力，正是此一力量深刻地暗損了對生產、意義與道德的要求。然而，布希亞的理論——政治企劃變得陷入自己的策略陷阱，因為針對著用來刻劃後現代社會的冷誘惑（cool seduction），他無法真正描繪出另類的引誘感。再者，他企圖激猛化（valorize）誘惑以取代生產和其他相關概念，但是，他卻愈來愈懷疑後現代社會的冷誘惑是我們的命運。總之，……布希亞自己最後被他分析的對象完全引誘住，以至於放棄了至高性與

關自然原始秩序的說法，並非他使用誘惑一概念的意涵。事實上，回顧西方的歷史，就宗教上的意涵而言，誘惑乃魔鬼運用的策略，也是愛的魔術師，它是人為，不是自然的。同時，在此特別值得一提的是，在西方哲學傳統中，誘惑一直被視為只是表面的（appearance）（相對於實在〔reality〕而言），乃常誤導了人們的行止，是哲學家（如柏拉圖）眼中具爭議的問題目標（Kellner, 1989:143）。

❷❹ 就此而言，凱爾納似乎意涵著，布希亞所說的「自然」與「生產」的現代假設，是形成社會的共同基本邏輯。

主體性的根本原則。

　　……布希亞以誘惑取代象徵交換做為他喜欲的選項，可能是因為象徵交換會讓人聯想到前資本主義的原始主義，而這將使得布希亞被控訴為對已消逝的年代有著懷舊症，退回到社會的更早形式，並予以理想化。於是，誘惑以後現代之新貴族的理想凌駕前現代的原始理想。此一新貴族的理想保留了象徵交換所強調的可逆性（reversibility）、遊戲、以及處於象徵、耗盡與浪費、過度和美學展示之層次的交換（後現代多過前現代）。職是之故，布希亞的貴族美學主義激猛化了誘惑乃是象徵行為的一種可欲形式（Kellner, 1989: 148-149）。

　　基本上，凱爾納的評述乃立基於一個論點：《誘惑》（Seduction）一書表現的是布希亞後期思想的核心，他企圖以誘惑的概念取代之前的象徵交換，做為批判與反擊以生產為焦點的（資本主義）世界觀（Kellner, 1989: 143）。依我個人之見，凱爾納的論點實有仔細斟酌的必要，理由是：布希亞描述誘惑現象時，他並沒有清楚地對自己整個思想背後的基本假設與期待有所交代，以至於無法把他心目中對誘惑的基本理念意涵與後現代社會中被物化（因而背離原始理念）的誘惑現象加以區隔，導致讀者產生了混淆，並引來誤會。

　　在我看來，布希亞提出誘惑一概念的最重要意涵，乃是用來進一步地讓象徵交換的哲學人類學存有源起意義得以圓滿呈現，以使後現代社會場景的特點可以更加撐張出來。也就是說，布希亞只是進一步企圖以誘惑的概念來刻劃象徵交換做為具本真性之互動形式的基本特徵（或謂心理機制），因此，兩者的關係不是「取代」，而是「相互輝映」。倘若我們特別就布希亞之思想的演進過程來看，其所強調的

從「象徵交換」轉移到「誘惑」，充其量只是表示不同階段之論述焦點的轉移而已，絕難以使用「取代」來指稱。再者，凱爾納所以如此詮釋或許另有原因，那是因為他未能充分洞識到布希亞的論述背後涉及涂爾幹以降之法國社會思想界所內聚的基本集體意識情結，即：對初民社會裡（特別在節慶時）神聖符號所彰顯的消費性集體歡騰現象情有獨鍾（尤其是勒菲伏爾的思想），以至於凱爾納無法對誘惑與象徵交換之間所可能具有的哲學人類學上的關係，展現更具彈性的評論㉕。

　　沒錯，布希亞質疑運用傳統主體哲學的諸多概念範疇（諸如意志、表徵、選擇、自由、知識與慾望等等）來理解當代媒體─資訊社會的有效性。他一方面當然是企圖反映上面提及涂爾幹以降法國社會思想所內聚的基本集體意識情結，並認真地與之對話；二則是立基於對後現代社會場景的「經驗」觀察，希望「實徵」地落實於當代的社會─文化結構來審視問題。在此，他是否關心人類文明的人類學源起狀態（如李維史陀），當然是一項可以討論的嚴肅課題，然而，就本文的寫作脈絡而言，這個問題並非重點，姑且存而不論。不過至少就社會思想發展史的角度來看，以初民社會的社會理路對照著後現代場景來鋪陳論述，倒是具有延續地回應涂爾幹以降法國社會思想之基本集體意識情結的重要歷史意涵，值得肯定，也應當予以重視。

　　誠如上述，當我們說誘惑乃屬於具符碼性的儀式秩序時，這意味著它不是一種能量秩序，不能以霍布斯以降強調人所具實質性（特別是生理性）的「需求」概念來理解。反之，既然它涉及有關神聖世界的象徵交換戲局，根據涂爾幹的集體歡騰論的論述傳統來說，充滿著

㉕ 有關的討論，參看葉啟政（2008: 第 8 章）。

眩暈而狂喜❷的挑戰性，遂成為必須關照的基本特質了（Baudrillard, 1990a: 119-120; 同時參看 Baudrillard, 1990b: 9）。就此而言，透過具集體歡騰特質的儀式性象徵交換，體現在初民社會裡的誘惑挑動著人們的情感，帶來狂喜出神的情緒，確實具有足以引動具共感共應之共同體意識的社會效果。這不但營造了讓大家可以不斷以互惠迴轉方式來分享具凝聚成為共同體的集體意識，更形塑出種種足以彰顯共同體的集體表徵。然而，在資本主義的市場邏輯主導的現代個體化社會裡，特別是透過大眾傳播媒體（與網際網路）作為中介，象徵交換的進行基本上並不是等性（如情感）的交換，而是以「類」（in kind）為標竿的等值交換。這註定了不可逆轉、也不可轉換，其所呈現的符號交換價值觀是一種只肯定不斷滋長蔓延、但卻是絕然斷裂、無法延續、也不擬延續的生成，它更是無法累積，剩下的只是缺乏共同狂喜感應之當前此刻的即時性而已。

　　布希亞相當有洞見地指出，在具現代性的社會情境裡，具極化性（polarity）的法則替代了傳統社會重視的規則，形塑的是強調諸如正義、公平、階級、權力等等的所謂社會性（sociality），以至於儀式性愈來愈沒有著力點，誘惑因而成為致命的「邪惡」污染源，必須避免。如今，當人類文明更邁入以模擬（simulation）為主導力量的所謂後現代場景之際，具數位性（digitality）的規範（norm）與模式（models）取代了具極化性的法則，成為優勢原則。儘管，對當前此一為具數位性之規範與模式的社會理路所主導的模擬社會，布希亞找不到一個可以與刻畫前現代社會的雙元性與現代社會的極化性相匹對的適當辭彙來形容，但是，他提出的一些說法卻是相對明確，值得進

---

❷ 依布希亞（1990b:8）的說法，炫惑（fascinating）因此並不是誘惑的基本內涵。

一步予以援引。

　　簡單地說，數位性意涵著，無相互搓揉摩盪之迴轉攻錯契機的武斷二元性（如電腦語言中的○與一）是主導人們行為背後的基本行事理法。特別值得一提的是，在今天這樣一個數位化之大眾媒體❷主導著人們之日常生活的後現代場景裡，意符原本就是缺乏穩固的指涉而顯得飄盪著，意義上有著絕對互斥對彰（如美／醜）的必然性於焉跟著消失，剩下的是諸如在令人炫惑之「時尚」這種極端機制形式中所彰顯的特徵──無限膨脹、移轉、飄盪、踰越、蔓延與自我增殖。套用布希亞的語言來說，處在這樣的情境裡的大眾，剩下的只是命定（fatal），毫無產生辯證❷的機會（Baudrillard, 1990b: 96）。

　　此時，人工模式所樹立的權宜規範把誘惑做為一種社會機制的契機又恭迎回來，但是，過去在人類文明（特別如初民社會）中常看得到那種具倫理或美學意涵、且對彰地相互搓揉摩盪的二元性不見了，因而，在初民社會裡常見到具挑動集體歡騰與狂喜出神心理狀態的象徵交換現象跟著流失掉。借用馬費索利（Maffesoli, 1996a, b）的語言，即是所謂的新部落主義（neo-tribalism）變得囂張起來。也就是說，表現在當代文明中最為典型的，莫過於是體現在諸如演唱會、球賽、電影院、乃至時尚上面那種人們彼此分享、但卻又只是各自感受（即不具共鳴性質的共感共應）著類似之情緒的個體化情形。這意味著，過去具決鬥、競賽、且賭注極大化的炙熱誘惑被軟化了，變得有

---

❷ 此處所使用「數位化之大眾媒體」一詞，絕非今天在日常生活裡所意圖指涉之有關大眾傳播媒體的單純技術性特質，而是上文（與下文）中特別強調的社會學意涵。

❷ 易言之，在布希亞的心目中，意義的對彰乃以辯證的方式進行著。這樣之黑格爾式的論證，我個人有所保留，使用援引自《易經》的搓揉、摩盪與攻錯等等的概念來形容，似乎比較可以避免內涵著「非此即彼」的兩元互斥並立的對彰狀態，有著可以相互扣攝導引的餘刃空間。

點冰冷，成為一種被情慾化之無賭注氛圍（ambience）所包圍的「冷誘惑」狀態。與過去（特別初民社會裡）所常見的炙熱誘惑一樣，冷誘惑依舊具備遊戲的形式，但卻是失了準頭（ludic），不具任何挑戰性（Baudrillard, 1990a: 157）。退一步來看，縱然這樣的冷誘惑有時可能發點熱，但是，卻僅及於個人或少數人，同時，其發熱的時間既短，稍現即逝，熱度更是不足以引起具狂喜特質之炙熱的集體共感共應情愫，頂多是引來具有分享微溫之愉悅情愫的情緒共同體❷❾感受而已。

　　誠如布希亞一再告誡我們（也是上文中一再提示）的，在資本主義體制之市場理路的支撐下，大眾傳播媒體以異化❸❶的姿態充斥於日常生活世界裡的場景裡，以冷誘惑的致命策略方式對大眾進行著褻瀆性的引誘，因為，最後頂多只是讓大眾有著自我褻瀆帶來之寂寞的獨自快感而已。如此，當代大眾的象徵交換互動自然是沒有任何足以明顯地產生具神聖儀式性之誘惑的契機。有的只是透過諸如電視（或網路）的介體，人做為端點（terminal）的一種自我管理（或謂自我褻瀆）而已。於是，自我誘惑成為一個體系或網絡中充電粒子的規範，而且是冰冷的規範（Baudrillard, 1990a: 166）。這樣的誘惑缺乏面對面互動時可能激發對方激情的挑戰，無怪乎，布希亞會控訴著，當媒體誘惑大眾而大眾誘惑著自己時，「誘惑一辭的使用是無比膚淺和陳腐。」（Baudrillard, 1990a: 174）

　　把這樣極具自我褻瀆特質的誘惑狀態施及人際互動的情境，推到極端，它變成頂多只是滑潤人際互動的一種交換價值，喪失了引發一

---

❷❾ 借用自馬費索利（Maffesoli, 1996a, b）。

❸❶ 借用左派的這個字眼，我所意圖強調的是，它無法充分貫徹表現初民社會之誘惑所可能彰顯的源起樣態（即引動集體歡騰與締造共同體感）。

再讓神聖性不斷激情迴轉的動能，更遑論產生永恆的集體激盪，以至於誘惑只能依靠著互動兩造之間（或共同社會處境本身）偶然觸發的情緒來支撐（如時尚表演、球賽、演唱會等等極具理性建制化的形式）。在此情況下，整個互動總是被「良好」設計安排著，是預期的，既無危險，也沒有致命的吸引力，隨時可得，但也隨時可棄。誠如布希亞所形容的，這樣的互動經常挾持著認同（identity）的名號（如把運動員或歌唱者當偶像）對人們進行勒索，情形有如恐怖分子與人質的關係一般❸，彼此需要，也交替循環著（參看 Baudrillard, 1990b: 39-40, 47）。是的，它總是以「偶發」的非凡例外姿態不時穿梭在平凡例行的日常生活情境裡，只不過卻是隨時可以來，也隨時可以去，情形猶如雞肋一般，食之無味、棄之卻有點可惜。在這中間，互動做為交換的形式，愈來愈顯得無東西（賭注）可資交換，也愈來愈沒有特別值得珍惜的東西。這使得一切的一切成為不可能，也同時成為可能，以至於可能與不可能之間的界線模糊掉，更是變得不重要，人們不必太在乎，更談不上需要珍惜❸。

　　德波（Debord, 1983）曾經形容消費社會是一種深具異化特質的景觀社會（the society of the spectacle），布希亞認為，這並不足以恰適地刻畫出強調資訊與溝通之媒體（特別網路）世界的真正場景——一種充滿著猥褻（obscenity）（尤其自我猥褻）的愉悅世界。呼應著上面諸段落的討論，布希亞所以這麼說的理由是相當明白的：德波所說之如此一般的景觀社會還不足以讓一切透明化，因為，在初民社會

---

❸ 這樣的關係既非黑格爾所說的主人／奴隸關係，也不是馬克思所強調的支配／被支配者關係。顯然的，在這樣的情境中，人們之社會關係的歷史屬性改變了。

❸ 施及於愛情、友情、甚至親情，亦如是。

常可以看到的場景（scene）依舊存在❸❸。只有等到今天這樣一個被踰越一切的飄蕩符碼所征服的後現代社會裡，「場景」已經完全不再了，猥褻才得以浮現。過去，集體歡騰的場景帶來的是共感共應的狂喜激情，如今透明的虛空帶來的則只是猥褻的炫惑（fascination）。前者是炙熱誘惑，乃誘惑之哲學人類學存有的原型，有著投資、表現與競爭等特質，而後者（猥褻的炫惑）則是涼或冷的，是僥倖的（aleatory）、眩暈的（vertiginous）等等的同義詞（Baudrillard, 1990b: 67, 69）。

在媒體以冰冷姿態誘惑著大眾而大眾進而透過媒體來誘惑自己之個體化結構的驅動下，人總是不自主地有著自戀情結❸❹，以至於不停讓自己歇斯底理地進行著不斷的自我褻瀆——既拒絕誘惑別人，也拒絕被別人引誘（參看 Baudrillard, 1990a: 119-120）。這種拒絕是理性的，顯得冷感且無能；要不，以非理性的單向方式投入，互動的對方則總是掩遮在電磁波抖動的不知處，既無遠近之分，也沒有臉面，推到端點來看，它充其量只是整個媒體（或網路）介體中的另一個介體次元（如迷醉於網路遊戲或臉書），充當著有回應能力的對象，但卻不需要有過去，也不在乎有未來，更不在意知道他（她）的「真實」是什麼。雙方以隱形人的姿態，透過炫惑的符碼，邂逅於無形無色的虛空之間，相互充當著道具。在這樣的情況下，孕生於象徵交換當中

---

❸❸ 所以這麼說乃因為，德波作為極具左派色彩之國際情境主義（the Situationist International）組織的核心人物，他極盼透過創造類似初民社會的節慶場景，以為無產階級營造共感共應的集體歡騰氛圍，再經由這樣的共感共應氛圍來凝聚集體意識以帶動革命。其所採取的具體策略，即是透過藝術創造（如動畫、傳單、塗鴉等等）進行具有啟發人們階級革命意識的都市游擊戰（參看葉啟政，，2008:250-253，同時參看 Sussman, 1989; Plant, 1992; Wollen, 1993）。易言之，德波所意圖創造的景觀社會尚具有著初民社會經營集體歡騰（因而，集體意識）時特別在意的所謂「場景」概念。

❸❹ 有關對當代人之自戀情結的闡述，參看葉啟政（2008:170-178）。

的誘惑，當然是喚不起轉徹迴盪震撼之歡騰狂喜能量的共感共應，甚至，原本就沒有這樣的意圖。它有的只是以對方做為介體，挾持著機率性的期待，各自謀取情緒上的自我褻瀆，帶來的是一種既孤獨寂寞、又輕盈的些微快感，以至於頂多有著「不可承受之輕」的心理壓力。於是，整個情形或許正如波赫士在〈巴比倫彩票〉（Lottery）這篇小說中所描繪的情景：人們以機率的方式進行著互動，並不是完全虛構的故事，而是可以在當今的現實世界裡找得到的「事實」（Borges, 2002）。

　　假如我們進而借用瓦蒂莫的說法，今天我們乃即處於概化溝通（generalized communication）為主調的時代裡，人們承受著不斷更新之新穎「怪誕」象徵符號的震驚（shock）與擊動（*Stoss, blow*），帶來的是不斷擺盪（oscillation）、也是失向（disorientation）的場景，充塞著隨時令人感到驚艷的曖昧性（ambiguity），儘管有時有著窒息感（尤指藝術）（Vattimo, 1992）。在這樣的歷史格局裡，生成過程本身不再是成就一個追求具集體至高性的永恆絕對存有，而是讓輕盈、飄蕩的符碼不斷引誘著人們，為個別個體帶來充滿著短暫、顫抖且致命的愉悅回應，以至於「一切都可能」。在這中間，沒有厚重的累積性成長，只有不斷揚棄、耗盡的消費，一切停頓在當下此刻的「現在」，因而顯得相當輕盈。或許，處於這樣的場景當中，人的創造力確實有了充分自由發展的空間，但是，人作為行動的主體卻又如何來證成自我存在的意義（假若這是需要的話）呢？

　　上述之布希亞的見解提示著我們，在後現代社會裡，當競爭、時尚與誘惑等等「無道德」的呈現已是常態、且成為具有著優勢決定性的結構理路的時候，假若倫理道德還是需要、且有重建的契機的話，那麼，我們勢必需要採取另外的方式來進行。簡言之，呼應著前面多

次提到之尼采所揭櫫之超越善惡彼岸論的觀點，我們得超越傳統以特定專斷德目為本的倫理意識，改以「非倫理道德」的心態翻轉「無道德」與「惡行」來進行改造。特別是在人為科技文明昌盛的時代裡，或許正如瑞夫的「心理人」概念所提醒的，人們最為關心的是內在心靈的理法（Rieff, 1979: 356-357）。易言之，處在這樣超越倫理道德意識是必要、且不可迴避的歷史場景裡，內在心靈的理法涉及的，首在人們超越（特別是具外控性之）倫理道德後之內心武裝能耐的問題。這基本上涉及東方文明傳統強調之自我修養貞定所形塑的自我操控能力的課題，而它所具有的特殊時代意義即在於追求具審美（而非絕對道德性之是與非）意涵的良質生命意境。或許，這也正可以用來對著前面提到之韋伯的「生活經營」概念從事具後現代意涵的另類解讀吧！

第四節 冷誘惑驅動下的倫理意識

透過社會制度性的機制來實踐人類的倫理價值一直是現代西方人採取的策略，尤其透過國家機器的體制來進行總體性的遂行功夫（如透過法治規範、警察監控、教育機制等等），更經常被認為是不可或缺的必要手段。就支撐道德倫理背後的理念而言，桑德爾（Michael J. Sandel, 2010）總結整個西方世界自古希臘以來哲學家的思想，認為福祉、自由和美德這三個理念是整個道德倫理議題的核心。在討論這三個理念時，有關公平與正義的問題幾乎成為重要的焦點，而公平與正義涉及的基本上則是人對種種社會資源之分配合理性的確立問題，這可以說是呈顯著強調外控性之社會思想最典型的特徵。就人作為行動主體的角度來說，這樣的分配問題乃建立在諸多對人之存在價

值的基本肯定上面，而這些存在價值原則上則依靠深具理性意涵之權利—義務觀（特別是承認契約關係）予以肯定和實踐。譬如，康德即主張人存在的價值在於以某些具普遍效準的無上律令（categorical imperative）做為根本、並把人當成目的來予以證成，而道德的基礎則是源自對無上律令的義務，而非立基於如功利主義主張的喜好。於是，對人作為具理性的行動主體而言，唯有在以特定無上律令為基礎之想像性的契約規約下能夠產生自主意識的自律（autonomy），人才足以證成自己的存在價值，也才有自由可言，否則只是受制於種種外在條件的他律（heteronomy）行為，並沒有真正自由可言的。羅爾斯（John Rawls）以康德的自由主義論點為基礎，沿襲古典自由主義的基本命題，認為假想契約內涵著兩項正義原則：一是人人具有相同的基本自由，且是絕對地優先；另一則是社會經濟條件的平等乃建立在有機會讓社會最底層往上爬升的前提之上（Rawls, 1971: 60）。換句話說，只要社會最底層往上爬升的機會可以被保證，收入、財富、權力與機會等等具社會與經濟性質的不平等是被允許的。因此，分配正義不是為了獎勵「道義應得」（moral desert），而是回應整個遊戲規則被確立後的正當期望的權益（entitlements to legitimate expectations）（Rawls, 1971: 310-315）。如此一來，在預設著平等具「無知之幕」的初始狀況的前提背後，羅爾斯提出差異原則來確保「既能為天生的智愚不均提出糾正，又不會為才智人士設障礙」（引自 Sandel.2010: 176, 182）。

　　自霍布斯以降，企圖以分配問題來定義正義的內涵，乃與資本主義的自利思想以及強調具外控持具的自由主義思想相互浸濡著，體現在它們之間的歷史親近性，鼓勵了肯確功效的倫理信念，涉及的不是把良質的品味（操守）問題看作為至高無上之道德倫理的目的論判

準，而這顯然與西方古典來自與政治有著親近性的倫理觀有所出入的。別的不說，單單依照亞里斯多德的意見來說，政治的目的即被視為在於培養具良好品格與品味的公民，因而，政治權力的施用旨在追求更具良質之共善的社會生活，而非確保一些共同旨趣、利益或意見得以妥協地予以實現的機會（如立基於民主體制中假設有著自由意志的民意）。當然，亞里斯多德的論點暴露了兩個問題：首先，政治是否是促使人有著更良質生活契機的不可或缺的必要機制；其次，以特定選擇的共善作為目的是否有流於獨斷之虞。單就第二點而言，這顯然與主張個人獨立自主、道德乃基於自定之無上律令的自律行為、或基於選擇的正義原則的想法相左。後者這樣的倫理觀所肯確的，基本上乃是以假想契約為基礎的正當權利（right），而非良善（good）為出發點的道德個人主義。偏偏這正是以個人持具為主軸所經營起來之自由主義的核心理念，形構為當代的基本優勢倫理意識。

　　就在這樣既延續又斷裂的倫理意識流轉的歷史進程中，桑德爾綜合過去的種種論述，尤其在康德與羅爾斯的自由主義與亞里斯多德之具絕對目的性的德目論間找到一個適合時代潮流的道德倫理觀。他提出三類道義責任：（一）具普遍性，不需經由同意的「自然責任」；（二）具特殊性，需要經由同意的「自願義務」；（三）有特殊性，不需經由同意的「團結義務」（如愛國意識）（Sandel, 2010: 251）。他進而援引麥金泰爾（Niccolo MacIntyre, 1981）之主張「敘事」帶有目的的情境倫理說來支持（三）的必要性。桑德爾認為，道德審度的較多成分是放在解析人生故事（如家庭情感、社區意識、愛國情操等等），而非展現自我的意志本身。人是需要選擇，但選擇的是故事解析的產物，而不是意志的獨立行動（Sandel, 2010: 248）。所以，道德倫理的重要判準在於個人對特殊存在情境（例如該不該舉發自己親人

的罪行）之具反思性的自我判斷，重點不只在於肯定個人的絕對自由，而是持有特定的美德以至共善信念，在複雜的社會情境關係中思考正義的施行方式，主張透過相互尊重之參與的公民生活，也就是貝拉（Robert N. Bellah）等人在《心之慣習》（*Habits of the Heart*）一書中所欲確立之實質正義（substantive justice）的實踐（Bellah, et al., 1985: 25-26, 29）。就社會情境而言，這樣的倫理指向的，誠如泰勒（2004）所指出，是人們實際生活著的日常生活世界，焦點是在肯確個人具自由與平等之自然權利的前提下，人們彼此之間的相互獲益、尊重與關懷（Taylor, 2004: 3-22）。

回顧前面有關過去三個多世紀來西方人主導下之人類文明發展情形的討論，我們大致上可以得到這麼一個結論：到了二十世紀後半葉，特別是在傳播媒體科技快速而高度發展的催化下，持具個人為本的自由主義結合了資本主義信念，撐出了以符號消費為導向、且高度個體化的後現代性。這讓個體化的結構力量對於整體人類的處境有了幾近全面性的衝擊。在諸多衝擊之中，多元化可以說是最為顯著的現象，情境倫理所以相當普遍地被人接受，正是反映這樣之歷史質性的最佳寫照。於是，固然傳統的倫理意識（如獨斷地以特定德目來規約）並沒有完全消失，也並非絕然無效，但是，更加醒目的卻是倫理被關係化，而且被審美化。基本上，倫理取決於人們對種種社會關係所產生具反思性的自我詮釋、判斷、感受和抉擇，其所期冀謀求的是個體之自我人格的統整性。麥金泰爾（MacIntyre, 1981）所提出之適境自我（situated self）的概念，說穿了，即是呼應著這樣的倫理觀，而這又可以與尼采強調發揮權能意志來成就超克人的期待有著一定的親近性。當然，其中最令人感興趣的莫過於，就倫理意識的塑造和經營而言，正負情愫交融的心理狀態到底扮演怎樣的角色；或轉個角度

來說，它以怎樣的方式來成就倫理意識？這將在下一章中予以回應。

第 6 章
修養貞定做為理解當代人的歷史—文化意義

第一節　人與自然之關係的愛恨交織——一種正負情愫交融的糾結

德國詩人席勒於一七九五年寫了一首詩〈散步〉，刻畫著他自己對展現在十八世紀末之歐洲新文明與「自然」交手的感觸，其中有這麼一段話：

> 我真是孤獨？自然啊，我又投入你懷抱，
> 靠在你心頭，剛才只是個幻夢❶，
> 它以人生的恐怖形象❷淒然攫著我，
> 這惡夢已沿著陡峭的深谷沉墜。
> 我從你純潔的祭壇上收回更純的生命，

---

❶ 應當是指涉當時啟蒙「新文明」為歐洲人帶來的種種心靈衝擊，尤其是諸多的夢想（如自由與民主）。

❷ 指席勒在此詩的前面所描寫的谿谷深淵，乃意指當時發在歐洲世界之種種革命性的變遷（如法國大革命）。

　　收回青春有為的快活的勇氣。

　　意志的目標和歸旅雖永遠在變，

　　行動的形式卻永遠反覆循環。

　　可是，虔敬的自然，你總是恪遵古法，

　　永遠年輕，你的美不斷變化。（Schiller, 1984: 61）

　　作為被歸類為十八世紀末期德國狂飆運動（*Sturm und Drang*）❸
的重要人物，席勒在此以幾近虔誠的心理詠頌著「自然」。在他的眼
裡，法國大革命與資本主義體制帶來的「現代化」文明（特別是都市
文明），是沿著陡峭之深谷沉墜的惡夢，十分恐怖。相對的，「自然」
是純潔而美麗，永遠年輕青春，為人們帶來的是有為而快活的勇氣。

　　到了十九世紀，法國詩人波特萊爾（Charles Baudelaire）在詩集
《惡之華》（*Le Fleurs du Mal*）之〈萬物照應〉（Correspondences）一
詩中也一樣地以帶著深邃崇敬的心理歌詠著「自然」這座神殿。他是
這麼寫著：

　　「自然」是一座神殿，那些活柱子

　　不時發出一些曖昧朦朧的語言；

　　人經過那兒，穿越象徵的森林，

　　森林望著他，投以熟識的凝視。

　　有如一些悠長的回聲，在遠方混合

---

❸ 狂飆運動可以說是對啟蒙理性的一種反動，把人作為行動主體的基素從理性移位到感
　性，是緊接而來發生在十九世紀初之浪漫主義（Romanticism）的前奏（同時參看
　Berlin, 2008:13）。

於幽暗而深邃的一種冥合之中，

像黑暗又像光明一樣浩瀚無窮，

芳香、色彩、聲音互相感應著。

有些芳香，涼爽如幼兒的肌膚，

柔和猶如雙簧管，碧綠如牧場，

──別的芳香，腐爛、得意、豐富。

具有無限物象不斷擴展的力量，

像龍涎香、麝香、安息香、焚香，

在高唱精神和各個感官的歡狂（Baudelaire, 2011: 44）。

　　這兩位詩人挾持著「自然」對（日益工業都市化之）「新」文明所發出的感嘆，剔透著一項許多西方人共享的認知模式，即：特別是到了十八世紀啟蒙運動發皇之後，西方人企圖藉著高抬理性（特別是透過以物理學為首的之然科學的認知模式）來勾勒並圓成「自然」的完美圖像❹。但是，在承認理性與感性同時都是人所具有的自然本性的前提下，理性所實際經營出來的世界，卻大大灼傷了人們對文明的期待，讓他們以懷舊情愫歌詠著感性，進而重建一種以感性為基礎來塑造「自然」形像，尤其是象徵形像。就此，尼采的見解可說最具代

---

❹ 就字源來說，英文的自然（nature）一詞來自拉丁文 natura，意指基本核心性質或內在稟性，在更古老的年代，其字面的意思是誕生。拉丁文之 natura 則來自希臘字 physis（φύσις），原意乃與植物、動物以及世界所呈現的種種其他面貌等等自然發展的內在特質有關。物理範域作為具整體性的自然概念，其實只是此一原始意思衍生的諸多概念之一，但是，當這為後來的科學方法所「證實」之後，在認知上，逐漸取得了主導權，成為界定「自然」的重要依據。

表性，他認為，充滿著感性之激情陶醉氛圍的酒神精神乃「自然」的最高表現形式（Nietzsche, 1999a: 45）。尼采這樣的見解容或有進一步討論的空間，但是，視「自然」是人存在的源起處境，有著崇高而至上的神聖意涵，卻一直是人們經常持有的基本態度。「自然」是人的原鄉，是起點，也是終點，更是人們嚮往的本真存在狀態。中國古人強調「天人合一」或「順乎自然」的說法，基本上，可以說即是和合著這個態度的一種表現。

回顧人類文明的發展，特別十八世紀以後的西方世界所經歷的現代化，我們發現，當理性被塑造成人類所具有的一種天賦能力之後，尤其經過具實際效用性的技術挾著科學理性的洗禮，人類開始對自己有了信心，態度上變得相當囂張、狂妄、自大，自認有了戡天役物的「人定勝天」能耐，相信自身可以取代上帝，成為世界的主宰。如此一來，原先，「人為」總是鑲嵌在「自然」裡頭，而且可以讓一切顯得恰適而妥貼的歷史場景不見了，更遑論有著初民對待「自然」的態度——始終以溫暖（甚至虔誠而敬畏）態度擁抱著「自然」，即使「自然」是發怒著（如颱風、洪水）。我們看到的毋寧是野心的「人為」（特別來自物質科技）不斷地肆虐著看似溫柔的「自然」❺，甚至以冷漠（乃至冒犯褻瀆）的態度對待「自然」，彷彿「自然」是天生的敵人。這終於導使主客顛倒的情形發生，原先作為主人的「自然」移了位，成為「人為」的「客人」，且甚至只是一個點綴著的「客人」而已。結果，人類原先對「自然」所存有的神聖敬意不見了，反過來，它被蔑視，並不停地被踐踏、蹂躪。

這樣之主客移位的掠奪性干預，最明顯的是表現在物理空間關係

---

❺ 大都會高樓林立的景象即是一個例子。

與具物質性之天然資源的取用上面，帶來今天我們看到的諸多環境問題，特別是過度都市化、能源短缺、資源濫用與環境污染等問題。於是，溫柔的「自然」似乎已經打破了沉默，啟動了第一波的反撲。別的不說，單單全球性的氣候和生態異常以及種種天然災害頻頻發生，就是一個最好的例子。「自然」的反撲正警惕著人類，它的至高神聖性是不容侵犯和褻瀆的，人們需要學習自制，更需要學習懂得尊敬祂，否則到頭來，後果將是不可設想。然而，整個問題的關鍵乃在於人為科技的成就猶如古柯鹼一般，人們一旦吸染上了，就難以擺脫。人為的科技體，不只早已讓「自然」變成為陪襯的附庸，更是把「自然」幾乎完全肢解掉。在這樣的情形下，整個世界得以運作的結構理路已被人為科技體內涵的邏輯所主導，其中又糾結著許多的利益與權力，要翻身更變，並不是那麼容易。況且，科技帶來的諸多「迷思」（如現代化、進步、品味、精緻、高雅等）早已盤根錯結地深植心靈深處，更是政治在權者所以掌握正當權力、並獲得民眾擁護的意識型態基礎。當然，這更是依附在資本主義市場邏輯下的「企業家」得以獲利、甚至可以說，其所以存在的基本客觀條件。凡此種種現實的結構化條件，無疑地使得人類更加難以懷著謙卑的態度回過頭來向「自然」表示懺悔，並獻上無比崇高的敬畏誠意。說來，這是十九世紀科技理性文明發展為全體人類所帶來的共業，或許，將註定讓人類最後必須面臨著「不見棺材不流淚」的危險窘境，帶來了具毀滅性的大災難。

　　總之，不管怎麼說，「自然」這樣的第一波反撲才剛開始啟動，正考驗著全體人類的覺醒意識、明智判斷和慈悲智慧。在「自然」的溫柔裡面，其實隱藏著一股沛然的氣流，不發威則已，一旦發了威，就全都到來，而且是帶著嚴厲懲罰的姿態默默降臨。挾著第一波的反

撲力道的同時，我們依稀可以感覺得到，有了另外一波無形的反撲也緊跟著而來。這股來自「自然」的另一個警訊，不只催化了自然主義的信念，更是讓更多的人（特別所謂「有識之士」）意識到，過多的人為（特別科技）創造為人類加深了原本即已有的存在焦慮，甚至挑戰了人作為能動主體的存在基礎。這股另類的反撲乃體現在象徵符號的層面，關涉到的是人之存在意義的物化與空洞化問題。

我在上一章提到，在今天這樣一個大眾傳播與網路媒體科技快速而高度發展的時代裡，符碼創造了所謂「過度真實」的現象，以至於符號的意符被中空化。尤其，那些隱藏在資本主義市場機制中與整個體制共謀著之隱形的專業符碼操控者，透過推銷「時尚」的廣告機制，以具科學理性的手法創造種種深具魅力的遊戲誘惑著人們，並細膩地侵蝕著人們的靈魂。在這樣的符碼遊戲裡，過度真實使得虛擬與真實的界線變得相當模糊，人所做的任何努力都無法（甚至也認為無需）獲得踏實（尤其具物質性）的事物做為最終依靠，僅以隱喻方式來開展那具飄盪、易變、踰越、自我增殖與蔓延、且又無限膨脹等等特質的符碼，即足以讓人以命定的姿態咀嚼著其所帶來短暫且變動不居的「冷」愉悅。處在這樣的狀況下，沒錯，看起來，人似乎有著更多的歡愉，但是心智卻大大降低了，成為一個有感受能力、卻是冷感的「腦殘」者，其實作表現所架出的主體感相當脆弱，甚至消失殆盡，只有不斷的自我囈言與自我褻瀆。

以對人之存在尊嚴之古典定義的立場來看，在第四章中，尼采即指控，過去的西方文明是透過基督宗教的「罪」來經營以虧欠為核心的人生觀，形塑了具內化之救贖與責任意識的文化，以之成就為主動力來反制各種的反動力。在此，尼采看到的是，傳統的基督宗教（結合著國家機器）依靠著（道德）內化作用與怨憤心理，對人的身心展

現壟斷性的獨斷肆虐。然而，面對著今天這樣一個依靠高度結構化之「時尚」機制的另類「利維坦」統制形式，它散發的是誘惑，而且是「冷」誘惑（與「冷」愉悅）。這是另類的反動力，只不過它並不需要道德來支撐，直接訴諸人所具有的動物性本能。這麼一來，經過幾個世紀的「啟蒙」解放革命，人類其實並沒有被解放出來，反而是再次陷入另一種集權壟斷的歷史陷阱裡。

整個情形有如上一章中所援引布希亞的說法所指出的，今天人們所經驗來自大眾傳播媒體與網際網路的符號誘惑，基本上是一種個體化且失卻準頭的「冷誘惑」，缺乏營造具挑戰性與生機性之集體共感共應的力道。它帶不出不可承受之重（如革命），有的頂多只是個人單獨經驗之不可承受之輕（如追求透過高品質的音響聆聽音樂片中細微的聲音效果、或少了幾分之一吋的腰圍）。於是乎，在這樣媒體以冰冷姿態誘惑著大眾而大眾進而透過媒體來誘惑自己的結構理路驅動下，人不自主地有著自戀情結，讓自己進行著不斷的自我褻瀆，既拒絕誘惑別人，也拒絕被別人引誘。

顯而易見的，孕生於象徵交換當中的「冷」誘惑，當然是喚不起轉徹迴盪震撼之歡騰狂喜能量的集體共感共應，甚至，原本就沒有這樣的意圖。它有的只是以對方做為介體，挾持著機率性的期待，各自謀取情緒上的自我褻瀆而已。如此一來，倫理道德意識跟著被架空了。在這樣的歷史處境裡，假若人的「存在意義」意識是一種「自然」現象（特別指涉到所謂的「靈魂」）的話，誠如前面所引述之瑞夫的「心理人」概念提醒的，人們關心的「自然地」是有關超越（特別是具外控性之）倫理道德後的內心武裝能耐問題，也就是內在心靈

之理法的問題，而這正是「自然」之第二反撲的重點❻。

　　　　無疑的，人類文明發展到今天這樣必須面對著「自然」反撲的窘境事實上乃意味著，對於人為與自然之間，人們已存有著一種帶著愛恨糾結之正負情愫交融的心理困境。尤其，誠如前面章節所揭櫫的，過去，人們（特指西方社會思想家）把追求本能需求之滿足與實現的特定固著價值視為人之社會存在的「自然」狀態，如今，一旦我們被要求放棄追求終極價值，也相當程度有效地讓基本本能需求的滿足變成為「不成問題」，難道，人們就願意讓自己永遠地以愉悅的心情「迷失」在一再飄蕩且易動之過度真實、但卻價值中空的世界裡嗎？當然，我們可以把這樣的問題設定為是個人的選擇問題而一筆帶過，但是，我們也可以把它當成是一個深具歷史意涵的嚴肅社會議題來討論。或者，換句話說，除非我們完全放棄一向對「自然」所存有的神聖敬畏心意，讓它順著趨勢成為「人為」的終生附庸來點綴人們的生活，否則的話，讓「自然」有著機會至少一定程度地恢復其原有的神聖地位，是勢在必行的。在這樣的前提下，我們就不能不正視著，人們如何在這樣一個符碼依舊充滿著正負情愫交融的後現代場景裡經營著有活生意義之生命的問題了。

---

❻ 在此，單引一個實徵的結果作為例子來予以佐證。英格哈特（Ronald Inglehart）與其同僚透過廣泛樣本對四十三個不同社會進行調查，發現當代人分享著一種他稱之為後物質主義的價值，人們不再單純地強調持續的經濟成長，而是重視具有相當精神意涵的生活品質，並支持環境保護、女權與公民權、以及合理的社會福利制度措施等等。基本上，此一後物質主義價值較多在富有、從事專業職業、受高教育的年輕精英階層中看到（Inglehart, 1990, 1997, 2003; Inglehart, Basañez and Moreno, 1998; Inglehart & Welzel, 2005; Abramson and Inglehart, 1995）。撇開此一企圖以經驗實徵方式來證成「超越倫理道德的內在心靈武裝是一項自然現象」的論證形式不談，確認人之內在心靈是一種「自然」現象，的確是有嫌過於武斷之虞的。但是，審諸西方社會思想發展的過程，「人文性」一向即被視為是人之所以為「人」的自然稟性，第二章所提到的霍布斯思想只是一個例子。說來，單憑這樣之有關「自然」的歷史質性，就足以讓我們有從事進一步探討的價值了。

第二節　關係與責任意識的當代解讀

　　有生之年，最讓人們感到困擾的正負情愫交融狀態，莫過於是生與死交會所引起的焦慮。首先，有限的生命界線，乃意味著死亡是不可逃避的，終究要來臨的。情形顯得特別明顯的是，一旦人們抱著生的慾念不放，那麼，死亡就成為一種斷裂、割捨、消逝、毀滅與終結，充滿著未知的恐懼，也承載著無限虛空的感受。或許，我們只有嘗試逆著地培養另一種態度，把死亡與虛空看成是人「生」之存在狀態的一種極限轉折點，並以此極限轉折點折射出所有生與有的可能性，也就是說，讓生與死在正負情愫交融心理的激盪當中相互搓揉摩盪著（而非把它們互斥地予以排除），才可能讓人們有著剔透自己之生命的另類開展契機。

　　說來，生與死的搓揉摩盪情形，就有如我們對著「善」，「惡」是必需、也必然的一般。我們只能用惡以折射的角度「照耀」著善，讓善與惡的絕對隔離的藩籬撤銷而相互流動激盪著，一種具超越性的善行才可能自然流露出來。尼采即建議我們，學習找到適當的時候，「自願（自由）地死亡」，將有助於我們面對死亡的恐懼威脅（Nietzsche, 2009: 132-136）。尼采這樣的說法意思是，人想辦法找到意義（價值）的著錨點充實地生活著，即是為死亡所做的最好準備。也就是說，選擇某種具體的生活活動，是讓具「毀滅」且混沌意涵的死亡，有著不斷創造具內在化解性質之權能力道（但卻同時也是耗盡自己）的最好處方。以這樣的方式讓正負情愫相互交融地搓揉摩盪，因而是創造嶄新生命的必要條件，它更是可以用來化解因讓正負情愫處於互斥並存對峙格局所引發的焦鬱緊張張力。顯然的，這一切意味著，做為一個謀求心靈精進之有「思想」的人，應當學會不時地讓自

己之「生」的一部分「死亡」，如此，才有空間容納更多新生的成份。這是讓既生又死、既愛又恨的正負情愫交融心理狀態不斷地有著更新代謝的契機，可以使得「再生」永恆地輪回著。於是，若說不斷地重估與追求價值是人生存（也是再生）的必要條件的話，那麼，我們只能仰賴個人的自我選擇與自我經營，絕難以對結構性的「改造」寄以任何期待的。

說了這麼多，一切還是顯得相當空洞，難以讓我們充分掌握著：到底，什麼時候（或什麼狀態）才是「自願（自由）地死亡」的最適當時刻？對此，我想利用實際的例子來闡明，或許比較有助於我們掌握其中的妙機。日本江戶時期的武士山本常朝（1659-1719）在《葉隱聞書》一書中討論日本武士道時，對武士的生死觀提出了一個令人省思的說法，足以用來擔當這樣的詮釋任務。

山本常朝這麼說著：「所謂武士道，就是看透死亡，於生死兩難之際，要當機立斷，首先選擇死。……死就是目的，這才是武士道中最重要的」（山本常朝，2007: 1）。也就是說，武士的德行在於，生的時候，行事要有斷念的果斷，把死當成所以生的一部分，甚至是證成生的一種表現形式，甚至可以說是一種涉及到具社會性關係的「至上」高貴作為（如盡忠、信守諾言）。我們可以運用第三章第二節中提到之杜蒙的階序對反整體論來解讀日本的武士道精神。顯然的，對武士而言，死是生的一部分，亦即：有了生，才有死，死乃因生做為原始整體而衍生出來的部分。但是，一旦死的概念一生成，它立即與生的概念產生了對反關係，並且成為構作了生命整體的兩個部分，情形正如前文中所描繪的亞當與夏娃的關係一般。這樣生與死以既互攝又互剋的「斷而未斷」方式糾結著的生死觀，自然是持有著把死從生之中完全驅逐出去之具「斷而再斷」特質的二元互斥對立觀的現代理

性人所無法理解的❼。

再者，我們不免會發現，日本武士道所展現之生死互攝互剋的生死觀，基本上和第三章第二節中伊利亞德所說具輪回循環特質的「宇宙」（而非「歷史」）觀點相呼應著。誠如前面已提及過的，這樣一種具對反階序性的互攝互剋關係所可能面對的最關鍵課題，乃是具對反階序性的兩造彼此之間如何區隔與讓渡的問題。對此，透過儀式來進行、保證、化解、並進而完成有關區隔與讓渡的種種問題，可以說是不可或缺的。倘若我們還是以日本武士道為例，這樣的安排最具典型的，莫過於是體現於武士極為重視的自裁以及自裁時所彰顯極富神聖性的儀式行為。套用中國人慣用的說法，此時，儀式所意圖展現的可以說即是：人的生死是一種由「神」而非「理」決定之具關係性的社會行為，同時，它更是以相互搓揉摩盪（而非互斥對彰並存之替代鬥爭）的方式激發著感應的「神情」，並以此為基礎創造著存在的意義，當然，這也成為處理正負情愫交融心理狀態的基本態度❽。

其實，誠如上文一再提示的，就文明發展進程的角度來看，人類持有著類似山本常朝所形容之日本武士這樣對生與死的「正負情愫交融」態度，其實早已可以在初民社會裡頭看到其原型，日本的武士道

---

❼ 對現代理性人來說，死亡是（也必須是）在生的範疇之外的，所以，死亡總是安排在「家」以外的其他地方（最典型的是醫院與殯儀館），因為「家」只容納「生」的人。這樣把死亡永遠驅逐於生之外的生死觀，乃意味著生是具線性特質之永恆推進的過程，充滿著光明與希望。但是，不幸的是，現實上，每個人卻又必須面對著必然來臨的死亡終點，這無疑地使得人們經常是以恐懼與焦慮的態度來面對著因生死而帶來的正負情愫交融心理，以至於經常是感到不知所措，或至少是以不斷緊張掙扎、但卻相當無奈而遺憾的心境來面對著。有關西方人對此種生死觀的討論，可參看愛里亞斯（Elias, 1985, 1987）。

❽ 對日本傳統武士來說，處理正負情愫交融處境的此一神情，是略帶淒涼而悲壯、但卻是安詳、自在、寧靜的心情的，其所表現的是以死貫徹生所體現之存在的最終、且至高的意義，更是最寶貴、凝聚力最強之生命意志的極致表現，可以說是對人的整個存在所呈現之一種極具至高神聖性、且富極致美學意涵的實踐藝術。

只不過是予以某種程度的「文明化」，並賦予可能更豐富、深刻、迴轉、且具多層面的象徵意涵而已。讓我們從人們所顯現的社會關係特質出發，對此一態度（或現象）的存與消略加闡明。

簡單地說，生活在類似初民社會的共同體場域裡，人們的關係基本上是以「自然的」姿態來呈現，縱然彼此之間是有著極大的「不平等」（如貴族與平民之間）。此時，人們的存在意義乃直接鑲嵌在關係本身所體現的社會特質（如透過節慶所展現的集體歡騰和集體消費）之中。當文明往前推進後，這樣的「自然」關係依舊是靠著一些跡近歸屬性（ascribed）的力量「自然化」地予以證成。譬如，古希臘之「主奴」、歐洲中古世紀的所謂「領主—侍從」與此處所提及之日本戰國時期的藩主與武士的關係。在此，縱然單就後來西方文明企圖脫離這樣之「自然化」關係的發展軌跡來看，我們發現，即使到了肯定人與人之間的平等以及個體的自由與自主的時代裡，人們基本上還是以直接鑲嵌在「關係」本身的社會特質來定義自己的存在。只是，此時，換成以「公民」為基礎的「政治性」關係成為訴求的基本關照點。也就是說，關係本身依然具有著做為界定一個人之社會存在的哲學人類學存有論的地位，是理解人之社會存在的根本基礎——一種屬於歷史質性的基礎。

把這樣的歷史進程安頓在第二章中霍布斯所描繪的十七世紀的英國，情形則大致上是如此：固然霍布斯以降所開展的契約論是重視著個人意志，但是，當論及社會組成時，強調的還是關係。只是，此時換成為立基個人意志之相互同意（consent）所形成的義務（obligation）作為建立關係的基礎，強調的是（甚至應當是）經由個人自由意志所引發的共同責任意識。譬如，康德即認為，只有在自己能夠承擔對自己的責任的條件下，才可能對別人盡義務（引自

Lipovetsky, 2007: 45）。準此，假若，誠如區克夏（Oakeshott, 1962）提示的，基於個人意志的同意是一種個體性的成語（idiom of individuality）的話，那麼，基於個人自由意志所引發的共同責任意識，無疑地則是被「個體化」了之一種集體性的成語。於是，就政治是展現權力之一種制度形式的立場來看，義務乃內涵在權力的有效強制運作範疇裡，但是，責任則未必如此，因為它不具有帶濃厚制度強制性的必然內涵。易言之，行動主體需要有自覺，並且以帶有著一定程度之激情情緒的倫理意識來支撐自我，責任意識才可能出現。責任需要的是，做為社會成員的個體人，懷著細緻的態度和自我肯定的意識來加以經營。這即意味著，我們需要以「關照」個體自我做為核心的特定文化價值觀來加持，否則，責任意識是難以形成，也不容易被證成。如此一來，就哲學人類學的存有論預設而言，承認個體性的存在與其所具有的至高價值，遂成為界定人之社會存在與形塑責任意識的必要預設命題。

　　就社會互動的現實立場來說，只有當人們把彼此分開而相互割離時，個體性才浮現，平等的問題也才跟著而來。因此，具個體性的自我觀念乃始於人有了分離與割裂的感覺和狀態，而這正是以強調持具個人之自由主義的啟蒙理性為整體人類所帶來的歷史成就。在這樣的歷史背景的催化下，特別是在以人民為歷史主體的民主信念發皇之後，均等與同質的特質被確立、並賦予正當性，這進而讓「同一」（identity）超越了實然的身分，更改以應然的姿態浮現，讓它有了嶄新的指涉意涵，儘管它可能顯得相當弔詭。所以說是弔詭，簡單地說，那是因為「同一」需得在創造「差異」、並透過「差異」以呈現與證成自我之個體性的前提下被承認。於是，在「同一」與「差異」巧妙地相互搓揉摩盪的歷史場景裡，「差異」以種種具「成就」意涵

的個人特質做為現實根柢被撐了出來，其所衍生的層級性也就順勢地被承認和接受，並在人的世界裡有了正當性。就在承受著這樣之認知模式浸潤的歷史條件下，人們外顯的成就（如擁有財富、權利、聲望、地位、知識等等）於焉被用來充當證成自我個體性的核心社會形式，自由主義信念所帶來之諸如均等與同質等等證成「同一」的屬性，則以相當巧妙的沉潛方式被往旁邊移置，歲月的流逝更是使得它佈滿著厚厚的灰塵，以至被掩沒掉，於是，「同一」與「差異」的文化內涵所衍生的種種可能矛盾與曖昧，被稀釋、甚至漸漸地被沖消掉。

　　特別，在資本主義市場理路所衍生之消費導向的發展趨勢導引下，強調「差異」做為確立價值的基礎，乃與重視個體自由、自主與享樂的文化產生了結構性的聯婚親近關係。基本上，建立在這樣以「差異」作為彰顯關係特質的文化，是無法像過去的社會一般，接受著以抽象的絕對理念所主導的倫理思想（或德目）來做為規約行為的機制的❾。整個趨勢所彰顯出來的情形是，儘管權利（基本人權、財產權或乃至資訊臨近權）的行使與保障依舊是倫理的核心議題，但是，特別顯得耀眼的卻是，人們認可與強調的，更多是朝向否定（不可以做）的面向，而不是肯定（可以做）的面向，亦即：凡是沒有禁止的，原則上都是可以接受，是權利施及的範疇。

　　在這樣的情況下，一旦責任被當做為制約權利之行使的基本倫理理念依據，它就有著無限膨脹的風險，若缺乏配套措施，其可能開展的倫理效應是可疑的。也就是說，一旦倫理必須以個體自身的誠服作

---

❾ 這可以說正是第四章中所陳述之尼采強力抨擊柏拉圖理念主義和基督教一神論教義帶給後人最重要的啟示。

為前提來架設的話，責任是一種具道德意涵之自我判斷後的自我承諾與期許。既然判斷、承諾與期許都是源自個體自我，而非具外在制度性的強制規約，個人心中內化的價值觀與倫理意識的重量與質地，無疑地具有舉足輕重的決定作用。特別，在這個強調個人自由而自主的權利是塑作倫理之基礎的時代裡，這一切乃意味著，我們所面對的是，原則上，道德以「既無約束也無懲罰」的姿態呈現著。這麼一來，如何形塑個人的責任意識，遂成為不能不重視的嚴肅課題。

　　在此，讓我援引利波維茨基（Gilles Lipovetsky）的一些說法來回應這樣的提問。他指出，在英雄主義的意識衰落與強烈責任意識隱沒之後，以純粹的約束理念命令做為基礎的德性早已失去產生作用的社會現實基礎，人們總是以疏遠一些重要的參考體系為出發點來形塑德行（假若還有的話）。易言之，一切以自己之主體權利為中心的個人主義可能引發的，較多的是對其他人的冷漠。在冷漠的氛圍之中，人們則以不侵犯個人權益（如嚴懲盜竊、殺人等可能侵犯權利）做為前提，對大眾的種種行為（如同性戀）維持某個底線的寬容，形成為一種無痛的消極德行（Lipovetsky, 2007: 158-159）。

　　於是乎，在現代社會裡，過去具有著濃厚倫理道德意涵的「善行」，已經不再立基於一種普遍而嚴格的道德命令，倒比較像是一種具治療性與同化性之自我追尋的結果，成為是一種生活方式（風格）的選擇與確立（Lipovetsky, 2007: 152）。譬如，我們可以看到，愈來愈多的人們開始強調傳統被人們讚美的「愛與關懷」美德，並且以正面的方式實踐著。然而，它實際體現的，卻經常只是蔚為風潮，成為一種深具時尚意味的「準」倫理實作。如此一來，這樣的美德是被「異化」了，缺乏其一向所呈顯那種極具神聖意涵之濃郁、炙熱而厚

重的情感成分❿，倒反流於形式地成為用來證成個體化之自戀人格的
道具。人們僅是希望透過具「愛與關懷」意味的行止來「圓成」自我
的形象，卻未必有著強烈的神聖情愫感受做為後盾。顯然的，當人們
以如此的方式致力於展現個體性以證成主體性時，推到端點來看，關
係則成為只是一種無以規避的手段，用來完成個人渴求的一切。在這
樣的狀況下，個體性的證成與彰顯才是人們努力的目標，甚至是最終
而唯一的目標。

　　然而，回顧到前面提示過的論點，我們發現，當關係本身做為終
極目的（甚至如黑格爾所謂的主奴關係）的時候，個人將只是體現關
係之文化內涵的介體，完全接受關係之文化內涵所界定的意義，而不
是在關係中爭取以個人為主的最大「利益」。因此，關係做為終極目
的開展出來之種種實踐程序（如前述之武士道強調的「忠於主人」）
乃是應當被確立的（經常是透過習慣與民德等等機制），人們成就的
神聖性，跟著也就不是任意、易變、放肆的，更是不能任意予以更
改。再次借用瑞夫的說法，情形即是：「神聖」乃要求人們把服從伸
展至對反真理的臨界點上面（Rieff, 1979: 379）。當人們處在這樣之
神聖性彰揚的臨界面下，正負情愫蘊涵的二元對彰狀態在人們心中
即產生著相互搓揉摩盪的作用。正是這樣之處於臨界點的相互搓揉摩
盪處境，為人們有著醞釀磅礴澎湃之感應能量的契機，在相互激盪的
衝撞下牽引出神聖性來。然而，一旦這個對反真理性被架空，神聖性
即喪失著力點，連帶的，醞釀磅礴澎湃之感應能量的契機，也就跟著
頓時煙霧消散在空中了。說來，這正是我們所處之「無痛的消極德

---

❿ 至於如何透過正負情愫交融的狀態在「愛與關懷」之中引發炙熱感應情愫，將在下文中
　論及。

行」主導著人際關係的時代必須予以正視的文化基調。

第三節　　冷誘惑下的正負情愫交融心理狀態

　　正如在第三章（特別第四節）中一再強調的，要求具水火不相容之「斷而再斷」特質的絕然兩分理性要求，絕對是不允許正負情愫交融並存著，更別說讓它們以搓揉摩盪的方式相互攻錯。這樣的理性認知模式施及於上一節中所描繪之有關生與死（或愛恨）糾結的正負情愫交融情境，當然形塑不出前面引述山本常朝論及日本武士道時所提到那種生死攻錯觀──斷念式地把死當成生的一部分、且是證成生的一種表現形式。相反的，這樣「斷而再斷」的理性邏輯，促逼著人們把死看成是充滿著未知的狀態，必須與充滿著實在、且活鮮亮麗之生的念頭硬生地隔離開。人們更因為對生有所堅持、眷念，於是，對死總懷著絕望的恐懼，必須把死往生的門外推，讓生得以永遠存在運行著。

　　在如此一般之理性主導的文化基架支撐下，尤其，當個體性用來做為證成主體性之至高準則的時候，推到端點來看，難怪，關係成為只是一種手段──一項無以規避的手段，乃用來完成個人渴求的一切，讓「德行」以無痛而消極的方式蹣跚地徘徊在人與人之間。此時，以具共感共應（因而，共感共識）的情愫做為基礎來創造帶神情味道的象徵系統，自然是不受鼓勵的。施及於人們彼此之間的感受，人們有的只是各自的感受，頂多只是他們的感受彼此之間有著共同的質素而已，因此，人們或許有著同感，但卻未必會是共應著。無疑的，在這樣的情況下，我們是難以期待引發具有形塑爆發力之集體意識（或情操）的集體歡騰現象的。

　　不過，話說回來，縱然我們忠貞地堅持著經營具集體歡騰氛圍、且展現曼納力道的神聖性是重振人類文明的必要條件⓫，但是，挾持著持具個人為本的啟蒙理性對人類文明早已帶來了不可迴避的巨大影響。容或，人們對此一理性有了嚴肅而慎重的反省檢討、並力圖修補或甚至揚棄，可是，它畢竟有著可觀的磁滯作用，足以在結構上產生不容忽視的延續效應。即使所謂「後現代性」已經展現無比的威力衝撞著既有的社會結構，也日益影響著許多人的日常行為，人類的未來可能（或應當）如何發展，畢竟一時還是不可能完全溢出啟蒙理性的理路框架來思考的。尤其，現實上，我們無法忽略（特別是理性的）個體化做為形塑社會結構的核心原則乃是一個無法規避的歷史動力，甚至還繼續扮演著推動「後現代」場景的基本運作機軸，依舊是主導著後現代社會運轉的結構原則，甚至，在一段間內，只有更加強，不會更削弱的。在這樣的一般情況下，人類的文明現實上已經無法返回到類似初民（甚至西方的中古世紀）社會的狀況，浸潤在共感共應之集體歡騰（與亢奮）、並承接著炙熱誘惑來創造神聖性的理想盛況之中了。人們有的頂多只能以另外的旋律來展現既帶有著集體歡騰氛圍、且又得以展現曼納力道的神聖性。

　　沒錯，處在這樣的社會情境裡，人們不是完全沒有共享著歡騰與營造共感共應情緒的條件，只是，在整個社會結構日益趨向理性個體化的一般情況下，人們的確愈來愈喪失了創造足以激挑具集體歡騰亢奮的共感共應契機。理性所內涵之「斷而再斷」的理路更是一再地扞格著人們透過正負情愫交融的搓揉摩盪帶動集體共感共應的效果。尤

⓫ 換言之，身處經過啟蒙理性主導之現代性（特別指涉著社會結構的個體化）洗禮後的所謂後現代場景裡，這樣的命題用來建構（與理解）人類文明的發展是否絕對必要，著實是可以質疑的。

其，誠如前面一再提示的，在資本主義體制之高度理性化的市場機制
（製造時尚與廣告的大眾傳播媒體是最主要的機制）理路的主導操控
下，諸多掌握有主導權之有心「藏鏡人」採取聯合陣線的方式，把符
號（甚至象徵）商品化，以種種美麗誘人的象徵詞彙與圖像來誘導人
們消費，讓他們從中謀取他們所要的利益、並遂行他們所持有營造永
恆之「生」的意識型態（如享受昂貴的奢侈品即具有著高尚而精緻的
生活品味）。

　　這樣被高度制約的個體化消費，經常把人們的整個生命不自覺地
導進被制約之單元化的渠道之中，並且要求揚棄記憶與累積，以至於
變得沒有重量。這麼一來，人們逐漸喪失了過去主動追求意義時因厚
重所帶來困頓而引發的命運感覺，生命也日益缺乏嚴肅致命性的挑戰
與挫折，尤其是其所蘊積的濃厚情感底蘊，難以讓人們體驗絕對虛空
所孕育的沉默寂靜，以及其可能沈澱的輕盈自在❷。在這樣的一般狀
況下，人們在象徵交換當中是有著情緒與情感的抒發的機會，甚至也
可能展現正負情愫交融的現象，但是，在市場理路細膩地操控下，它
卻因綿密地被「冷」誘惑包裹著，且不斷地更替、轉移、增殖，以至
於頂多只成為是一帖讓人們有著些微之「不可承受之輕」感覺的興奮
劑而已，毫無機會創造出足以讓人們靈魂不斷顫抖之炙熱神聖性感
覺。於是，過去在「自然」狀況下孕育的正負情愫交融心理，如今逐
漸從日常生活中退了位，為人工營造的種種「偽」正負情愫交融心理
所取代。

　　不同於「自然」孕育的正負情愫交融心理糾結纏繞的是帶著炙熱

---

❷ 譬如，許多的人沈溺在由網路所制約之冗複多豐（redundant）、但「聊無深意」的溝
　通（或遊戲）歡愉之中。

出神的酒神陶醉情緒，這種承受著「冷」誘惑之人工營造的「偽」正
負情愫交融心理，帶來較多的經常是一種符碼上讓人們有著「不可承
受之輕」的（資訊）焦慮而已。弔詭的正是這樣輕盈之正負情愫交融
的焦慮心理所引發那種具符號誘惑性質的「冷」性期待與好奇，有著
無比的魅力，引誘著許許多多的人們不自主地逐步踏進了龐大之「藏
鏡人」集團所設計之「愉悅消費」的美麗陷阱裡。在這樣的情況下，
基本上，人是不需要自我判定與認真的反思，以至於自我矜持的心智
能力跟著大大降低。於是，人們漫遊在塗染著光亮之五彩顏色的膚淺
大地上，他們絕不是如十七世紀的維柯（Giambattista Vico）所說的
巨人英雄，而是如尼采所指陳的「均值人」，有著在既成體制下覺得
沾沾自喜、自滿自得的群盲特質。或者，運用現代的詞彙來說，他們
是被馴服了的閱聽人——自以為有著絕對自主權、也有著自我實現感
的傀儡「飽和自我」（saturated self）（參看 Gergen, 2000）。

　　倘若允許我們持著較為保守的立場來看，在這樣的場景裡，眾人
將只會是陶醉在符碼不斷泌出的誘惑蘋果甜汁之中，沒有讓自已有著
足夠創造更高層次之陶醉狀態的突破機會。易言之，假若沒有一種更
高階的文化予以薰陶的話，人類將普遍喪失了探究真理的能力，也缺
乏謀求自我精進的興趣，難以為自己的靈性締造更高的喜悅境界。他
們反而將如同毒蟲一般，只沈溺在吸了毒後所帶來之那種單純的即時
感官愉悅、幻覺與幻想之中，難以從尼采所揶揄之「群盲」的野蠻狀
態中提昇起來（參看 Nietzsche, 1999a: 119, §251）。

　　話說回來，不管其所可能呈現的情形是怎麼個樣子，回應著上述
的存在狀況，布希亞有一個提示確實有著意義，這個提示是：象徵交
換是處在後現代社會之人們的一個重要互動現象。我們甚至可以說，
它是人們的種種互動關係中最具時代色彩的文化展現形式。倘若這樣

的說法可以接受的話，那麼，面對著符碼飄蕩中空化的格局，在象徵交換的過程中，價值與意義必然即完全地被予以懸擱了嗎？尤其，倘若我們接受正負情愫交融依舊是象徵交換必然承載的基本特質，那麼，身處我們一再提到之如此一般以理性個體化做為結構原則的時代裡，我們如何善處（或謂化解）這樣之由「冷」誘惑誘發的正負情愫交融？

第四節　　修養貞定與正負情愫交融心理狀態的化解

前文一再指出，在後現代的符碼世界裡，意義指涉被中空化，一切成為「活生」的，反過來，不斷迭變的「活生」即是一切，是永恆。儘管此種「活生」的只存在於當下此刻的「現在」，十分短暫，但是，死亡卻始終是被拒絕在世界外面，只因為不斷的迭變保持了「活生」。此時，在過去世界裡常見之具神聖性的「犧牲」，不再具有明確而恆定的社會意義，甚至不需要再存在了。活在一種永遠讓「活生」不斷輪迴、但意義卻是被架空的世界裡，人基本上是不需要審慎的思考，也不需要強烈的情緒感應來支撐生命的重量，因為一切都變輕了。我們看到的是，生成不是成就一個追求具至高性的存有，而是讓符碼不斷誘帶出短暫而顫抖之愉悅的致命性回應，以至於一切沒有成長，沒有累積，只有不斷揚棄的即時消費。在這樣的情況下，正負情愫交融的心理狀態總是被遺忘，或至少其心理效應降到最低，以至於人們並不需要正面面對，或因為它是「冷」的，所以，我們可以超越善與惡之「彼岸」的另類中空「價值」（即不必重估價值，也不必追求最高價值）來面對，假若還有「價值」這種東西的話。

顯然，這種超越善與惡之「彼岸」的另類中空「價值」，絕不是

尼采一再強調和肯定那種具有重量的「超克」精神，而只是讓自己在既有體制的制約下之不斷自我增殖的「踰越」當中追求著「不可承受之輕」的輕盈愉悅。如此一來，超越的契機當然是看不到，事實上也不需要，因為我們看不到尼采式之超越善與惡「彼岸」的可能，更看不到人有著形塑強而有力的權能意志，來與此一具文化根源之正負情愫交融的焦慮心理進行鬥爭、並進而予以克服的任何努力企圖❸。

　　以此現狀為基礎，讓我把焦點轉回前面所討論的課題。對此，假若允許我們採取比較保守的態度來審視「價值」中空問題的話，有一個基本立場似乎是值得借鏡的。這個立場是：縱然，個體化做為結構原則所主導的當代社會是缺乏良好的條件，讓人們可以透過具集體歡騰氛圍的曼納力道來經營集體神聖性，但是，在象徵互動中，我們卻也實在沒有理由必須順著符碼中空化的時代潮流，把價值與意義完全予以懸擱，況且，在現實上，也不是所有的人都會如此的。尤其，假若我們接受上面兩節之論述的基本立場（即承認對「自然」予以尊重以及對「責任」予以肯定）的話，追求某種價值還是人所以生存的不變期待。準此，在哲學人類學的存有論層次上，有必要供奉著某種價值或認可某種意義的。那麼，單就正負情愫交融的經營而言，我們將如何來處理呢？

　　對這樣一個提問有所回應之前，我在此先以最簡扼的方式從事概念的鋪陳。回溯第三章中懷金格（Weigert）的說法，他提示象徵的運用乃是任何遊戲的基本要旨，而儀式（與迷思）正是其原型——易言之，任何的儀式都具備了具神聖意涵的遊戲特質。其次，皮柏

---

❸特別有意思的是，十九世紀以來，透過極具優勢之西式「現代化」的洗禮，此一西方人特有的焦慮文化質性，遂漸轉嫁成為不分東西方之現代人的共同心理質性。倘若我們說它是當今整個人類文明的基本心理質性，應當是不為過的。

（Pieper）主張，文化的源起基礎乃來自人在悠閒狀態下以鬆弛且自由自在的自然態度來從事創造工作，本質上，它也是一種刻畫著神聖意涵的遊戲。假若懷金格與皮柏的提示是妥貼的話，顯然的，處於以具生產意涵之工作為導向的現代社會，任何文化象徵的創造，若非缺乏營造神聖性的契機，即是不具遊戲特質，或甚至兩者均闕如。即使到了今天以符號消費為導向的後現代社會，悠閒遊戲的文化特質可能較為濃厚，但是，當（特別大眾傳播媒體）科技把整個文明帶入符碼中空化的世界裡，現實上，人類的文明已經大大不同於深具共感共應情愫的傳統社會，更遑論古老的部落時代了。呼應在前文中一再點到的論點，在這樣的歷史場景裡，我們實在不可能期待依靠著具集體性之正負情愫交融糾結的心理狀態，引發令人眩惑而陶醉的出神感受，經營足以產生「炙熱」曼納力道的集體歡騰氛圍，並以此創造讓人敬畏崇拜著的神聖性來安頓人的（焦急）心靈。在社會結構高度被個體化、且一切的象徵誘惑力道已變得是冷淡的一般狀況下，以個體化的美學形式來引導情感的抒發、化解、並進而經營個體化的曼納來塑造神聖性，應當是一條值得重視、也是不可規避的途徑了。也就是說，人以持續而冷靜（非即時興起與消散的激情盪漾）的方式「各自地」處理情感的抒發（尤其具階序對反涵攝之正負情愫的交融）、並進而經營象徵交換，將是一種值得特別予以注意的施為行事，而這正是底下所要討論的重點。

環顧當前人類肆無忌憚地運用科技對大自然不斷予以侵凌剝奪的處境，人早就必須學習對「自然」予以尊重，更必須有一定的責任意識。幾個世紀來在資本主義市場機制催動下所形塑的生命觀——一再追求以「飽和自我」為核心之具外控擴展性的「進步」觀，將受到更多的質疑。人們不但需要學習尊重大自然，如本章第二節提到的，更

需要懂得肯定人彼此之間的「愛與關懷」，並視之為一種「責任」，而這將逐漸取代幾個世紀來以「自我利益」為導向所經營出來的生命觀，成為一種極具啟發意義的集體價值。我個人深以為，以此做為個體化社會的象徵交換所內涵的基本歷史─文化質性，應當是一項甚為值得考量的課題。

　　如此一來，人展現象徵交換的最主要場域，已經不在於足以引動即發而激動之集體亢奮、且令人陶醉之非凡例外的嘉年華會，而是人所處之平凡例行的日常生活世界。正是在這樣的日常生活世界裡，經由兩個人或少數人之間（特別在私領域中）激盪的感情交流，把具「冷」共感共應質性的「愛與關懷」逐步擴散出去。這樣的情感交流不是激情性的集體亢奮，而是絲絲情感與情緒的互惠感應，細膩、延宕、持續，其社會特質是一種具有解消或超越人類之既有歷史狀況、並得以創造積極自由的倫理意境──一種具審美性的倫理❶ 。此時，人最需要用上心的，毋寧是透過修養貞定以締造可以反覆浮現的精神原型，縱然它是屬於個別人的。尤其，修養貞定更是證成具自我判斷、承諾與期許之責任意識所不可或缺的一種自我努力，乃形塑個體化倫理觀的必要心理機制。在此情形下，人所遭遇到的往往並非有關絕對的對錯區分，而只是「君子」與「小人」之分而已，重點在於戰勝「自己」的個人修養貞定，而不是回應來自他者之外在規約的強制要求。在此，我似乎有必要對這個論點做進一步的說明，即使只能以最簡扼的方式來進行。同時，這又不可能不涉及當代西方社會學理論論述中的所謂「結構／能動（agency）」二元互斥對彰的論爭問題❶ 。

---

❶ 當它施及於較大人群或整體社會的時候，即是帶有著濃厚宗教情懷的「大愛」慈悲精神。

❶ 有關作者對此一議題的系統性剖析，參看葉啟政（2006, 2008）。在此，僅只以最簡扼

　　自從十九世紀社會學問世以來，所謂「結構／能動」二元互斥對彰的論爭問題即已內涵著。追根溯源來看，此一二元論爭來自兩個認知傳統：一是以持具個人為本的自由主義，肯定著人的主體能動性乃是締造歷史、也是成就個人的基本動力，代表著推動時代往前邁進的社會「應然」面向。另一是代表社會「實然」面向的社會學主義，認為社會乃獨立、且先於個體而自在著，它像有機體一般，有朝向自我均衡的趨勢，因此有著自己的結構理路，它制約著人們的行為。這是規範與價值社會化所以存在、也是必需的命脈，更是社會秩序得以維持的基礎。

　　準此自由主義信念做為「應然」面向與社會學主義做為「實然」面向的二元互斥對彰思想做為後盾，在西方社會學家的普遍認知裡，結構／能動的二元互斥並存格局的本質是彼此以對彰衝突的方式爭取主導權。然而，假若結構功能論代表的是力主「社會結構」面向自主自在之社會學主義的典型主張的話，說來奇怪，這個主張所內涵之「結構自主性」的無所不在與絕對存在，卻是以一枝獨秀的姿態壟斷著整個西方社會學的思維傳統。其所以如此，或許是因為不這樣的話，整個社會學的思維會淪為心理學的附庸，這是自詡為社會學家的人無法忍受的，將嚴重威脅著整個學門得以存在於學院的權威正當性。於是，縱然是肯定人之主體能動性的另一端，幾乎沒有人是完全否定結構具制約性的，不管是從限制（constrain）或賦能（enabling）的角度來看。易言之，強調人之主體能動性的社會學者，也是在肯定結構具制約性的前提下來審視主體能動性的。這明白表露著，以結構的制約性做為前提，乃是整個西方社會學思維的基調，而這無疑地乃

────────────

的方式把整個問題的關鍵部分勾勒出來。

意味著，人的主體能動性只能在結構制約下來表呈，而不是完全主導著，我們何妨稱呼這樣的思維模式為「過度結構化」的思維。當紀登斯企圖以具動態性的「結構化」（structuration）概念來替代結構功能論的靜態結構概念時，其所採取之從「已結構化的／正結構化中」（structured/structuring）以及「限制／賦能」的雙元面向來考量的作為，剔透的即正如是的立場（參看 Giddens, 1979, 1984）。即使是嚴厲屬批判紀登斯之結構化的二元性理論的阿切爾（Margaret S. Archer）也是一樣。她以所謂「結構二元論」取代紀登斯的「結構二元性」，並以「結構制約─社會互動─結構飾化」（structural conditioning-social interaction-structural elaboration）的三段過程來處理人的主體能動性，也蹈著相同的步法❶（Archer, 1988: 274-307; 1995: 154-161; 2000: 296; 2003: 115）。

即使撇開有關「結構／能動」二元互斥並存格局的爭議不論，單就有關主體能動性的證成問題來看，論者亦始終逃不掉社會學主義所內涵的「過度結構化」思維模式所佈下的天羅地網。譬如，穆澤里斯（Nicos P. Mouzelis）即以一個人在社會裡可能擁有之社會資源的多寡（尤其權力的大小）來確立其主體能動性，而區分了大（marco）、中（meso）、小（micro）三類行動者（Mouzelis, 1991: 106-109; 1995: 141-146）。不同於穆澤里斯以一個人在人群中所具有之權力的「數量」關係來界定主體能動性的大小，巴恩斯（Barry Barnes）則以人具有「另行做為的能耐」（the capacity to do otherwise）或「可以是另

---

❶ 儘管，後來阿切爾（Archer, 2003; 2007）企圖以「內在交談」（internal conversation）的概念來架設人所具有之反身性（reflexivity），並進而彰顯人的主體能動性，但基本上，她還是把整個主體能動性的討論擺在已社會化的關係（與其所衍展的社會資源）做為座架來思考。其所展現的依舊是「過度結構化」的思維模式。

外的樣子」（could have been otherwise）的機會來表現行動者之自主能動性的程度（Barnes, 2000: 27, 45）。對行為施予如此之具因果或決定論性質的概念界定，可能碰到「因果論斷不完全」的棘手問題。對此，巴恩斯則以行動者反映在社會地位（status）上所呈顯之「人具有理性推理的能力，也有對自己之行為負責的特質」這樣的命題，並佐以「人具有應對力（accountability）與質疑力（susceptibility）」這樣之對人的知性能力提陳來予以彌補（Barnes, 2000: 49-50, 74-77, 143-153）。

沒錯，巴恩斯是把焦點移位到行動者自身所具有的能力特質上，但是，其對人自身之主體能動性的「理性」認知，基本上還是擺在體現於互動關係中的實際社會效能（即能否有「另行做為的能耐」）上來思考。這樣對人之主體能動性的知性刻畫，依我個人之見，不夠徹底，也不夠激進，不只是因為他執著人呈顯於社會關係中的表象特徵，更重要的還是在於沒有碰觸到主體能動性最深層的核心部分——人性中的感性面向，或簡單地說，即尼采所強調的酒神精神。

在此，讓我引述另外一位當代社會學家的說法為例，這個社會學家是優納斯（Hans Joas）❼。這些年我個人對西方社會學者之作品的有限閱讀中，優納斯的論點可以說最為接近我個人的想法，縱然還是有一點距離，而這個距離正是在此要特別予以闡明的。首先，優納斯以「手段／目的」圖構的論說形式來對人行動的意向從事所謂目的論詮釋（a teleological interpretation of the intentionality of action）（Joas, 1996: 148-167）。他認為，當我們把「手段／目的」圖構的論說形式

---

❼ 以下有關優納斯之論述的描繪，主要整理自作者先前的另一著作（參看葉啟政，2008:88-94）。

架接到人的行動本身時，採取諸如動機（motive）、意向（intention）或計畫（plan）等等概念來串聯手段與目的，成為彰顯人之主體能動性的最佳說項，而且，塑成人的動機、意向或計畫等等，也因此自動地成為行動所以衍生之具目的論性質的關鍵（Joas, 1996: 157）。前面所提到巴恩斯強調人具有「理性」特質的說法，可以說即是展現如此目的論的最佳明例。

然而，優納斯指出，這樣以「手段／目的」圖構形式來論述人的行動是不夠貼切的，因為，決定人的行動的並不只是人具有的內在心理特徵（使用動機、意向、計畫或乃至「理性」的概念來說），尚取決於情境本身。經驗告訴我們，人在實際作為時，目的與期望並不一定被預設著，而且也不一定完全清澈。事實上，在實際行動的過程中，目的與期望可以被修改、孕生，乃至揚棄，也可以一開始就顯得曖昧。因此，人經常只是以「全局」的方式知覺著事物（perceived globally）（Joas, 1996: 159）。優納斯即採取實用主義（pragmatism）的立場，提出行動的身軀性（corporeality）的概念，以強調人的意向、並藉此架出人的主體能動性。他認為，透過人的身體，行動與情境產生準對話式（quasidialogical）的關係（Joas, 1996: 160-161）。

至於對「身軀」概念如何處理，優納斯首先反對把它侷限在工具性的角色，也不以為身體只是反應外在社會的規範性要求而已（Joas, 1996: 168）。他反而認為，行動者對其身體予以工具化，乃因發展的結果所導致的，我們必須對此一發展有所假設。如果我們假設此一發展並非自我進行去主體化的工具化過程，而是來自於自我有著能力行動的話，那麼，身軀基本上乃是主觀呈現給予行動者的，而此即為他所謂的身體圖構（body schema）或身體圖像（body image）的問題（Joas, 1996: 175）。

　　這麼一來，身體圖構或身體圖像的概念告訴我們的是，人類對身體的知覺乃具整體性，而且，除了具認知面向之外，還有情感的面向（Joas, 1996: 176-177）。更重要的，一個行動者對其身體的關係，基本上又深受人與人互動的結構所塑造。這樣之互動性的塑構即是身體圖構或身體圖像得以形塑的特點，優納斯稱為初始社會性（primary sociality）。此一初始社會性並不是衍生自具意識的意向性，而是先於此一意向性；易言之，它乃來自一個原先就只是包含著與其他身體互動之共同行動的結構。於此，優納斯把行動的身體作用歸因於尼采所強調具酒神性格的創造力，並主張人們需以詩的形式來表達自己（Joas, 1996: 116, 184）。只不過，優納斯進而以為，以這樣方式來界定創造力未免太狹隘了。倘若創造力乃所有人類行動的一個分析性的面向，那麼，所有的行動都應當具有潛在的創造力。對此，優納斯指出，若能兼具來自歐洲之強調生命（life）與意志（will）的生命哲學（*Lebehsphilosophie*）（特別是叔本華與尼采）與來自美國之重視智識（intelligence）與再構（reconstruction）的實用主義的精神，人的創造力即得以充分發揮（Joas, 1996: 116-144）。

　　總之，雖然優納斯提出創造力的概念來彰顯人做為行動者的主體能動性的說法，與過去的諸多論述相比較，對於彰顯人的主體位格，確實具有更深刻的意義，但是，以身軀性與社會性兩個概念來架接，無疑把創造力可能撐張之內涵的深度和厚度一併弄薄了，也變得過於表面化。所以這麼說，有兩方面的原因。一方面，雖然身軀性是緊貼著人自身的初基物質特質，但是，正因為這樣的初基物質性最為根本，所以使得人具有之另一個面向（即心靈）的細膩作用（如修養貞定工夫）被懸擱了起來。另一方面，社會性的提出，固然指陳出人賴以存在的事實狀態，但是，若缺乏另外適當的概念予以搭配（一樣

的，如修養工夫），則容易不自主地向著具外在制約性的社會結構力量傾斜，仍然無以逃脫「過度結構化」之虞。因此，以這樣方式經營出來的創造力做為證成與發揮人之主體能動性的基本指標，到頭來還是不夠徹底，也不夠激進。

　　總之，上述的學者基本上是在「結構／能動」二元互斥對彰並存的基本認知模式下來思考人之主體能動性的❸。這樣的認知模式無疑地乃宣告著，焦慮的心理是內涵在這樣的格局裡，並構成為人存在所依賴之心理人類學的形上基礎。紀登斯就認為人有著存在的焦慮（existential anxiety），總是處於一種存有論上不安全（ontological insecurity）的狀態之中（Giddens, 1991: 47-55, 181-185）。平心而論，在這樣始終堅持著二元互斥對彰並存格局作為建構存有論的基礎與形塑認知模式的陰影籠罩下，我們實在無法期待焦慮是可以化解的，因為二元互斥對彰並存的格局本身就內涵著對彰的矛盾困局。於是乎，唯有顛覆這樣的認知模式以及轉移整個心理人類學的存有預設基礎，讓人有著另類的認知模式與有關生命之存有預設，焦慮才有化解的契機，而還原到人自身來接受正負情愫交融的必然性則是一個重要關鍵，這明顯反映在佛洛依德的心理分析理論上面。

　　誠如在第二章中所指出的，對佛洛依德而言，人必須承認並接受社會既有規範與價值（因而，既有文化模式）的制約，讓本能驅力只在文化模式容許的範圍內運作，並學習以相當程度之社會化的理性形式來適應。於是，在佛洛依德的眼中，在這充滿矛盾與衝突的世界裡，正負情愫交融的心理狀態帶來難以化解的困擾，讓心靈永遠處於

---

❸ 我們甚至可以說，幾乎所有的西方社會學家都是這麼認為、也這麼實際思考著。

衝突矛盾的焦慮之中，以至於壓抑成為人存在的基本心理處境⓳。我們在第四章可以發現，尼采顯然有不同的理解。他認為人並非完全受制於既有的文明結構，他們總是有著主動的能力為自己創造一個理想的存在狀況，讓文化（文明）成為在本能驅力推動下人經營生命的一種「自然」表現，而事實上，人也必須學習是如此，因為他不能一直讓自己屈服在以泰山壓頂之巨靈姿態（如基督教道德和柏拉圖主義）來指揮著人生命的諸多既有社會力量。在這樣具主動創造的情境裡，正負情愫交融的心理狀態因而不應當是負擔，反之，對於成就人的超越人格，具有正面的助力，而這正是尼采提出具抗壓性之非凡人格試煉的超克人的重點，也是修養貞定的功夫所扮演的角色。

第五節　　最後一些想說、也應當說的話

綜合上面章節所述，我們可以得到兩點基本的結論：一、縱然，誠如許多西方學者（特別是人類學家）所認為的，人類從事象徵交換的互動，乃與整個文明發展的一開始即並進著，象徵交換活動引發了集體亢奮並帶出共感共應心理（因而，曼納做為一種能量的表現），是支撐整個社會產生聯帶凝聚力的必要基礎。然而，事與願違，處於今天這樣一個缺乏炙熱誘因、且又被體制化力量以「理性」方式巧妙地予以操縱的個體化社會裡，現實上，任何具象徵交換特質的活動都難以引發具「自然」共感共應性質的集體亢奮心理。二、情感上的共感共應有個極為根本的底蘊──正負情愫交融，可以說是促動集體聯

⓳ 詭異的是，他們並沒有注意到，在人類文明發展的初期，正負情愫交融的心理狀態是「正常」的，它是形塑曼納力量的心理源起狀態，乃是使得人類文明得以推展的精神動力，甚至也是社會秩序得以維持、形塑凝聚力的動力。

帶凝聚力道所以產生的感性根基，足以激發情緒感受的盪漾攻錯，孕育著尼采所說的酒神陶醉精神，而正是這樣具狂喜出神的陶醉精神一向被認為是文明得以創造的泉源。然而，處在只具「冷」誘惑、且正負情愫交融需要予以去除的「理性」個體化時代裡，正負情愫交融其實已喪失了締造集體文明的「正面」力道，變成為只是屬於個人的負面問題。因此，倘若正負情愫交融仍然具有創造新文明的動力的話，這個動力基本上是表現在個別的個體身上，或頂多是由個別個體的各自努力所匯集形成的集體行動動能。換句話說，處於這樣一個「冷」誘惑主導的個體化時代裡，正負情愫交融的重要成就，不是集體亢奮牽引出來的共感共應，而是個別個人的自我修為。既然是攸關個人的修為，涉及的是關乎超越現實的靈魂歸向，而非單純之身與心的「現實」協調問題。借用德日進（Teilhard de Chardin）的說法，即是文明邁入宇宙發展的最後階段，也就是他使用希臘字母的最後一個（即Omaga, Ω）來稱呼的所謂「奧米加點」。此時，心靈的因素逐漸被看重，精神的匯聚帶來了心意的創造（psychogenesis），繼而精神創生（noogenesis），文明沿著高層次的反省，即高層次之人格化的方向發展，而形成自我內捲的現象（參看 Teilhard de Chardin, 1983: 125, 133, 209-218; 同時參看葉啟政 , 2008: 209-210）。

文明邁進強調心靈修為的「奧米加點」，當然是一種期待、預測、推估，無法予以絕然肯定的。審視當代文明的實際發展，事實上，人類所面對的卻似乎是另一種場景，與德日進的期待有一大段距離，儘管我們可能找到許多理由來支持德日進的預測。就現實現的優勢結構性趨勢來看，理性的個體化成為主導社會演進的優勢結構原則，乃是同時促使象徵交換與正負情愫交融心理狀態的歷史質性產生質變的重要關鍵。在大眾傳播與網際網路科技結合資本主義體制下之

市場邏輯的雙重作用下，理性的個體化作為結構原則的力道，則被意義中空化之符號消費導向的社會運作形式進一步強化。如此一來，個別個體的「我性」乃受整個既定符號生產——行銷機制所框定，形塑出來的基本上是一種具他人導向的過度飽和我性——一種向均值人特質傾斜的我性。基本上，這是一種以肉身軀體為本、此在處所為基礎、俗世世界為存有依托界範、且把本能慾望當成載具來為自我的個性予以明確化的集體塑型過程。於是，個體化是集體性的一種表徵，既是目的，也是手段。在這樣的情形下，引誘的愉悅（而非壓迫），乃至個性的塑造，弔詭地成為整個體制❷進行剝削與宰制的手段——一種人們不但不會拒絕和痛恨，反而極力擁抱與讚頌的無形宰制與剝削。尤有進之，異化即等於對「真實」的一種實踐與證成形式，以至於虛擬即是真實，真實亦即虛擬，兩者分不清，也不必分清楚。如此活在符碼不斷滋生的虛幻世界裡，人並不需要嚴酷的心性試煉努力，也缺乏致命傷害的機遇，輕盈得像一朵雲，東飄西盪的。如此一來，當下此刻的行樂即是永恆，既不必費心地追問嚴肅而沈重的生命意義，更甚至未必有著昆德拉所刻畫之「不可承受之輕」的焦慮威脅著，一切總是可以顯得十分自在、寫意。對這樣的生命際遇，即使連尼采透過查拉圖思特拉這位「先知」的警言來提醒，似乎都未必能讓人開竅，使得靈魂有脫胎換骨以造就超克人的機會。絕大多數的人依舊「享受」著豐碩之符號消費文化帶來的成果，歡迎沉溺於慾望的無限衍生，讓飄蕩、變異不拘、不斷自我繁殖的虛擬符號一再更易地填滿著生命的空隙，靈魂停頓，拒絕思考與感受更深刻的存在意義，也

---

❷當然，資本主義的體制是最主要的「罪魁禍首」，但是，依附在大眾傳播媒體底下的政治體制也難以置身其外，至少，它是「幫凶」。

不屑追求更崇高的生命價值。

　　使得人沈溺於意義中空化的符號消費之中的後現代性，意涵著三重界線的去除：人／自然、自己／他者以及意識／無意識，而且，它總是讓「自然」消匿在「人工」之中，「自己」為「他者」所吸納，而「意識」則淪為「無意識」的俘虜。在這樣的情形之下，其所張揚的酒神陶醉精神缺乏具自我創意的幻想和感知期待，成為把靈魂拋棄、也把肢體支解的行屍走肉，對具個體性的自我經營構成了威脅。然而，就現實狀況來說，並非人人都無自覺地沈溺在無限多變的歡愉誘惑之中，不自主地被那自我証成、自我定義的無形結構力量所綁架。人存在於奧祕的機緣之中，顯得是客觀必然的結構性因果關係，基本上只不過是一種外在的條件，乃是「命運」的另一種說法而已。對每個存在個體來說，世界並沒有定則，誠如尼采一再提醒我們的，有的是在混沌世界中人努力增加更多的權能力道以導引自我的意向，這才是促使人們行事的關鍵內在依據[21]，也正是我們需要特別予以重視的。

　　人畢竟還可以是一個喜歡自由漫遊的存有體，漫遊於廣袤的論述空間之中，在「熱愛命運」的前提下，以各自的觀點實驗著自己的生命，有的甚至不斷吶喊著「我將……」，展現出一種追求自我精進的努力，儘管有的人總是任由結構化的「命運」力量推動著，以永恆輪回的方式隨波陶醉在飄蕩的符碼之中。在這樣的情形下，身體既可以是宣洩墮落的本能、並任由它們相互角逐的容器，更可以是自我靈性的試煉載具，或存在意義的確認與提昇的試驗（與實踐）介面，讓自己一再不斷地注入具生命抖動的神話文化，使人得以成為「人」（超

---

[21] 有關外在條件與內在依據之分殊說法，參看葉啟政（2008:372-374）。

克人）。

　　顯而易見的，後者這樣的努力狀態基本上是一種處於孤獨狀態、且懷著悲劇情懷來面對著正負情愫交融的生命情境，情形即如傳統日本武士面對生死交關時所呈顯的搓揉摩盪交融情境一般。身處這樣的情境，人只能要求自己來完全承擔一切的感受，才得以有所成就。企圖以單一絕對信念來予以指導或僅是協助，都只會破壞了正負情愫交融所可能內涵之對自我的感性爆發力。人需要持著悲劇的態度來看待自己的生命，那是因為悲劇意味的並非生命的終結必然是悲慘的，而是一種無限衍生之生命態度的養成與塑造。相對於喜劇的結局所呈現的有限而封閉，悲劇的結局所顯現的是一種具酒神精神的混沌狀態，讓人有著無限開敞的想像與感受空間。換句話說，悲劇之所以讓人喜愛與感動，並不在於因為沒有「圓滿」的結局而有致命的傷感，而是不需要像喜劇總是有著「圓滿」得不留任何縫隙的終極答案，以至於沒有機會引發令人感到顫抖的心靈震撼。一句話：只有懷著悲劇感面對生命，人才可能擺脫得掉結構化之「命運」的完全支配，讓自己譜寫結局的終曲，有著自我解放和創造自主空間的機會。

　　尼采說過一句令人省思的話：「孤獨者，你踏上愛者之路吧；你愛你自己，所以又蔑視自己，正如只有愛者才有的蔑視。愛者要創造，因為他蔑視！人如果不恰好蔑視其所愛，又怎麼懂得愛呢！懷著你的愛和你的創造，走進你的孤寂吧，……」（Nietzsche, 2009: 119）。是的，只有在孤獨的狀態下，人才能把「自己」從因緣環繞的種種糾結之中拔了出來，讓自己具備獨立自主的自我反思契機。或者，換個角度來說，孤獨使得人們有了更好的機會卸除充滿虛偽做作的自我心理武裝，孕育身心的整體感，情形正如尼采筆下的查拉圖斯特拉對人類所彰顯的意義一般。對人類而言，查拉圖斯特拉的意義，

並不在於他作為「先知」下山後喋喋不休的宣揚著理念——即苦口婆心的「勸世」本身所帶來的影響成就，而是他一個人隱居山中的生活。更具體地說，我們應該重視的是，當查拉圖斯特拉回歸自然、並轉向內心後，他所引發那種透過修心養性以成就超克人所付出的權能意志努力。於是，人不是希求在上帝（或任何的絕對理念——如理性）的庇蔭下尋找安逸，而是個體以孤獨的姿態追求危險的救助——自我救助。因此，人不應完全屈服在社會既有之結構性機制作為「命運」條件的蹂躪下。企圖順著一些人們的意願來予以改變，並無法完全化解人類一再面對之正負情愫交融的衝撞，衝突矛盾的焦慮始終是永恆輪回地降臨著，倘若人類不懂得在「熱愛命運」的前提下學習自我克服的話。推至極端來看，這涉及的不是單純的所謂身心狀態對外在（包含物理性與社會性）環境的調適問題，而是人之心靈深處所具有的靈性能否開顯的課題。

　　沒錯，著眼於現世的社會，人們多半不承認在社會集體所創造出來的理性疆界之外，其視界所不及之處有任何屬靈的範疇存在。科學理性總是讓人類有信心破除了一切神聖事物背後所隱藏之正負情愫交融糾結的曖昧與混沌，堅定地以二元互斥對反並存的格局與挾持著「斷而再斷」的邏輯來論斷一切，並懷著實用主義的態度，迎接科技成果來為整體生命的意義提供保單。在這樣的基本認知架構作為後盾的情況之下，為了操縱一個個的外物，我們勢必維持第一道分別心，保有我與非我的界限。進而，為了維持理性的作為，我們則抑制了源自存有本源的強烈情緒——謙虛、虔敬、感恩、奧祕、奇妙和敬畏等等，防止它們流洩（參看 Singh, 2010: 126）。無疑的，這樣的情緒抑制促逼著人們不斷以「他者」（或更具體地說，所謂的「意義他者」〔significant other〕）來加高分別心的份量，讓「自我」塗滿著自信的

色彩，且裱上傲慢的框架。結果，人卻只不過是不停地在「平凡例行」之均值人當中追尋著自己，戰戰兢兢地為自己找一個或許讓自己以為是「非凡例外」（但卻經常是曇花一現）的位置。

　　孤獨並不是使得早已靠邊站的個體化自我更加凸顯，而是促使「分別心」失去產生作用的力道，讓人自身（尤指靈魂）與自然（世界）有著相互融會的可能機會，或者，如凱思林‧辛（Kathleen Singh, 2010: 208-209）所言的，乃把人的靈魂邁入「懸在中間」的「中陰」（bardo）狀態，有著一個飽和狀態的轉折點。借用魏爾伯（Ken Wilber）的說法，那即是以圓融無礙的個體觀所塑造的「一體意識」來進行此一邊界的再消除，以方便讓人們有機會邁入「超越人格個性」（transpersonal）的狀態（Wilber, 1991: 19-20, 89-90）。當人處於這樣的境地，特別是面對任何正負情愫交融困局的時候，人們將會特別敏感地意識到身體的細微，促發靈性來鼓舞人分享體驗到存在的深層向度所蘊藏的深度平靜。此刻，人會有不執著於整個困局的超越感，以至沒有了過去記憶與未來期待的感性糾葛，有的是當下此刻的臨在喜悅感動（參看 Singh, 2010: 342）。

　　讓我再次強調一個基本的觀點：假若我們接受混沌的虛空狀態是人存在的原型、也是一切生成的著胎點，那麼，人的社會「自我」意識若要能夠形成，有著正負情愫交融的心理感受，無疑是人必須承受的基本心理樣態，一切有關人自身與社會的想像與認知，都是在此一心理狀態驅使下，才得以衍生出來。而且，人們更必須學習以帶著遊戲的原味曲調來應對，存在的本身才可能充滿生機和趣味。也就是說，讓正負情愫交融產生著足以使得人們迸放能量來激盪身心，乃創造新局面的基本動力。

　　最後，我們若是接受前面所引述之德日進的說法——文明已逐漸

邁入宇宙發展之「奧米加點」的最後階段，那麼，精神的匯聚帶來了
心意的創造以及繼之而來的精神創生，則是讓文明沿著高層次的反省
（即高層次之人格化）方向發展的基本動力。也就是說，儘管靈性的
啟迪可說是屬於個人的問題，但是，它卻將成為我們共同關心的課
題。它表現在於社會面向的最初焦點，無疑即是前面曾經提過的「愛
與關懷」現象了。情形若如此的話，問題的核心也就轉到一個關鍵課
題上面：如何讓「愛與關懷」得以恰適地運作？正負情愫交融的心理
感受可以扮演怎樣的角色？底下，就讓我以最簡短的話語來回應，並
作為本書的結語。至於可能衍生的論述與議題，就讓讀者自己來接
續。

　　第四章中對尼采思想的討論為我們帶來一項極具深刻意義的見
解。恰如尼采所提示的，倘若無法把人們推到具有正負情愫交融的心
理感受境地，而希望僅僅憑著預先設定的單一信念（如基督教的「原
罪」教義或柏拉圖主義所開展的絕對理念）來架設價值，那麼，人類
就沒有機會親身經歷複雜而矛盾之情感糾結的試煉，也因此難以孕育
強而有力的自我覺醒與決然斷念的果斷作為（如過去之日本武士道所
表現的），以實踐前面提過之杜蒙的階序對反整體論所意圖蘊涵的那
種足以揚升人性的精神❷。基於這樣的設想，尼采告訴我們：「愛與
恨、感恩與報復、溫柔與暴怒、肯確行止與否定行止乃相互歸屬著。
某某是善良的乃以同時知道如何才是邪惡為條件；某某是邪惡乃因否

---

❷尼采即說過：「真理尚不能算是價值的至高標準，更遠不足以充當至高的權能」
（Nietzsche, 1968:452-452, §853, III）。在這樣的理解架構下，假若我們接受生成是
人存在的一種基本樣態的話，這個生成只不過是一座橋樑，而非目的本身，因為它總是
不斷流動著（參看 Nietzsche, 2009:330）。因此，人生並沒有一項被設定的終極目標
（如基督教的救贖），人世間也沒有什麼絕對不變的真理，「真理是一種幻覺或錯誤」，
但弔詭的是，它卻又不能不存在著，因為若非如此，「某種活生的存有體是不可能活著
的」（Nietzsche, 1968:272, §493）。

則的話人們不知道如何才是善良的」❷（Nietzsche, 1968: 191,
§351）。因此，善與惡需要相互呼應，也需要以正負情愫交融的姿
態在人心中不斷交錯折騰發酵，才足以讓人有足夠的認知基礎以及意
志能量來進行自我判斷與自我試煉。

　　這樣的理路施及於愛與關懷，情形因而也就顯得相當明顯了。倘
若沒有蔑視與忽視，愛與關懷本身將軟化（也腐化）了人的意志，讓
權能意志的能量歸零。一樣的，若無愛與關懷，蔑視與忽視本身則會
「惡質化」了人的意志，以至於權能意志變得軟弱無力。於是，人們
總是必須學習讓「蔑視與忽視」與「愛與關懷」成為可以交錯搓揉摩
盪而激發總體動能的兩造，而非讓它們以互斥對彰並存的姿態從事著
「非你死即我死」般的殊死鬥爭。易言之，倘若「愛與關懷」是至高
價值的話，「蔑視與忽視」有著讓人們的心靈自身產生內在的不斷掙
扎作用，可以用來激發、催促「愛與關懷」有著更佳美的發酵作用，
讓「愛顧」在「蔑視」的激盪下有著超越性的躍升。

　　依著這樣的理路，我們似乎可以下一個這樣的結論：唯有回到人
作為行動主體自身，對著種種正負情愫交融的心理感受，進行著一種
以泰然自若的隨緣方式來予以搓揉摩盪的柔性「修養貞定」應變功
夫，人才得超越（結構化的）「命運」，成就超克人的理想狀態。在
此，很實際地來說，修養貞定有兩個層次：（一）合情合理地應對著
既有的結構化「命運」——這是一種攸關人存在之現實「底線」的權
宜選擇問題；（二）生命意境的提昇——這是一種原屬「可有可無」
性質的生命意義抉擇，涉及的是生命境界的感受深度與厚度（或謂精
緻細膩程度）問題。

---

❷ 此即尼采所以力主超越善惡之彼岸的根本所在（參看 Nietzsche, 2002）。

再來的故事，就留給讀者們自己去編織了。

參考文獻

山本常朝
    2007   《葉隱閒書：日本武士道第一書》。（田代陣基筆錄；李冬君譯）。台北：遠流。

明立國
    1989   《台灣原住民的祭禮》。台北：台原出版社。

張旺山
    2008   「批判的決斷論：韋伯的『生活經營』的哲學」，《政治與社會哲學評論》，第二十六期，頁五五一九五。

葉啟政
    2006   《進出「結構─行動」的困境──與當代西方社會學理論論述對話》。（修訂二版）台北：三民書局。
    2008   《邁向修養社會學》。台北：三民書局。

劉還月
    1991   《台灣的歲節祭祀》。台北：自立晚報出版社。

Abramson, Paul R. and Ronald Inglehart
    1995   *Value Change in Global Perspective.* Ann Arbor, Mich. : University of Michigan Press.

Alford, C. Fred
    1991   *The Self in Social Theory : A Psychoanalytic Account of Its Construction in Plato, Hobbes, Locke, Rawls and Rousseau.* New Heaven, Conn. : Yale University Press.

Allison, David B.
    2001   *Reading the New Nietzsche.* New York : Rowman & Littlefield Publishers, Inc..

Althusser, Louis
    1977   *For Marx.* translated by Ben Brewster. London : New Left Book.

Althusser, Louis & Etienne Balibar
    1979   *Reading Capital.* translated by Ben Brewster. London : Verso.

Altizer, Thomas J. J.

    1985   "Eternal recurrence and kingdom of God, "in Allison, David B.（ed.）*The New Nietzsche : Contemporary Styles of Interpretation.* New York : Delta Books, 232-246.

Ansell-Pearson, Keith

    1994   "Introduction : Nietzsche's overcoming of morality, " in *On the Genealogy of Morality.* Ed. by Keith Ansell-Pearson. Translated by Carol Diethe. Cambridge : Cambridge University Press, ix-xxiii.

Archer, Margaret, S.

    1988   *Culture and Agency: The Place of Culture in Social Theory.* Cambridge University Press.

    1995   *Realist Social Theory : The Morphogenetic Approach.* Cambridge University Press.

    2000   *Being Human : The Problem of Agency.* Cambridge University Press.

    2003   *Structure, Agency and the Internal Conversation.* Cambridge University Press.

    2007   *Making Our Way Through the World.* Cambridge University Press.

Assoun, Paul-Laurent

    2000   *Freud and Nietzsche.* Translated by Richard L. Collier Jr. London : Continuum.

Bakhtin, Mikhail M.

    1998   《巴赫金全集，第六卷：拉伯雷研究》。（李兆林與夏忠憲譯）石家莊：河北教育出版社。

Bardwick, J. M. & E. Douvan

    1971   "Ambivalence : the socialization of women. 'In Vivian Gornick & B. K. Moran（eds.）*Women in Sexist Society.* New York : Basic Books, 147-159.

Barnes, Barry

    2000   *Understanding Agency: Social Theory and Responsible Action.* London : Sage.

Baudelaire, Charles P.

    2011   《惡之華》（*Le Fleurs Du Mal*）。（杜國清譯）台北：台灣大學出版社。

Baudrillard, Jean

    1975   *The Mirror of Production.* Translated by Mark Poster. St. Louis, Mo. : Telos Press.

    1981   *For a Critique of the Political Economy of the Sign.* Translated by Charles Levin. St. Louis, Mo. : Telos Press.

1990a　*Seduction.* Translated by Brian Singer New York : St. Martin's Press.

1990b *Fatal Strategies.* Translated by Phillip Beitchman & W. G. J. Niesluchowski, edited by Jim Fleming. New York : Semiotext（e）.

Baugh , Bruce

2003　*French Hegel : From Surrealism to Postmodernism.* London : Routledge.

Bauman, Zygmunt

1991　*Modernity and Ambivalence.* Cambridge, England : Polity Press.

Baumer, Franklin L.

1988　《西方近代思想史》（*Modern European Thought : Continuity and Change in Ideas, 1600-1950*）。（李日章譯）台北；聯經。

Bellah, Robert N., Richard Madsen, William M. Sullivan, Ann Swidler and Steven M. Tipton

1985　*Habits of the Heart : Individualism and Commitment in American Life.* New York : Harper & Row.

Berger, Peter

1980　*The Heretical Imperative.* New York : Doubleday Anchor.

Berlin, Isaiah

1992　"Hobbes, Locke and Professor Macpherson, " in Presteon King（ed.）*Thomas Hobbes : Critical Assessments.* London : Routledge, 55-76.

2008　《浪漫主義的根源》（*The Roots of Romanticism*）。（呂梁等譯）南京：譯林出版社。

Berns, Laurence

1981　"Thomas Hobbes, " in Strauss, Leo & Josephy Cropsey（eds.）*History of Political Philosophy.*（2nd edition）Chicago, Ill. : The University of Chicago Press, 370-394.

Bloom, Harold

1982　*The Breaking of the Vessels.* Chicago, Ill. : University of Chicago Press.

Bobbio, Norberto

1993　*Thomas Hobbes and the Natural Law Tradition.* Translated by Daniela Gobetti. Chicago : University of Chicago Press.

Borges, Jorge L.

2002　「巴比倫彩票」,《波赫士全集：I》（*Obras Completas*）。（王永年等譯）台北：台灣商務印書館，頁六〇九—六一四。

Bourdieu, Pierre

1977　*Outline of a Theory of Practice.* Cambridge : Cambridge

University Press.

1990　*The Logic of Practice.* Cambridge : Polity Press.

Chamberlain, Lesley

2000　《激情尼采——飄泊再度林的靈魂》（*Nietzsche in Turin : The End of the Future*）。（李文瑞等譯）台北：究竟。

Cohen, G. A.

1978　*Karl Marx's Theory of History : A Defence.* Princeton, N. J. : Princeton University Press.

Cohen, W.

1960　"Social status and the ambivalence hypothesis, " *American Sociological Review* 25: 508-513.

Coser, Lewis A.

1977　*Masters of Sociological Thought : Ideas in Historical and Social Context.* New York : Harcourt Brace Jovanovich.

Coser, Rose L.

1966　"Role distance, sociological ambivalence, and transitional status systems, *American Journal of Sociology* 72: 173-187.

1976　"Authority and structural ambivalence in the middle-class family, "in Lewis A. Coser & B. Rosenberg（eds.）*Sociological Theory.* New York ; Macmillan, 566-576.

Debord, Guy

1983　*The Society of the Spectacle.* Detroit, Michigan : Black & Red.

Deleuze, Gilles

2006　*Nietzsche and Philosophy.* Translated by Hugh Tomlinson. New York : Columbia University Press.

Descartes, René

1993　*Meditations on First Philosophy.*（third edition）translated by Donald A. Cress. Indianapolis, Indiana : Hackett Publishing Co..

Dumont, Louis

1986　*Essays on Individualism : Modern Ideology in Anthropological Perspective.* Chicago, Ill. : The University of Chicago Press.

1992　《階序人——卡斯特體系極其衍生現象》（*Homo Hierarchicus : The Caste System and Its Implications*）（共二卷）（王志明譯）台北：遠流。

Durkheim, Emile

1995　*The Elementary Forms of the Religious Life.* New York : Free Press.

Eco, Umberto

2006　《美的歷史》（*History of Beauty*）（彭懷棟譯）台北：聯經。

2008　《醜的歷史》（*History of Ugliness*）（彭懷棟譯）台北：聯

經。

Edmundson, Mark
　　2007　《佛洛依德的最後歲月：他晚年的思緒》(*The Death of Sigmund Freud : The Legacy of His Last Days*)。(王莉娜、楊萬斌譯)上海：華東師範大學出版社。

Eliade, Mircea
　　2000a　《聖與俗—宗教的本質》。(楊素娥譯)台北：桂冠圖書。
　　2000b　《宇宙與歷史：永恆回歸的神話》(*Le Mythe de I'éternel Retour : Archétypes et Répétition*)。(楊儒賓譯)台北：聯經出版公司。

Elias, Norbert
　　1978　*The Civilizing Process: The History of Manners, Volume 1.* New York : Urizen Books.
　　1982　*The Civilizing Process: State Formation and Civilization, Volume 2.* Oxford: Blackwell.
　　1985　*The Loneliness of the Dying.* Translated by Edmund Jephcott. Oxford : Blackwell.
　　1987　*Involvement and Detachment.* Translated by Edmund Jephcott. Oxford : Blackwell

Evans, Michael
　　2004　*Karl Marx.* London : Routledge.

Finn, Stephen J.
　　2006　*Thomas Hobbes and the Politics of Natural Philosophy.* London : Continuum.

Fleischer, Helmut
　　1973　*Marxism and History.* tr. by Eric Mosbacher. New York : Harper & Row.

Foisneau, Luc
　　2004　*"Leviathan's* Theory of Justice, " in Tom Sorell & Luc Foisneau(eds.)*Leviathan After 350 Years.* Oxford : Oxford University Press, 105-123.

Freud, Sigmund
　　1900　*The Interpretation of Dreams. as The Standard Edition of the Complete Psychological Works of Sigmund Freud, Volume 4 & 5.* Edited by James Strachey in collaboration with Anna Freud London : The Hogarth Press and the Institute of Psycho-analysis.
　　1908　" 'Civilized' sexual morality and modern nervous illness, " *The Standard Edition of the Complete Psychological Works of Sigmund Freud, Volume 9.* Edited by James Strachey in collaboration with Anna Freud London : The Hogarth Press and the Institute of

Psycho-analysis, 181-204.

1915 "Instincts and their vicissitude, " *The Standard Edition of the Complete Psychological Works of Sigmund Freud, Volume 14.* Edited by James Strachey in collaboration with Anna Freud London : The Hogarth Press and the Institute of Psycho-analysis, 117-140.

1950 *Totem and Taboo : Some Points of Agreement between the Mental Lives of Savages and Neurotics.* (translated by James Strachey) London : Routledge and Kegan Paul.

1962 *Civilization and Its Discontents.* (translated by James Strachey) New York : W. W. Norton & Co..

2004 《摩西與一神教》(Moses and Monotheism)。(張敦福譯) 台北：臉譜。

Fromm, Erich

1961 *Marx's Concept of Man.* New York : Frederick Ungar Publishing Co..

Fukuyama, Frank

1993 《歷史的終結與最後一人》(*The End of History and the Last Man*)。(李永熾譯) 台北：時報出版公司。

Gay, Peter

2002a 《弗洛依德傳（1）：1856-1905》(*Freud : A Life for Our Time, I*)。(梁永安等譯) 台北：立緒。

2002b 《弗洛依德傳（2）：1902-1915》(*Freud : A Life for Our Time, II*)。(梁永安等譯) 台北：立緒。

2002c 《弗洛依德傳（3）：1915-1939》(*Freud : A Life for Our Time, III*)。(梁永安等譯) 台北：立緒。

Geras, Norman

1983 *Marx and Human Nature : Refutation of a Legend.* London : Verso.

Gergen, Kenneth J.

2000 *The Saturated Self : Dilemmas of Identity in Contemporary Life.* New York : Basic Books.

Giddens, Anthony

1979 *Central Problems in Social Theory.* Berkeley, Ca. : University of California Press.

1984 *The Constitution of Society.* Cambridge, England : Polity Press.

1991 *Modernity and Self-Identity : Self and Society in the Late Modern Time.* Cambridge : Polity Press.

Goffman, Erving

1959 *The Presentation of Self in Everyday Life.* Garden City, N. J. :

Doubleday.

Hadot, Pierre

1995 *Philosophy as a Way of Life : Spiritualo Exercises from Socrates to Foucault.* Oxford : Blackwell.

Hajda, J.

1968 "Ambivalence ans social relations, " *Sociological Focus* 2(2): 21-28.

Heidegger, Martin

1979 *Nietzsche. Volume I : The Will to Power as Art.* (translated by David F. Krell) New York : Harper & Row.

1982 *Nietzsche , Volume IV : Nihilism.* (translated by Frank A. Capuzzi; edited, with notes and an analysis by David F. Krell) San Francisco, Ca. : Harper & Row.

1984 *Nietzsche , Volume II : The Eternal Recurrence of the Same.* (translated by David F. Krell) San Francisco, Ca. : Harper & Row.

1987 *Nietzsche , Volume III : The Will to Power as Knowledge and as Metaphysics.* (translated by Joan Stambaugh, David F. Krell & Frank A. Capuzzi) San Francisco, Ca. : Harper & Row.

Heilman, Samuel C.

1979 "Inner and outer identities : sociological ambivalence among orthodox Jews, "*Jewish Social Studies* 39（3）: 227-240.

Hirschman, Albert O.

1977 *The Passions and the Interests : Political Arguments for Capitalism Before Its Triumph.* Princeton, New Jersey : Princeton University Press

Hobbes, Thomas

1962 *Leviathan.* edited with an introduction by John Plamenatz. London : The Fontana Library.

1968 *Leviathan.* edited with an introduction by Crawford B. Macpherson. London : Penguin.

1983 *De Cive : Philosophicall Rudiments Concerning Government and Society.* (English Version) ed. by Howard Warrender. Oxford : Oxford University Press.

1998 *Leviathan.* edited with an introduction and notes by J. C. A. Gaskin. Oxford, England : Oxford University Press.

Horkheimer , Max & Theodor Adorno

1972 *Dialectic of Enlightenment.* New York : the Seabury Press.

Huizinga, Johan

2000 *Homo Ludens : A Study of the Play-Element in Culture.* London : Routledge.

Husserl, Edmund

    1970   *The Crisis of European Sciences and Transcendental Phenomenology.* Evanston, Ill. : Northwestern University Press.

Inglehart, Ronald

    1990   *Culture Shift in Advanced Industrial Society.* Princeton, N.J. : Princeton University Press.

    1997   *Modernization and Postmodernization : Cultural, Economic, and Political Change in 43 Societies.* Princeton, N.J. : Princeton University Press.

    2003   *Human Values and Social Change : Findings From the Values Surveys.* Boston, Mass. : Brill.

Inglehart, Ronald, Miguel Basañez, and Alejandro Moreno

    1998   *Human Values and Beliefs : A Cross-cultural Sourcebook : Political, Religious, Sexual, and Economic norms in 43 societies ; Findings From the 1990-1993 World Value Survey.* Ann Arbor : University of Michigan Press.

Inglehart, Ronald & Christian Welzel

    2005   *Modernization, Cultural change, and Democracy : The Human Development Sequence.* Cambridge : Cambridge University Press.

Jaspers, Karl

    2001   《尼采 —— 其人其說》(*Nietzsche : Einführung in das Verständnis seines Philosophierens*)。(魯路譯)北京：社會科學文獻出版社。

Jay, Martin

    1984   *Marxism and Totality : The Adventures of a Concept from Lukács to Habermas.* Cambridge : Polity Press.

    1993   *Downcast Eyes : The Denigration of Vision in Twentieth-Century French Thought.* Berkeley, Ca. : University of California Press.

Joas, Hans

    1996   *The Creativity of Action.* translated by Jeremy Gaines & Paul Keast. Cambridge, England : Polity Press.

Kant, Immanuel

    1985   *Critique of Judgment.* (1790) (translated with an introduction by Werner S. Pluhar)

    Indianapolis, Minn. : Hackett Publishing Co.

Kavka, Gregory

    1986   *Hobbesian Political and Moral Theory.* Princeton, N. J. : Princeton University Press.

Kellner, Douglas
　　　1989　*Jean Baudrillard : From Marxism to Postmodernism and Beyond.* Cambridge : Polity Press.
Klossowski, Pierre
　　　1997　*Nietzsche and the Vicious Circle.* translated by Daniel W. Smith. London : Athlone Press.
Krell, David F.
　　　1982　"Analysis, " in Martin Heigdegger *Nietzsche , Volume IV : Nihilism.*（translated by Frank A. Capuzzi; edited, with notes and an analysis by David F. Krell）San Francisco, Ca. : Harper & Row, 253-294.
　　　1984　"Analysis, " in Martin Heigdegger *Nietzsche , Volume II : The Eternal Recurrence of the Same.*（translated by David F. Krell）San Franscisco, Ca. : Harper & Row, 237-281.
Krishnamurti, Jiddu
　　　1994　《心靈日記》（*Krishnamurti's Journal*）。（陳蒼多譯）台北：方智。
Kundera, Milan
　　　1993　《生活在別處》（*Zivot je Jinde*）。（景凱旋、景黎明譯）北京：作家出版社。
Levin Donald
　　　1985　*The Flight from Ambiguity.* Chicago, Ill. : University of Chicago Press.
Lévi-Strauss, Claude
　　　1989　《野性的思維》（La Pensee Sauvage）。（李又蒸譯）台北：聯經。
Lipovertsky, Gilles
　　　2007　《責任的落寞──新民主時期的無痛倫理觀》（*Le Crépuscule du Devoir : L'éthique Indolore des Nouveaux Temps Démocratiques*）。（倪復生‧方仁傑譯）北京：中國人民大學出版社。
Löwith, Karl
　　　1997　*Nietzsche's Philosophy of the Eternal Recurrence of the Same.*（translated by Harvey Lomax）Berkeley, Ca. : University of California Press.
　　　2006　《從黑格爾到尼采》（*Von Hegel zu Nietzsche*）。（李秋零譯）北京：三聯。
Lukás Georg
　　　1968　*History and Class Consciousness : Studies in Marxist Dialectics.* translated by Rodney Livingstone. Cambridge, Mass. :

The MIT Press.

Lyotard, Jean-Francois

1984 *The Postmodern Condition : A Report on Knowledge.* translated by Geoff Bennington and Brian Massumi. Minneapolis, Minn. : University of Minnesota Press.

MacIntyre, Niccolo

1981 *After virtue : A Study in Moral Theory.* Notre Dame, Indiana : University of Notre Dame Press.

Macpherson, Crawford B.

1962 *The Political Theory of Possessive Individualism.* Oxford, England : Oxford University Press.

1968 "Introduction, " in Thomas Hobbes *Leviathan.* edited with an introduction by Crawford B. Macpherson. London : Penguin, 9-63.

Maffesoli, Michel

1996a *The Time of the Tribes : The Decline of Individualism in Mass Society.* London : Sage.

1996b *The Contemplation of the World : Figures of Community Style.* London : Sage.

Marcuse, Herbert

1960 *Reason and Revolution.* Boston : Beacon Press.

Martin, Glen T.

1991 "Deconstruction and breakthrough in Nietzsche and Nāgārjuna, " in Graham Parkes（ed.）Nietzsche and Asian Thought. Chicago, Ill. : The University of Chicago Press, 91-111.

Marx, Karl

1964 *Karl Marx : Early Writings.* translated and edited by T. B. Bottomore. New York : McGraw-Hill Book Co..

1967 *Capital : A Critical Analysis of Capitalist Production. Volume I.* ed. by Frederick Engels. Mew York : International Publishers.

1977a "Preface to a critique of political economy, " in David McLellan（ed.）*Karl Marx : Selected Writings.* Oxford : oxford University Press, 388-392.

1977b "The Holy family, " in David McLellan（ed.）*Karl Marx : Selected Writings.* Oxford : Oxford University Press, 129-148.

Marx Karl & Friedrich Engels

1960 《德意志意識型態》(《馬克思恩格斯全集：第三卷》) 北京：人民出版社。

1967 *The Communist Manifesto.* New York : Penguin Books.

Mauss, Marcel

1989 《禮物：舊社會中交換的形式與功能》。（汪珍宜，何翠萍

譯）台北：遠流。

May, Rollo
    1969   *Love and Will*. New York : W. W. Norton & Co..

Merton, Robert
    1976   *Sociological Ambivalence*. New York : Free Press.

Mills, Edgar W.
    1983   "Sociological ambivalence and social order : the constructive uses of normative dissonance, "*Sociology and Social Research* 67(3): 279-287.

Mouzelis, Nicos P.
    1991   *Back to Sociological Theory*. London : Macmillan.
    1995   *Sociological Theory: What Went Wrong?* London : Macmillan.

Nehamas, Alexander
    1985   *Nietzsche : Life as Literature*. Cambridge, Mass. : Harvard University Press.

Nietzsche, Friedrich
    1910   "Homer and classical philology, " in Oscar Levy（ed.）*The Complete Works of Friedrich Nietzsche.* translated by J. M. Kennedy. New York : Edinburgh.
    1968   *The will to Power.* translated by Walter Kaufmann & R. J. Hollingdale. New York : Vintage Books.
    1974   *The Gay Science.* Translated by Walter Kaufmann. New York : Vintage Books.
    1994a   *On the Genealogy of Morality.* Ed. by Keith Ansell-Pearson. Translated by Carol Diethe. Cambridge : Cambridge University Press.
    1994b   "The Greek state, " in Keith Ansell-Pearson（ed.）*On the Genealogy of Morality.* Translated by Carol Diethe. Cambridge : Cambridge University Press, 176-186.
    1994c   "Homer on competition, " in Keith Ansell-Pearson（ed.）*On the Genealogy of Morality.* Translated by Carol Diethe. Cambridge : Cambridge University Press, 187-194.
    1997   *Daybreak : Thoughts on the Prejudices of Morality.* Ed. by Maudemarie Clark & Brian Leiter; translated by R. J. Hollingdale. Cambridge : Cambridge University Press.
    1999a   *Human, All Too Human.* Translated by R. J. Hollingdale. Cambridge : Cambridge University Press.
    1999b   *The Birth of Tragedy and Other Writings.* Eds. by Raymond Geuss and Ronald Speirs. Trans. by Ronald Speirs. Cambridge : Cambridge University Press.
    2002   *Beyond Good and Evil.* Eds. by Rolf-Peter Horstmann &

Judith Norman, translated by Judith Norman. Cambridge : Cambridge University Press.

2004　《歷史的用途與濫用》（*Vom Nutzen und Nachteil der Historie für das Leben*）。（陳濤、周輝榮譯）上海：上海人民出版社。

2005　*The Anti-Christ, Ecce Homo, Twiligh of the Idols.* Edited by Aaron Ridley & Judith Norman. Cambridge, England : Cambridge University Press.

2006　《希臘悲劇時代的哲學》（*Die Philosophie im Tragischen Zeitalter der Griechen*）。（李超杰譯）北京：商務印書館。

2007a　《偶像的黃昏》（*Götzen-Dämmerung*）。（衛茂平譯）上海：華東師範大學出版社。

2007b　*Ecce Homo.* translated by Duncan Large. New York : Oxford University Press.

2007c　《瓦格納事件／尼采反瓦格納》（*Der Fall Wagner/ Nietzsche contra Wagner*）。（衛茂平譯）上海：華東師範大學出版社。

2007d　《朝霞》（*Morgenröte*）。田立年譯。上海：華東師範大學出版社。

2007e　《不合時宜的沉思》（*Unzeitgemäße Betrachtungen*）。（李秋零譯）上海：華東師範大學出版社。

2009　《扎拉圖斯特拉如是說》（*Also Sprach Zarathustra*）。（黃明嘉、樓林譯）上海：華東師範大學出版社。

Oakeshott, Michael

1962　Rationalism in Politics. London : Methuen.

1975　*Hobbes on Civil Association.* Indianapolis, Indiana : Liberty Fund.

Ollman, Bertell

1976　*Alienation : Marx's Conception of Man in Captialist Society.* 2nd ed. Cambridge : Cambridge University Press.

Parsons, Talcott

1937　*The Structure of Social Action, Volume I.* New York : McGraw-Hill Book Co..

Peters, Richard

1956　*Hobbes.* London : Pelican Books.

Pieper, Josef

1952　*Leisure : The Basis of Culture.* translated by Alexander Dru. New York : Pantheon.

Plamenatz, John

1963　*Man and Society. Volume One.* Essex, England : Longman.

1975　*Karl Marx's Philosophy of Man.* Oxford : Claredon Press.

Plant, Sadie

　　1992　*Most Radical Gesture : The Siuationist International in a Postmodern Age.* London : Routledge.

Rawls, John

　　1971　*A theory of Justice.* Cambridge, Mass. : Harvard University Press.

Ricoeur, Paul

　　1970　*Freud and Philosophy : An Essay on Interpretation.* New Haven, Conn. : Yale University Press.

Rieff, Philip

　　1979　*Freud : The Mind of the Moralist.*（3rd ed.）Chicago, Ill. : University of Chicago Press.

Robertson, Alexander F.

　　2001　*Greed : Gut Feelings, Growth , and History.* Oxford : Blackwell.

Rogers, G. A. J.

　　2007　"Hobbes and his contemporaries, " in Patricia Springborg（ed.）*The Cambridge Companion to Hobbes's Leviathan.* Cambridge : Cambridge University Press, 413-440 .

Room, R.

　　1976　"Ambivalence as a sociological explanation : the case of cultural explanation of alcohol problems, " *American Sociological Review* 41: 1047-1065.

Rosen, Stenley

　　2003　《啟蒙的面具：尼采的〈扎拉圖斯特拉如是說〉》（*The Mask of Enlightenment*）。（吳松江、陳衛斌譯）上海：華東師範大學出版社。

Safranski, Rüdiger

　　2007　《尼采思想傳記》（*Nietzsche : Biographie seines Denkens*）。（衛茂平譯）瀋陽：遼寧教育出版社。

Sandel, Michael J.

　　2011　《正義：一場思辨之旅》（*Justice : What's the Right Thing to Do*）。（樂為良譯）台北：雅言。

Schiller, Friedrich

　　1984　《詩選》（*Gedichte*）。（錢春綺譯）北京：人民文學出版社。

Schmitt, Carl

　　2008　《霍布斯國家學說中的利維坦》（*Der Leviathan in der Staatslehre des Thomas Hobbes*）。（應星・朱雁冰譯）上海：華東師範大學出版社。

Schneider, Louis
    1967   *The Scottish Moralists on Human Nature and Society.* Chicago, Ill. : The University of Chicago Press.

Seeman, Melvin
    1953   "Role conflict and ambivalence in leadership, " *American Sociological Review* 18: 373-380.

    Seligman, Adam B., Robert P. Weller, Michael J. Puett & Bennett Simon
    2008   *Ritual and Its Consequences : An Essay on the Limits of Sincerity.* Oxford : Oxford University Press

Simmel, Georg
    1971   "Fashion, " in *On Individuality and Social Forms.* Chicago, Ill. : The University of Chicago Press, 294-323.

Singh, Kathleen D.
    2010   《好走：臨終時刻的心靈轉化》（*The Greace in Dying : How We Are Transormed Spiritually As We Die*）。（彭榮邦‧廖婉如譯）台北：心靈工坊。

Skinner, Quentin
    2004   *Visions of Politics, Volume 3 : Hobbes and Civil Science.* Cambridge : Cambridge University Press.

Smelser, Neil
    1998   "The rational and the ambivalent in the social sciences, " *American Sociological Review* 63: 1-16.

Sonoda, Muneto（薗田宗人）
    1991   "The eloquent silence of Zarathustra, " in Graham Parkes(ed.) *Nietzsche and Asian Thought.* Chicago, Ill. : The University of Chicago Press, 226-243.

Stambaugh, Joan
    1991   "The other Nietzsche, " in Graham Parkes（ed.）*Nietzsche and Asian Thought.* Chicago, Ill. : The University of Chicago Press, 20-30.

Strauss, Leo
    1963   *The Political Philosophy of Hobbes : Its Basis and Its Genesis.* translated by Elsa M. Sinclair. Chicago : University of Chicago Press.

Sussman, Elisabeth
    1989   *On the Passage of a Few People Through q Rqther Brief Moment in Time : The Situationist International, 1957-1972*（ed.）. Cambridge, Mass. : MIT Press.

Swedberg, Richard
    2005   *The Max Weber Dictionary : Key Words and Central Concepts.*

Stanford, Calif. : Stanford Social Sciences.

Taylor, A. J. P.
1967 "Introduction, " in Marx Karl & Friedrich Engels *The Communist Manifesto*. New York : Penguin Books, 7-47.

Taylor, Charles
2004 *Modern Social Imaginaries*. Durham, North Carlina : Duke University Press.

Teilhard de Chardin, Pierre
1993 《人的現象》(*The Phenomenon of Man*)。(李弘祺譯)台北:聯經。

Toffler, lvin
1984 "Foreword : science and change, " in Prigogine, Ilya and Isabelle Stengers *Order out of Chaos : Man's New Dialogue with Nature*. New York : Bantam Book, xi-xxvii.

Tuck, Richard
2002 *Hobbes : A Very Short Introduction*. Oxford : Oxford University Press.

Vattimo, Gianni
1992 *The Transparent Society*. translated by David Webb. Cambridge, England : Polity Press.
2002 *Nietzsche : An Introduction*. London : The Athone Press.
2006 *Dialogue with Nietzsche*. Translated by William McCuaig. New York : Columbia University Press.

Wallerstein , Immanuel
2001 《自由主義之後》(*after Liberalism*)。(彭淮棟譯)台北:聯經。

Warner, R. Stephen
2004 "Enlisting Smclscr's theory of ambivalence to maintain progress in sociology of religion's new paradigm, "in Jeffrey C. Alexander, Gary T. Marx & Christine L. Williams(eds.)*Self, Social Structure and Beliefs*. Berkeley, Ca. : University of California Press, 103-121.

Watkins, J. W. N.
1955 "Philosophy and politics in Hobbes, " *Philosophical Quarterly* 5(19):125-146

Weber, Max
1958 *The Protestant Ethic and the Spirit of Capitalism*. translate by Talcott Parsons. New York : Charles Scribner's Sons.
1978 *Economy and Society : An Outline of Interpretive Sociology*. Edited by Guenther Roth & Claus Wittich. Berkeley, Ca. : University

of California Press

Weigert, Andrew J.

1991 *Mixed Emotions : Certain Steps Toward Understanding Ambivalence.* Albany, N. Y. : State University of New York Press.

Wilber, Ken

1991《事事本無礙》(*No Boundary : Easern and Western Approaches to personal Growth*)。(若水譯)台北:光啟文化。

Wollen, Peter

1993 *Raiding the Icebox : Reflections on Twentieth-Century Culture.* Blooming, Indiana : Indiana University Press.

Zielyk, Ihor V.

1966 "On ambiguity and ambivalence, " *Pacific Sociological Review* 9: 57-64.

國家圖書館出版品預行編目（CIP）資料

象徵交換與正負情愫交融：一項後現代現象的透
析／葉啟政作. -- 初版. -- 臺北市：遠流, 2013.11
面；　公分. --（綠蠹魚叢書；YLC81）

ISBN 978-957-32-7303-5（平裝）

1.社會學理論　2.社會哲學

540.2　　　　　　　　　　　　　102020945

綠蠹魚叢書 YLC81

象徵交換與正負情愫交融：
一項後現代現象的透析

作　　者╱葉啟政
主　　編╱吳家恆
校　　對╱蘇碩斌、黃厚銘、傅士哲
編輯協力╱郭昭君、侯京吾

出版五部總監╱林建興
發　行　人╱王榮文
出版發行╱遠流出版事業股份有限公司
　　　　　地址：臺北市南昌路二段 81 號 6 樓
　　　　　電話：（02）2392-6899
　　　　　傳真：（02）2392-6658
　　　　　郵撥：0189456-1

著作權顧問╱蕭雄淋律師
法律顧問╱董安丹律師
排　　版╱中原造像股份有限公司
2013 年 11 月 1 日　初版一刷
行政院新聞局局版臺業字第 1295 號
新台幣售價 260 元（缺頁或破損的書，請寄回更換）

ib 遠流博識網
http://www.ylib.com
E-mail: ylib @ yuanliou.ylib.com.tw